Deutsche Post AG (Hrsg.)

Renate Köcher
Bernd Raffelhüschen

GLÜCKSATLAS
DEUTSCHLAND 2011

Erste Glücksstudie von

Mit einer Einführung von Andrew J. Oswald

W0011575

Knaus

Autoren:
Professor Bernd Raffelhüschen, Universität Freiburg
Stefan Moog, Universität Freiburg
Johannes Vatter, Universität Freiburg
Professor Renate Köcher, IfD Allensbach
Professor Andrew J. Oswald, University of Warwick

Konzeption und Redaktion:
Max A. Höfer

MIX
Papier aus verantwor-
tungsvollen Quellen
FSC® C005833

Verlagsgruppe Random House FSC-DEU-0100
Das für dieses Buch verwendete FSC-zertifizierte Papier
Munken Premium liefert Arctic Paper Munkedals AB, Schweden.

1. Auflage
Copyright © der Originalausgabe 2011
Deutsche Post AG, Bonn, und
Albrecht Knaus Verlag, München,
in der Verlagsgruppe Random House GmbH
Cover- und Innengestaltung: Oliver Schmitt
Gesetzt aus der Yoga und Univers
Druck und Bindung: Tešínská Tiskárna, Ceský Tešín
Printed in the Czech Republic
ISBN 978-3-8135-0471-2

www.knaus-verlag.de

Inhalt

Liebe Leserin, lieber Leser,

wenn die Wirtschaft eines Landes wächst, dann nimmt auch das Wohlergehen der Menschen zu – so lautet die klassische Lehre, die Generationen von
Volkswirten geprägt hat. Doch spätestens seit der jüngsten Finanzkrise wissen wir, dass quantitatives Wachstum allein das Glück der Menschen nicht
gewährleisten kann. Nun beobachten wir eine spannende gesellschaftliche
Diskussion rund um die Frage: An welchen Zielgrößen sollte eine Gesellschaft ihr Wohlergehen und ihren Fortschritt messen?

Nach den Regierungen von England und Frankreich lässt auch der deutsche Bundestag – ergänzend zum Bruttoinlandsprodukt – ganzheitliche
Wohlstands- und Fortschrittsindikatoren prüfen und hat dafür eine entsprechende Enquête-Kommission eingesetzt. Ob ein solcher Index einmal
mehr Schlagzeilen machen wird als die Entwicklung des Bruttoinlandspro-
duktes und ob wir gar auf »Wohlstand ohne Wachstum« zusteuern, wie es
der ehemalige britische Regierungsberater Tim Jackson provokant formuliert – diese Fragen wird die Zukunft beantworten. Klar aber ist: Die sogenannte Glücksforschung, angesiedelt zwischen Ökonomie, Soziologie und
Psychologie, ist in aller Munde.

Doch wie sieht die Situation in Deutschland heute konkret aus? Diese
Frage beantwortet der Glücksatlas Deutschland 2011, den Sie in den Händen halten. Er geht den Fragen nach, was Lebenszufriedenheit in Deutschland im Hier und Jetzt verbessert bzw. verschlechtert, unter welchen Bedingungen Menschen hierzulande ein höheres oder niedrigeres subjektives
Wohlbefinden äußern und welche Gründe es dafür gibt. Er unternimmt
also auf Basis handfester empirischer Fakten eine Bestandsaufnahme der
Lebenszufriedenheit in Deutschland – und das in einer einzigartigen Regio-
nalisierung der Ergebnisse. Damit schaffen wir eine wissenschaftlich fundierte Grundlage, die Ausgangspunkt sein kann für eine spannende gesellschaftliche Diskussion in Deutschland.

Ein engagiertes Team von Wissenschaftlern um Professor Bernd Raffel-
hüschen vom Forschungszentrum Generationenverträge an der Universität
Freiburg hat dafür umfangreiche Datensätze und Befragungen im Hinblick
auf eine Vielzahl von Faktoren untersucht, die unser Glück beeinflussen.
Flankierende Beiträge von namhaften Forschern wie dem britischen
Glücksökonomen Andrew J. Oswald von der Universität Warwick und

Professor Renate Köcher vom Institut für Demoskopie in Allensbach vertiefen die gewonnenen Erkenntnisse und helfen bei ihrer Einordnung und Bewertung.

Dass ausgerechnet die Deutsche Post sich entschlossen hat, diesen Atlas herauszugeben, hat gute Gründe. Als Übermittler von 66 Millionen Briefen und 2,6 Millionen Paketen sind wir werktäglich ein fester Bestandteil im Alltag der Deutschen. Unsere Postboten sind dabei häufig im wahrsten Sinne des Wortes Glücks-Bringer. Das betrifft Weihnachtspakete und herzliche Briefe, doch auch viel mehr: die unmittelbare Verfügbarkeit verlässlicher Kommunikation. Denn die Möglichkeit, mit Freunden, Familie und Geschäftspartnern stets vertraulich Kontakt zu halten, ist für alle Menschen ein wichtiger Faktor zur Lebenszufriedenheit.

Der Glücksatlas bestätigt, dass gerade die Arbeit zur Lebenszufriedenheit beiträgt. Über 200.000 Menschen in Deutschland arbeiten für die Deutsche Post. Weltweit sind es sogar etwa 470.000 Mitarbeiter, die für den Konzern Deutsche Post DHL arbeiten und uns zum größten börsennotierten Arbeitgeber Deutschlands machen. Vor allem unsere rund 95.000 Brief- und Paketboten sorgen überall in Deutschland - bis in das kleinste Dorf und auf die entfernteste Insel - dafür, dass Sendungen zuverlässig ankommen. Ein Glück, dass es die Post gibt!

Auch wenn der Glücksatlas zeigt, wo bei Arbeit, Familie oder Kultur die Glückstreiber und Glückshemmer sitzen, ist er kein Ratgeber für das persönliche Glück. Schätzen Sie sich trotzdem glücklich. Nicht nur, weil Sie eine ganz besondere Studie in den Händen halten, sondern hoffentlich auch die Zeit und Muße haben für eine spannende und anregende Lektüre. Glückauf!

Jürgen Gerdes
Konzernvorstand BRIEF
Deutsche Post DHL

Der Glücksatlas 2011 –
Eine Zusammenfassung der Ergebnisse

Unser Lebensstandard wächst seit über 60 Jahren stetig. Das Bruttoinlandsprodukt (BIP) pro Kopf hat sich in dieser Zeit vervielfacht. Aber wie steht es um unsere Lebenszufriedenheit? Hat sie im gleichen Maße zugenommen? Offensichtlich nicht. Das BIP vermag das Wohlergehen in Deutschland nur unzureichend zu messen.

Wie zufrieden oder unzufrieden sind die Deutschen wirklich? Welche Bereiche sind für das Glück wichtig, was hemmt unser Glück? Worauf müssen wir achten, wenn wir unsere Zufriedenheitsbilanz verbessern wollen?

So viel ist sicher: Wir werden nicht glücklicher, indem wir einfach mehr produzieren und mehr verdienen. Die Glücksforschung ist dabei, Politik und Gesetzgebung zu revolutionieren, wie der britische Ökonom Professor Andrew J. Oswald in der Einleitung zum Glücksatlas Deutschland 2011 schreibt. Tatsächlich kann die moderne Glücksforschung zeigen, welcher Glückswert den Dingen zukommt. Ein ordentliches Einkommen ist auch heute förderlich für das Lebensglück, ebenso intakte familiäre und soziale Beziehungen sowie bestimmte innere Persönlichkeitsmerkmale. Umgekehrt schlagen sich Arbeitslosigkeit, eine schwere Krankheit oder der Tod eines nahestehenden Menschen schwer auf die Lebenszufriedenheit nieder.

Doch wie sehen alle diese Faktoren konkret in Deutschland aus? Wo stehen wir in Sachen Glück? Der Glücksatlas Deutschland 2011 ist die erste umfassende Bestandsaufnahme zum Lebensglück der Deutschen: Wo und wie lebt es sich am glücklichsten in Deutschland? Sind die Berliner zufriedener als die Hamburger? Sind Frauen zufriedener als Männer? Welche Rolle spielt das Alter, welche die Mentalität? Er zeigt auch, wie viel Einfluss Geld, Gesundheit, Arbeit, Familie, Bildung oder Kultur haben.

Um die Lebenszufriedenheit der Deutschen umfassend zu vermessen, hat ein Team um Professor Bernd Raffelhüschen Datensätze des Soziooekonomischen Panels (SOEP) herangezogen und mit verschiedenen Analysemethoden den Zusammenhang von einzelnen Faktoren, wie etwa Gesundheit oder Alter, auf die Lebenszufriedenheit berechnet. Teilweise konnten die SOEP-Daten durch eine Allensbach-Umfrage vom Frühjahr 2011 aktualisiert werden. Wo es möglich war, wurden die Ergebnisse für Deutschlands Regionen (insgesamt 19) aufgeschlüsselt.

Über das wichtigste Ergebnis können wir uns freuen: Die Lebenszufriedenheit der Deutschen ist in den vergangenen zwei Jahren gestiegen. Der aktuelle Mittelwert für 2011 liegt bei 7,0 Indexpunkten. Noch 2009 lag die mittlere Lebenszufriedenheit um 0,2 Punkte niedriger, bei 6,8. Der Unterschied von 0,2 Punkten ist beachtlich: So entspricht ein Abstand von 0,3 Punkten auf individueller Ebene etwa dem Effekt, der von einer intakten Partnerschaft auf das Glück ausgeht. Die negativen Glückseffekte der Finanz- und Wirtschaftskrise von 2008/09 sind offensichtlich überwunden, wozu vor allem die robuste Entwicklung am Arbeitsmarkt beigetragen hat. Untersucht man den Mittelwert von 7,0 genauer, zeigt sich, dass rund zwei Drittel der Menschen ihre Lebenszufriedenheit mit sieben Punkten oder höher einschätzen. Nur zehn Prozent geben an, richtig unzufrieden zu sein.

Damit sind die Menschen in Deutschland aktuell so zufrieden wie in den letzten zehn Jahren nicht mehr. Zuletzt lag Gesamtdeutschland um die Jahrtausendwende bei 7,0 Punkten. Ab 2001 führten eine Rezession und die hohe Arbeitslosigkeit, die 2005 mit fünf Millionen ihren Höhepunkt erreichte, zu größerer Unzufriedenheit. Erst seit 2005 geht es wieder aufwärts. Die jüngste Finanzkrise hat zum Glück lediglich eine kleine Delle im Glücksniveau hinterlassen.

Doch nach oben ist noch Luft: Westdeutschland hatte in den 80er Jahren bereits Werte von 7,4, die dann auch durch die Mühen der Wiedervereinigung absanken. Aber auch Gesamtdeutschland kann das frühere westdeutsche Niveau grundsätzlich wieder erreichen. Denn die eigentliche Glücks-Erfolgsgeschichte ist der langsame, wenn auch holprige Anstieg der Zufriedenheit bei den Ostdeutschen. Nach der Wende verschwand die Einheits-Euphorie: Ostdeutschland stand 1991 bei einem Zufriedenheitswert von 6,0. Verglichen mit den 7,3 Punkten der Westdeutschen betrug der Abstand zwischen Ost- und Westdeutschen damals 1,3 Punkte. Der aktuellsten Messung zufolge beträgt die »Glückslücke« zwischen Ost- und Westdeutschland heute nur noch 0,3 Punkte – der geringste Abstand seit der Deutschen Einheit.

Wie sieht das Glücksniveau in Deutschlands Regionen aus? Der Süden ist zwar die wirtschaftlich stärkste Region Deutschlands und liegt bei Einkommen, Vermögen und Produktivität vorn. Aber bei der Lebenszufriedenheit gibt es die erste Überraschung: Hamburg und die Nordsee-Region liegen noch vor Bayern, Baden, Württemberg und Hessen. Damit zeigt sich, dass der materiell reichere Süden vom Norden in Sachen Glück überholt wurde. Hamburg hat mit 7,38 die höchste Lebenszufriedenheit in Deutschland, gefolgt von Niedersachsen/Nordsee und Bayern. Natürlich punktet Hamburg auch mit seiner Kaufkraft: Es hat das mit Abstand höchste Pro-Kopf-Einkommen, aber die Hanseaten sind auch überdurchschnittlich gesund, haben eine gute Altersstruktur und besitzen ein dichtes Netz von kulturellen Angeboten. Und es hat den Anschein, als wären Teile Nord- und Westdeutschlands mit einer vergleichsweise glücksförderlichen Mentalität ausgestattet: Sie leiden nicht so sehr unter Zeitdruck und Stress wie etwa die Württemberger.

Am Ende des Glücks-Rankings steht Thüringen mit einem aktuellen Wert von 6,45, gefolgt von Brandenburg und Mecklenburg-Vorpommern. Dass die ostdeutschen Länder weniger zufrieden sind als die westdeutschen, wird niemanden verwundern. Da ist zum einen der immer noch deutliche Einkommensunterschied zwischen Ost und West. Hinzu kommen die strukturell höhere Arbeitslosigkeit, ein etwas geringeres Gesundheitsniveau sowie eine im Mittel weniger stark ausgeprägte Kulturlandschaft. Die grundsätzliche Dynamik bezüglich der Lebenszufriedenheit in Ostdeutschland zeigt sich jedoch auch innerhalb der einzelnen Regionen: Insbesondere Sachsen und Brandenburg befinden sich weiterhin in einer starken Aufholbewegung, wobei Sachsen inzwischen sogar den Anschluss an den Westen gefunden und Hessen knapp überholt hat. Diese und andere regionalen Unterschiede erklären sich aus vielen Variablen: Ausschlaggebend sind das Einkommen, die Lage am Arbeitsmarkt, der Gesundheitszustand, die Beziehung zu Familie und Freunden sowie das Freizeitverhalten und die kulturellen Angebote einer Region.

Die Unterschiede sind beträchtlich: Immerhin liegen aktuell zwischen Hamburg und Thüringen 0,93 Punkte, und in der Vergangenheit lag Westdeutschland mal bei 7,4 Punkten (1984), mal bei 6,8 (2003). Die Erklärung ist so vielschichtig wie das Glück selbst. Beim Einzelnen sind Persönlichkeitsmerkmale wie Extra- oder Introvertiertheit entscheidend. Wer freundlich, originell, kommunikativ, verzeihend oder gründlich ist, ist wahrscheinlich auch glücklicher. Nervosität und Pessimismus sind hingegen wenig zuträglich für das persönliche Glück. Beispielsweise liegt die Zufriedenheit von Menschen, die sich als vollkommen unkommunikativ wahrnehmen, um 1,5 Punkte niedriger als die derjenigen, die sich ein hohes kommunikatives Talent zuschreiben. Aber auch andere Faktoren wie der Gesundheitszustand oder die Fähigkeit, soziale Bindungen einzugehen, haben einen ganz erheblichen Einfluss auf die Lebenszufriedenheit. Darin vermischen sich persönliche Merkmale mit Umweltbedingungen.

Zu den unveränderbaren Eigenschaften zählen Alter und Geschlecht. Zwischen dem 20. und 30. Lebensjahr sind Männer und Frauen am glücklichsten. Am unzufriedensten sind die Deutschen in den mittleren Jahren. Zwischen 40 und 50 Jahre alt zu sein ist gleichbedeutend mit einer um 0,2 Punkte niedrigeren Lebenszufriedenheit gegenüber den 20- bis 30-Jährigen. Im Alter nimmt das Lebensglück wieder zu. Ab 65 wird das Niveau von 30-Jährigen wieder erreicht. Erst in den hohen 70ern fordern dann die unangenehmen Begleiterscheinungen des Alters ihren Tribut. Der Ost-West-Gegensatz ist bei den Jungen bis 35 bereits weitgehend verschwunden. Am ausgeprägtesten ist er noch bei den Rentnern: In Bayern leben die glücklichsten, in Thüringen die unzufriedensten Ruheständler.

Frauen sind etwas glücklicher als Männer, im Schnitt immerhin 0,16 Punkte. Ein weiblicher »Glücksvorsprung« besteht vor allem in der ersten Lebenshälfte. Ab einem Alter von 60 Jahren kehrt sich das Verhältnis um, nicht zuletzt deshalb, weil Frauen häufiger den Tod ihres Partners zu verkraften haben. In einer regionalen Betrachtung ergeben sich vor allem in den neuen Bundesländern Geschlechtsunterschiede. Frauen sind hier glücklicher als Männer. In Brandenburg und Thüringen sind die Männer besonders unzufrieden.

Ehe und Partnerschaft haben einen deutlich positiven Einfluss auf die Lebenszufriedenheit der Deutschen. Der Glückseffekt der Ehe gegenüber dem Status ohne Partner beträgt 0,4 Punkte, bei Männern sogar 0,5 Punkte. Verheiratete leben länger und gesünder. Am zufriedensten sind verwitwete Personen, die eine neue Beziehung haben. Die Ehe hat in Süddeutschland (0,5) einen deutlich größeren Effekt auf die Lebenszufriedenheit als in Ostdeutschland (0,3) - ein noch weitgehend unerforschtes Phänomen.

Heirat, Scheidung und Tod des Partners bringen gravierende Einschnitte. Schon vor der Hochzeit steigt das Glücksniveau. Danach sinkt das Glück etwas ab, doch ein Zugewinn durch die Partnerschaft bleibt, solange sie intakt ist. Einer Scheidung geht meist bereits ein tiefes Tal voraus - nach der Scheidung kann sich die Zufriedenheit aber wieder erholen, wenngleich Verheiratete glücklicher bleiben. In eine seelische Krise geraten Menschen, deren Lebenspartner stirbt. Verglichen mit dem Glückslevel vor drei Jahren senkt das den Wert um 1,5 Punkte. Das frühere Lebenszufriedenheitsniveau kehrt aber nach einiger Zeit zu großen Teilen wieder. Und wer erneut einen Partner findet, erfreut sich sogar großer Zufriedenheit.

Kinder haben keine messbaren Auswirkungen auf die Lebenszufriedenheit der Eltern. Das verwundert, denn die Eltern opfern viel für ihre Kinder und sie bedeuten ihnen oft alles. Die Sorgen und Aufwendungen für Kinder scheinen die Glückserlebnisse durch Kinder dennoch zu neutralisieren. Die Glücksbilanz der Eltern könnte vielleicht besser aussehen, wenn Familie und Beruf sich leichter vereinbaren ließen oder der Erziehungsstress geringer wäre.

Freunde und soziale Kontakte spielen eine große Rolle für die Zufriedenheit. Wer sich wöchentlich mit Freunden trifft, ist um mehr als 0,2 Punkte zufriedener als Menschen mit schwachen sozialen Beziehungen. Für Männer ist der Austausch mit Freunden dabei noch wichtiger als für Frauen. Interessant ist auch der Regionenvergleich: In Süddeutschland werden mehr soziale Kontakte gepflegt als in Ostdeutschland.

Macht Geld glücklich? Eindeutig ja - sowohl den Einzelnen als auch die Gesellschaft. Wer sein monatliches Einkommen um 250 Euro steigert, wird ausgehend von einem Nettoeinkommen von 1500 Euro um 0,05 Punkte glücklicher. Ein Gewöhnungseffekt tritt erst bei Nettoeinkommen von über 5000 Euro auf. Bei Frauen verliert sich der Reiz des Geldes früher als bei Männern. Nicht nur das absolute Einkommen ist wichtig, sondern auch das relative, also der Vergleich mit dem Arbeitskollegen oder Nachbarn: Insbesondere Männer vergleichen ihre Einkommensposition gern mit anderen. Gerade weil die relative Position entscheidend ist für Status und Wohlbefinden, haben Gehaltserhöhungen auf individueller Ebene weiterhin deutlich positive Effekte. Nimmt die Einkommensungleichheit zu, empfindet die Mehrheit das als Statusverlust, und die durchschnittliche Lebenszufriedenheit sinkt. In Ostdeutschland ist die Vermögensungleichheit dabei nach wie vor geringer als im Westen.

Der Zuwachs des Bruttoinlandsprodukts hat eher indirekten Einfluss auf die Lebenszufriedenheit der Deutschen. Auf den ersten Blick hat sich die Wirtschaftsleistung sogar ganz von der Lebenszufriedenheit entkoppelt. Allerdings schlägt das kurzfristige konjunkturelle Auf und Ab deutlich auf die Lebenszufriedenheit durch: Eine Rezession senkt das Glücksniveau, ein Aufschwung hebt es, vor allem, weil damit zumeist eine Veränderung am Arbeitsmarkt verbunden ist. Dass sich die Lebenszufriedenheit in Ost und West angeglichen hat, hat aber auch mit dem strukturellen Aufholprozess bei den Einkommen zu tun.

Ein höheres Konsumniveau hebt die Zufriedenheit jedoch nur kurzfristig, weil sich die Menschen daran gewöhnen und auf das frühere Glücksniveau zurückfallen. Ein absoluter Sättigungspunkt des Konsums ist jedoch nicht in Sicht. Die kurzfristigen Konsumanreize sowie das Streben nach einem gesellschaftlichen Aufstieg lassen ein höheres Konsumniveau für viele Menschen nach wie vor als erstrebenswert erscheinen. Viele sind dementsprechend weniger zufrieden mit ihrem persönlichen Einkommen als mit ihrem Leben insgesamt. Hinzu kommt, dass auch Vermögenswerte zur Zufriedenheit beitragen. Selbst genutztes Wohneigentum etwa hat einen positiven Effekt von 0,1 Punkten auf die Lebenszufriedenheit.

Wie entscheidend ist Gesundheit wirklich? Der Zusammenhang ist nach Lage der Daten klar: Wer sich gesund fühlt, ist auch tendenziell glücklich, und umgekehrt. Wer seinen eigenen Gesundheitszustand als sehr gut einschätzt, hat eine mittlere Lebenszufriedenheit von 8,1 Punkten - ein kaum zu übertreffender Mittelwert. Und wer seine Gesundheit als gut bezeichnet, ist um 0,4 Punkte zufriedener als eine Person mit »zufriedenstellender« Gesundheit. Personen mit sehr guter Gesundheit liegen sogar um 0,7 Punkte darüber. Wird die eigene Gesundheit hingegen als weniger zufriedenstellend bezeichnet, folgt daraus eine um 0,5 Punkte geringere Lebenszufriedenheit. Gesundheitliche Probleme können sich deshalb gravierender auswirken als Arbeitslosigkeit. Sport ist ein Glücksfaktor, auch unabhängig von den positiven Auswirkungen auf die Gesundheit. Er schlägt, wöchentlich betrieben, mit 0,11 Punkten zu Buche. Der gelegentliche Genuss von Alkohol fördert die Lebenszufriedenheit, der intensive Konsum senkt sie.

Fragt das Glück danach, ob jemand einen Hauptschulabschluss hat oder einen Doktortitel trägt? Sind kulturell aktive Menschen glücklicher? Bildung bestimmt über den beruflichen Werdegang, über das Einkommen und den sozialen Status und wirkt dadurch indirekt auf die Lebenszufriedenheit. Ein direkter Effekt von Bildung auf die empfundene Lebenszufriedenheit ist jedoch schwer festzustellen. Dagegen weisen kulturell aktive Menschen ebenso wie religiöse Menschen, die regelmäßig entsprechende Veranstaltungen besuchen, höhere Zufriedenheitswerte auf. Wenig zuträglich für die Zufriedenheit ist hingegen das ausgiebige Fernsehen.

Arbeitslosigkeit vermindert die Lebenszufriedenheit stark, wie die Berechnungen von Professor Raffelhüschen ergeben haben. Die allgemeine Lebenszufriedenheit ist eng an die Arbeitslosenquote gekoppelt. Erholt sich der Arbeitsmarkt, steigen auch die Zufriedenheitswerte. Die Arbeitszufriedenheit wurde von Professor Köcher vom Institut für Demoskopie Allensbach einer vertiefenden Betrachtung unterzogen. Die hohe Bedeutung der Arbeit kommt in der aktuellen Allensbach-Umfrage besonders zum Ausdruck: 90 Prozent der Berufstätigen ist ihr Beruf sehr bzw. ziemlich wichtig. 57 Prozent der berufstätigen Männer wie Frauen bemühen sich bei ihrer Arbeit, immer ihr Bestes zu geben, lediglich 12 Prozent arbeiten nur, um Geld zu verdienen.

Die Lebenszufriedenheit von Arbeitslosen liegt aktuell weit unter der von Erwerbstätigen mit 7,1. Besonders schwer wiegt für Arbeitslose die Unsicherheit über die eigene Zukunft und die Verschlechterung ihrer materiellen Situation. 42 Prozent der Arbeitslosen haben das Gefühl, nicht mehr viel wert zu sein. Wer mit seiner Arbeit ausgesprochen zufrieden ist, weist hingegen eine überdurchschnittliche Lebenszufriedenheit auf. Berufstätige wünschen sich vor allem eine Arbeit, die Spaß macht, die abwechslungsreich ist und den eigenen Fähigkeiten entspricht. Der Arbeitsplatz soll sicher und gut entlohnt sein.

Die Menschen suchen in ihrer Arbeit Freude und Sinn und haben hohe Erwartungen an ihren Beruf. Gemessen daran ist die Arbeitszufriedenheit bemerkenswert groß. Die Mehrzahl sieht das meiste, was sie von ihrem Beruf erwartet, in der Praxis als erfüllt an: 76 Prozent macht ihre Arbeit Spaß, 70 Prozent empfinden sie als abwechslungsreich und fordernd. Allerdings können nur 56 Prozent Familie und Beruf gut vereinbaren. Nur die Hälfte derjenigen, denen flexible Arbeitszeiten besonders wichtig sind, findet sie in ihrem Beruf auch tatsächlich vor. Nur knapp jeder Zweite findet den Entscheidungsspielraum vor, den er sich wünscht. Besonders unzufrieden sind die Berufstätigen mit der Entlohnung, mit den Aufstiegsmöglichkeiten und dem wachsenden Arbeitsdruck. Immerhin 28 Prozent aller Berufstätigen fühlen sich beruflich überfordert.

Bemerkenswert an der Allensbach-Untersuchung ist, dass es keineswegs in erster Linie von der Zufriedenheit mit der Honorierung, guten Aufstiegsmöglichkeiten oder von weniger Stress abhängt, ob jemand mit seiner Arbeit zufrieden oder unzufrieden ist. Ausschlaggebend sind vielmehr die Anerkennung der eigenen Leistung, dass die Arbeit Spaß macht und den eigenen Fähigkeiten entspricht, wie groß die eigene Entscheidungsfreiheit ist, der Umgang mit Kollegen und Mitarbeitern sowie die Sicherheit des Arbeitsplatzes.

Teil I

GLÜCK KANN MAN ERFORSCHEN

von Andrew J. Oswald

Überall in der westlichen Welt interessieren sich politische Entscheidungsträger und Sozialwissenschaftler zunehmend für die Frage, wie »menschliches Glück« zu messen sei. In England hat Premierminister David Cameron Statistiker und Wirtschaftswissenschaftler der Regierung aufgefordert, sich in Zukunft weniger auf das Bruttoinlandsprodukt (grob gesagt die Angabe, wie reich ein Land insgesamt ist) zu konzentrieren, sondern eher überzeugende Maßstäbe für Wohlbefinden und Glück einer Nation zusammenzutragen. In Frankreich und Deutschland lassen sich ähnliche Ansätze erkennen: Nicolas Sarkozy und Angela Merkel interessieren sich zunehmend für Messungen des menschlichen Wohlbefindens. Eine jüngst von einer großen Gruppe von Wirtschaftswissenschaftlern vorgelegte Studie – der Bericht der Stiglitz-Kommission über die Messung wirtschaftlichen und sozialen Fortschritts (Stiglitz Commission Report on the Measurement of Economic and Social Progress) – kam zu dem Schluss, mittlerweile seien neue Maßstäbe für den menschlichen Fortschritt erforderlich. Diese Sichtweise unterscheidet sich sehr deutlich von der in den 1970ern, als ich Doktorand der Wirtschaftswissenschaft war: Damals konzentrierten wir uns auf das Nationaleinkommen als entscheidendes Kriterium für eine Gesellschaft.

Die Politiker haben uns vor eine komplizierte Aufgabe gestellt. Doch Sozialwissenschaftler haben in jüngster Zeit viel über den Gegenstand geforscht. Meiner Ansicht nach sind wir hier bereits ein gutes Stück weitergekommen.

Reformiert die Glücksforschung das makroökonomische Denken? Ich glaube, die Frage ist mit Ja zu beantworten. Dieser neue Forschungsansatz betont die gewaltigen psychischen Kosten der Arbeitslosigkeit und legt auf das ökonomische Wachstum weit weniger Wert (als bisher). Wie bringt diese Forschung sich in die Politik ein? Sie gibt den politischen Entscheidungsträgern für das verbleibende Jahrhundert verschiedene Ziele vor. Wie wird die Glücksforschung Regierungsentscheidungen beeinflussen? Das ist zum Teil noch nicht abzusehen, doch es wird interessant sein, das zu beobachten. Mein Gefühl sagt mir, dass die Forschung zum Thema Lebenszufriedenheit unsere Zukunft in Politik und Gesetzgebung revolutionieren wird, weil sie auf klare und wissenschaftliche Weise zeigen kann, welcher Glückswert Dingen zukommt, die nicht finanzieller Natur sind (etwa der Wert sauberer Luft statt schnellerer Autos).

Wer je die Grafiken und Gleichungen des Grundstudiums in Wirtschaftswissenschaften über sich ergehen ließ, dürfte den Eindruck haben, dass die Worte »Wirtschaftswissenschaft« und »Glück« nicht besonders viel miteinander zu tun haben. Oder er kommt vielleicht sogar zu der Überzeugung, Glück sei etwas, was von Philosophen diskutiert und nicht quantifiziert werden sollte. Eine nachvollziehbare Reaktion. Ich habe sogar einige emotional aufgeladene und leider manchmal nicht gerade sachkundige Vorträge gehört, in denen diese neue Denkrichtung angegriffen wurde. Doch dass man Kritik nachvollziehen kann, heißt noch nicht, dass sie automatisch richtigliegt.

Wie forschen wir und was entdecken wir bei unseren Forschungsarbeiten? Wir beginnen mit teilweise sehr umfangreichen Zufallsstichproben – das können Millionen zufällig ausgewählter Bürger aus Ländern der ganzen Welt sein. Dann versuchen wir auf statistische Weise zu verstehen, wodurch das Verteilungsmuster von Glück oder psychischer Gesundheit bei einer Vielzahl verschiedener *Einzelpersonen* zu erklären ist, und weiter, wie sich das jeweilige Niveau von Glück und psychischer Gesundheit bei einer Vielzahl verschiedener *Länder* erklären lässt. Ich meine, das sind die zentralen Fragen in den Sozialwissenschaften und im öffentlichen Leben – auch wenn es sich zweifellos um schwierige Probleme handelt. Niemand behauptet, die Zufriedenheit eines Einzelnen oder einer Gesellschaft sei mühelos und einfach zu messen.

Der Wirtschaftswissenschaftler Richard Easterlin trug damals in den 1970ern dazu bei, das Fach der Glücksökonomie zu begründen, obwohl sich zu jener Zeit kaum jemand dafür interessierte. Eine Gruppe ziemlich junger britischer Wirtschaftswissenschaftler erweckte die Forschungsrichtung Anfang der 1990er zu neuem Leben. Anstoß für ihre Arbeit war, dass neue – nach den vorherigen Standards unvorstellbare – Datenquellen zur Verfügung standen, und dazu das Gefühl, dass in den herkömmlichen Wirtschaftswissenschaften nicht alles zum Besten stand. Die erste Konferenz zum Thema Glücksökonomie fand im Herbst 1993 in London statt. Sie war ein Misserfolg. Es kamen acht Leute, obwohl wir hundert Stühle bereitgestellt und Plakate ausgehängt hatten – nichtsdestoweniger war es ein Anfang.

Im Hinblick auf damals hat sich nicht viel geändert. Auch künftig wird sich der Wind immer wieder drehen. Ich sehe Rückschläge kommen, man wird sich gegen die Glücksforschung wenden und sie einige Jahre später wieder aufleben lassen, ein ständiges Auf und Ab im üblichen, vom Krieg der Ideen vorgegebenen Zyklus.

Wie messen wir nun menschliches Glück und Zufriedenheit? Der einfachste Ansatz war die »Allgemeine Bevölkerungsumfrage der USA«, die bis heute zufällig ausgewählten Einzelpersonen die Frage stellt: »Wie würden Sie Ihre Situation heute alles in allem bewerten? Schätzen Sie sich selbst als sehr glücklich, ziemlich glücklich oder nicht besonders glücklich ein?« Ein

Drittel der Amerikaner kreuzt das Kästchen mit der Aussage an, sie seien sehr glücklich in ihrem Leben, und zehn Prozent bis 15 Prozent kreuzen an, sie seien nicht besonders glücklich. Mittlerweile sind wir im Lauf der letzten zehn oder zwanzig Jahre zu anderen Messmethoden übergegangen, die sich eher auf psychische Gesundheit oder Kriterien für mentale Belastung beziehen. Persönlich arbeite ich viel mit dem sogenannten GHQ-Score. Dabei handelt es sich um einen Indikator für psychische Gesundheit, der auch von Epidemiologen und Ärzten in aller Welt angewandt wird. Er umfasst eine Abfolge von Fragen, etwa: »Wie gut haben Sie geschlafen?«, »Haben Sie sich Sorgen gemacht?«, »Sehen Sie sich selbst als depressiv an?«, »Fühlen Sie sich unbeteiligt?« usw.

In den neueren Arbeiten werden subjektive Bewertungen dieser Art mit psychologischen Messungen und anderen objektiven Indikatoren verbunden. Die Forscher schätzen anhand von Daten über die Zufriedenheit sogenannte Regressionsgleichungen ab. Das heißt, wir greifen die Datenpunkte für verschiedene Probanden heraus - sozusagen riesige Punktwolken, wenn man sich das als Computergrafik vorstellt - und suchen darin nach verborgenen Mustern. Wir wollen die impliziten Zusammenhänge zwischen Einkommen, Ausbildung, Geschlecht, Elternschaft und anderen Sachverhalten bei Leuten herausfinden, die angeben, in ihrem Leben glücklich zu sein oder eben nicht, und ob sie (nach genormten Kriterien) über eine gute psychische Verfassung verfügen.

Die Frage, ob das auf systematische Weise möglich ist, hat ihre Berechtigung. Bekanntlich zeigen Querschnittsaufnahmen des Gehirns mithilfe der Magnetresonanztomografie, dass Emotionen wie Glücksempfinden und Traurigkeit in verschiedenen Hirnrealen erscheinen - auch auf neurologischer Ebene lässt sich also etwas über Glücksgefühle und ihr Gegenteil aussagen. Allmählich beginnt man auch zu verstehen, dass bestimmte Gene offenbar mit höheren Werten bei den Standard-Messkriterien für Glück korrelieren. Außerdem wissen wir: Fragt man Individuen, wie glücklich sie sind, und anschließend auch deren Freunde, Verwandte oder Partner, so zeigt sich, dass die Aussagen der anderen dazu, ob Frieda Jones ein glücklicher Mensch sei, mit den eigenen Angaben von Frieda Jones korrelieren - was wiederum die Vorstellung glaubhaft erscheinen lässt, dass man die Antworten ernst nehmen sollte.

Weiter haben wir entdeckt, dass die Glückswerte mit der beobachteten Häufigkeit des Lächelns verknüpft sind, das jemand im Laufe eines Tages zeigt. Wir wissen sogar, dass sie auch mit Gedächtnis, Blutdruck und Herzfrequenz in Zusammenhang stehen: Kürzlich sind wir auf die faszinierende

Tatsache gestoßen, dass für jeweils 50.000 Euro zusätzliches Jahreseinkommen das Herz bei statistischer Berücksichtigung aller anderen Daten um einen Pulsschlag pro Minute langsamer schlägt. Und die Herzfrequenz korreliert mit Erkrankungen der Herzkranzgefäße und dem Stresshormon Kortisol.

Weiterhin wissen wir, dass die Zufriedenheitswerte eine Voraussage ermöglichen, ob die Ehe der Probanden von Dauer sein wird, ob sie aus ihrem Job ausscheiden werden usw. Was Glücksempfinden und Bluthochdruck angeht, so ist kürzlich gezeigt worden, dass es beim Quervergleich mehrerer Länder offenbar einen starken Zusammenhang gibt zwischen der Aussage der Bewohner eines Landes, sie seien glücklich, und der Beobachtung, dass dort Bluthochdruck seltener vorkommt. Demnach gilt auch hier grundsätzlich, dass die subjektiven Antworten der Menschen bei Umfragen mit objektiven Kriterien für das Wohlbefinden korrelieren.

In westlichen Ländern sind die Menschen recht zufrieden mit ihrem Leben. Eine Umfrage in England etwa mit einer Zufallsstichprobe von etwa 75.000 Befragten und einer Skala von 0 (unzufrieden) bis 7 (vollkommen zufrieden) ergab, dass ungefähr 15 Prozent der Briten mit ihrem Leben »vollkommen zufrieden« sind, wobei ich zu der Ansicht neige, dass sich darin ein gewisser Mangel an Vorstellungsvermögen zeigt. Doch so ist es eben. Einer der Vorzüge von Glücksstudien ist, dass die Zahlen den Menschen ermöglichen, ohne Wenn und Aber das auszudrücken, was sie empfinden.

Das Leben selbst ist eine Mischung aus Höhen und Tiefen. Mein Interesse für damit zusammenhängende Daten entwickelte sich Anfang der 1990er Jahre u. a. deshalb, weil diese Werte auf der Glücksskala in nachvollziehbarer Weise mit all den zu erwartenden guten und schlimmen Ereignissen korrelieren.

Was erkennen wir, wenn wir uns die Werte einer Zufriedenheitsskala ansehen? Halten wir andere Aspekte konstant, sehen wir beispielsweise, dass Frauen ihr Leben als glücklicher bewerten. Das gilt auch für Menschen mit vielen Freunden. Außerdem zeigt sich im Zusammenhang mit dem Lebenszyklus ein ausgeprägtes Muster. Diese Tatsache hat weltweit großes Aufsehen erregt. Eine typische Person durchläuft während ihres Lebens eine große U-förmige Glückskurve – die Jungen und die Alten sind glücklich, in der Mitte des Lebens sind wir eher weniger glücklich. Es besteht ein ausgeprägter Zusammenhang zwischen dem Leben in einer Ehe beziehungsweise festen Beziehung und der Aussage, man führe ein glückliches Leben. Das stimmt mit einer Vielzahl von Daten überein, die uns über psychische Gesundheit zur Verfügung stehen.

Trägt jemand einen Doktortitel (sogar einen der Wirtschaftswissenschaften), dann gratuliere ich, denn diese Tatsache ist mit erhöhtem Wohlbefinden verknüpft. Generell ist Bildung mit größerer Zufriedenheit verbunden - vielleicht, weil sie mehr Sicherheit vermittelt, obwohl wir uns dessen nicht gewiss sein können. Wie zu erwarten, gibt es starke statistische Zusammenhänge mit der Gesundheit, und Menschen mit höherem Einkommen sind bei ansonsten gleichen Voraussetzungen zufriedener mit ihrem Leben: Geld hilft.

Was sind die besonders negativen Aspekte im Leben? Arbeitslosigkeit, schwere Krankheit und eine kürzliche Scheidung oder Trennung erweisen sich als die ganz großen Minuszeichen in unseren Glücksgleichungen. In Geld umgerechnet, ergeben sich da ungeheuer große Summen, ob es sich nun um die negativen Auswirkungen der Arbeitslosigkeit oder die negativen Folgen der Trennung vom Partner handelt; in »Glückseinheiten« sind das weit größere Faktoren als eine normale Gehaltserhöhung - tatsächlich entsprechen sie dem Zehnfachen einer normalen Gehaltsanhebung.

Was die Makroökonomie angeht (und mein Gefühl sagt mir, dass die Glücksökonomie sich dauerhaft auf sie auswirken wird), gibt es für die westlichen Länder überzeugende Belege, dass es nichts bringen wird, auf weiteres Wachstum zu setzen. Es wird uns um nichts glücklicher machen. Zudem gibt es Belege, dass psychische Belastungen, Depressionssymptome sowie Anzeichen für körperliche und psychische Erkrankungen über die Jahrzehnte ständig schlimmer werden.

Für Umweltaktivisten oder Umweltökonomen kann die Glücksökonomie besonders wertvoll sein. Gerade in den letzten Jahren ist es uns gelungen, unser auf saubere Luft, Abwesenheit von Lärm oder etwa chemischen Zusatzstoffen usw. zurückzuführendes Glück in einen Wert in Dollar, Euro oder Pfund zu übersetzen. Simon Luechinger, ein junger Forscher an der Universität Zürich, hat den Glückslevel von Probanden mit den Werten der Schwefeldioxidemissionen verknüpft, die von Fabriken fern ihrer Wohnorte freigesetzt wurden. Zu den derzeit aufregendsten Forschungsarbeiten gehört eine bemerkenswerte Zusammenführung von Daten geographischer Informationssysteme mit den Umfragedaten zum Wohlbefinden.

Zweifellos hatten die Ökonomen in den Anfangsjahren der Wirtschaftswissenschaft ihre Gründe, anzunehmen, dass Menschen nur durch höheres Einkommen in die Lage kommen, ihr Glück zu mehren. Gibt es da aber tatsächlich einen überzeugenden kausalen Zusammenhang? Dazu stellten wir Längsschnittbeobachtungen über Personen an, bevor und nachdem sie in der Lotterie gewonnen hatten: Dabei werden natürlich einmalige Einnahmen untersucht. In diesem ziemlich kontrollierten Setting (bei dem Lotteriegewinne dazu dienten, einem echten wissenschaftlichen Experiment möglichst nahezukommen) erhielten wir recht überzeugende wissenschaftliche Belege dafür, dass Geld die Menschen glücklicher macht. Als Vergleichsgruppe zogen wir Menschen heran, die nur eine kleine Summe gewannen, während die sogenannte Treatmentgruppe (Versuchsgruppe) aus denjenigen bestand, die eine große Summe gewonnen hatten.

Gesundheit spielt eine Rolle. Ein großer Teil der Forschung wird hier von Epidemiologen getragen, teils von Leuten wie mir, teils von Psychologen. Es soll gezeigt werden, dass es sehr tief reichende, starke Verknüpfungen zwischen dem Zustand der eigenen Psyche - dem, was im Kopf vor sich geht - und guter körperlicher Verfassung gibt. Welche Mechanismen dabei wirksam sind, ist noch kaum bekannt.

Viele von uns werden sich irgendwann scheiden lassen oder haben es bereits getan. Offenkundig betrifft das in westlichen Gesellschaften etwa 40 oder 50 Prozent der Bevölkerung. Ist eine Scheidung also ein Anlass für mehr Glück oder ist es unvernünftig, sich scheiden zu lassen? In einer Zeitschrift für Statistik haben wir einen Aufsatz zu diesem Thema veröffentlicht, der einige Zeit lang sehr häufig heruntergeladen wurde - das lag vermutlich daran, dass er sich einfach herumsprach und die Leute den Artikel anklickten, um etwas über ihre eigene Situation zu erfahren. Insgesamt gesehen ist den Daten zu entnehmen, dass das Glück zunimmt - innerhalb von zwei Jahren nach der Scheidung. Demnach ist Scheidung üblicherweise vernünftig. Allerdings sollte ich schleunigst anfügen, dass ich keinem empfehle, diesen Abend nach Hause zu gehen und zu verkünden: »Liebling, wir müssen reden.« Aber in einem gewissem Sinn ist es für einen Sozialwissenschaftler und vielleicht auch für Sie beruhigend zu wissen, dass eine Scheidung, selbst wenn sie außerordentlich schmerzlich ist und niemand sie empfehlen kann, bei denjenigen zu funktionieren scheint, die diesen Schritt gehen.

Wie sieht der Ländervergleich aus? Dänemark und die Niederlande belegen in einer Tabelle der Glücksliga immer bemerkenswert gute Plätze. Sehen wir uns ein Punktdiagramm unter Einbeziehung von Ländern in aller Welt an, das das Einkommen mit der Lebenszufriedenheit in Beziehung setzt (vgl. Abbildung 26 auf Seite 82), so zeigt sich eine positive Korrelation. Je höher das reale BIP eines Landes ist, desto höher liegen die durchschnittlichen Werte für psychisches Wohlbefinden. Demnach gibt es einen simplen Querschnittszusammenhang zwischen dem für die Bürger verfügbaren Geld und dem Gefühl, glücklich zu sein.

In gewissem Maß ist das jedoch irreführend. Das größte Problem für die Wirtschaftspolitik in der westlichen Gesellschaft kennt man inzwischen unter der Bezeichnung Easterlin-Paradox. Nimmt man Umfragen einer Zufallsstichprobe (wie Richard Easterlin sie für die USA durchführte), bei denen die Menschen gefragt wurden, wie glücklich sie sich in ihrem Leben fühlen, so blieben die Antworten über die Jahre hin unverändert. Es spielt keine Rolle, wie reich ein Land wird. Für manche Länder zeigt sich bei den angegebenen Werten für die Lebenszufriedenheit sogar eine leicht abnehmende Tendenz. Das BIP steigt also im Laufe der Jahrzehnte steil an, wogegen die Werte auf der Glücksskala nicht zunehmen. Entweder liegt in diesem Easterlin-Paradox ein Fehler vor, oder es ist von grundlegender Bedeutung für politische Entscheidungsträger und Politiker. Im Augenblick sind wir nicht sicher, was hier zutrifft, aber ich muss sagen, dass Richard Easterlins Paradox nach reiflicher Abwägung der Belege wahr und alles andere als überholt ist.

Dieses Paradox - obwohl Länder reicher werden, wird die Bevölkerung nicht glücklicher - ist auf der intellektuellen wie auf der persönlichen und emotionalen Ebene eine Herausforderung, zumindest in den Augen vieler Entscheidungsträger, Banker, Unternehmer und Politiker. Wer mit Politik zu tun hatte oder eine herkömmliche Ausbildung in Ökonomie durchlaufen hat, möchte das, wenn er damit konfrontiert wird, nicht hören, und wer bereit ist, es sich anzuhören, will es nicht glauben. Das Easterlin-Paradox beunruhigt.

Wir können nicht genau sagen, was schiefläuft, wenn ein Land reicher wird, aber es gibt ein paar Hinweise. Zum einen vergleichen wir uns unbewusst - wir können nicht anders. Ich wünsche mir, drei BMW zu besitzen, und meinem Nachbarn wünsche ich einen alten Ford. Das Problem liegt in der unvermeidlichen Relativität: In Ländern, denen es gut geht, hebt die Flut des wirtschaftlichen Wachstums alle Boote an, und wo es üblich ist, drei BMW zu besitzen, wird das am Ende leider zur Norm. Es stellt sich eine Art allgemeiner Neutralität ein, so etwas wie ein Ausbleichen. Zum zweiten sind Wissenschaftler der Ansicht, dass die Menschen sich an Geld gewöhnen. Anders gesagt, zunächst freue ich mich an meinem Ferrari: Ich düse die Straße rauf und runter, doch nach dem 28. Mal hat sich das einigermaßen abgenutzt; ich habe mich daran gewöhnt. Und schließlich könnte es sein, dass Menschen, wenn sie reicher werden, falsche Entscheidungen treffen und Dinge tun, die sie nicht glücklicher machen.

Ökonomen wie auch Psychologen haben sich dieser Vorstellung lange widersetzt. Es gibt jedoch Beweise, dass die Menschen sich zu stark für Dinge einsetzen, die Geld bringen, und dabei, wie es aussieht, ihr persönliches Leben vernachlässigen in dem Bemühen, noch mehr Geld zu machen und noch erfolgreicher zu sein.

Für die Glücksökonomie gibt es noch eine andere wichtige Anwendung. Meiner Ansicht nach wird sie eines Tages häufig vor Gericht eingesetzt werden. Viele Gerichtsverhandlungen - etwa Verhandlungen wegen Verstößen gegen die Sorgfaltspflicht - befassen sich mit Verletzungen, die jemand erlitten hat, ohne dass diese automatisch mit einem Preisschild versehen wären. Richter müssen ein Urteil fällen und komplexe menschliche Tragödien mit Geldbeträgen messen.

Mit unseren Methoden haben wir die erste Möglichkeit gefunden, dies systematischer auszuführen. Stellt man geschätzte Gleichungen zur Lebenszufriedenheit auf und setzt dann die Zahlenwerte des Schadens ein - anders gesagt, falls der Partner beispielsweise letzte Nacht auf dem Heimweg von einem Auto überfahren wurde -, so kann man berechnen, wie viel Geld im Prinzip erforderlich wäre, um einen dafür zu entschädigen. Eine solche Berechnung ist schrecklich morbide, und möglicherweise würde nur ein Ökonom derartige Urteile verfassen, doch leider ist es die Aufgabe von Richtern, sich in solchen realen Fällen um Urteile zu bemühen.

Kurz, das menschliche Glück steht auf der Tagesordnung, und die Ökonomie wandelt sich. Vielleicht haben Wirtschaftswissenschaftler zu Unrecht geglaubt, dass (reiche) Gesellschaften durch wirtschaftliches Wachstum glücklicher werden. Das ist beunruhigend und wird weiterhin diskutiert; es gibt ein paar Belege, die dagegensprechen, und viele Ökonomen werden ihre Meinung ohnehin nicht ändern - unabhängig von den präsentierten Daten. Doch der überwiegende Teil der Befunde liegt auf einer Linie mit Richard Easterlins Paradox. Zum Teil deshalb scheint es in einem größeren Rahmen, als müsse sich die Politik im kommenden Jahrhundert mehr auf immaterielle Ziele konzentrieren. Das bedeutet nicht, dass die uns vertraute Ökonomie am Ende ist, sondern nur, dass im Denken ein wenig mehr Flexibilität erforderlich sein wird. Und das entwickelt sich gerade.

In einigen Jahrzehnten werden wir als Schlagzeilen in den Fernsehnachrichten wahrscheinlich nicht mehr lesen »Wirtschaft im letzten Monat um 1,2 Prozent gewachsen«, sondern eher »Der Gesamtindex für das psychische Wohlergehen des Landes ist im letzten Monat um 0,8 Prozent gestiegen«. Wenn es so weit ist, wird das als vollkommen normal erscheinen. Die Menschen werden zurückblicken und rätseln, warum man es zu Beginn des 21. Jahrhunderts nicht so gemacht hat.

(aus dem Englischen von Helmut Reuter)

Landkarte des Glücks für Europa 2010

Bewertungen der Lebenszufriedenheit im jeweiligen Land
4 = sehr zufrieden, 1 = gar nicht zufrieden.
Gesamtdeutschland liegt mit 3.03 im oberen Mittelfeld

Die durchschnittlichen Werte	
Belgien	3.13
Bulgarien	2.17
Dänemark	3.66
Estland	2.77
Finnland	3.30
Frankreich	2.98
Griechenland	2.24
Irland	3.24
Italien	2.72
Kroatien	2.81
Lettland	2.59
Litauen	2.44
Luxemburg	3.36
Malta	2.93
Mazedonien	2.49
Niederlande	3.41
Nordzypern	2.76
Ostdeutschland	2.75
Österreich	3.07
Polen	2.88
Portugal	2.29
Rumänien	2.08
Schweden	3.44
Slowakei	2.85
Slowenien	3.04
Spanien	2.90
Tschechische Republik	2.86
Türkei	2.70
Ungarn	2.38
Vereinigtes Königreich	3.32
Westdeutschland	3.10
Zypern	3.06

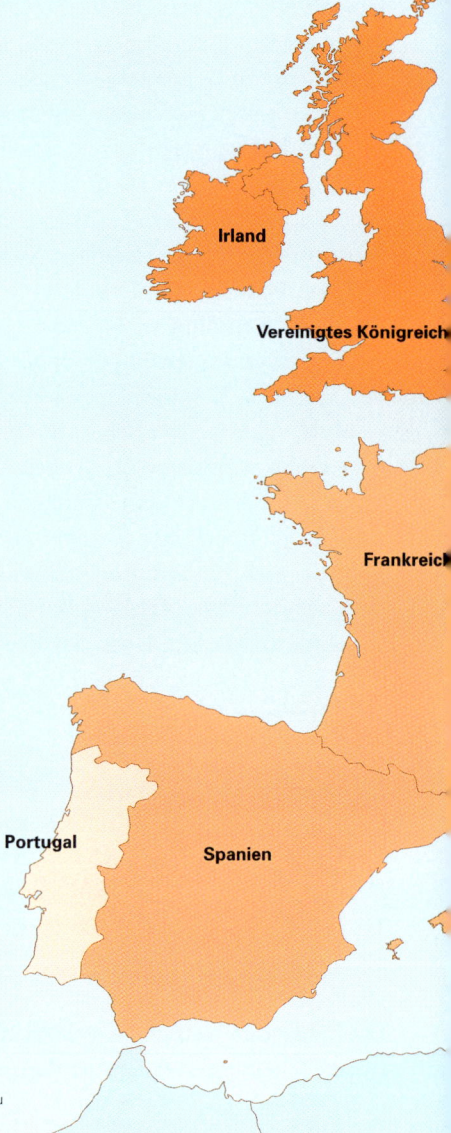

Quelle: »International Happiness« von D. Blanchflower und A. Oswald, National Bureau of Economic Research, Working Paper 16668, 2011, Cambridge MA, USA.

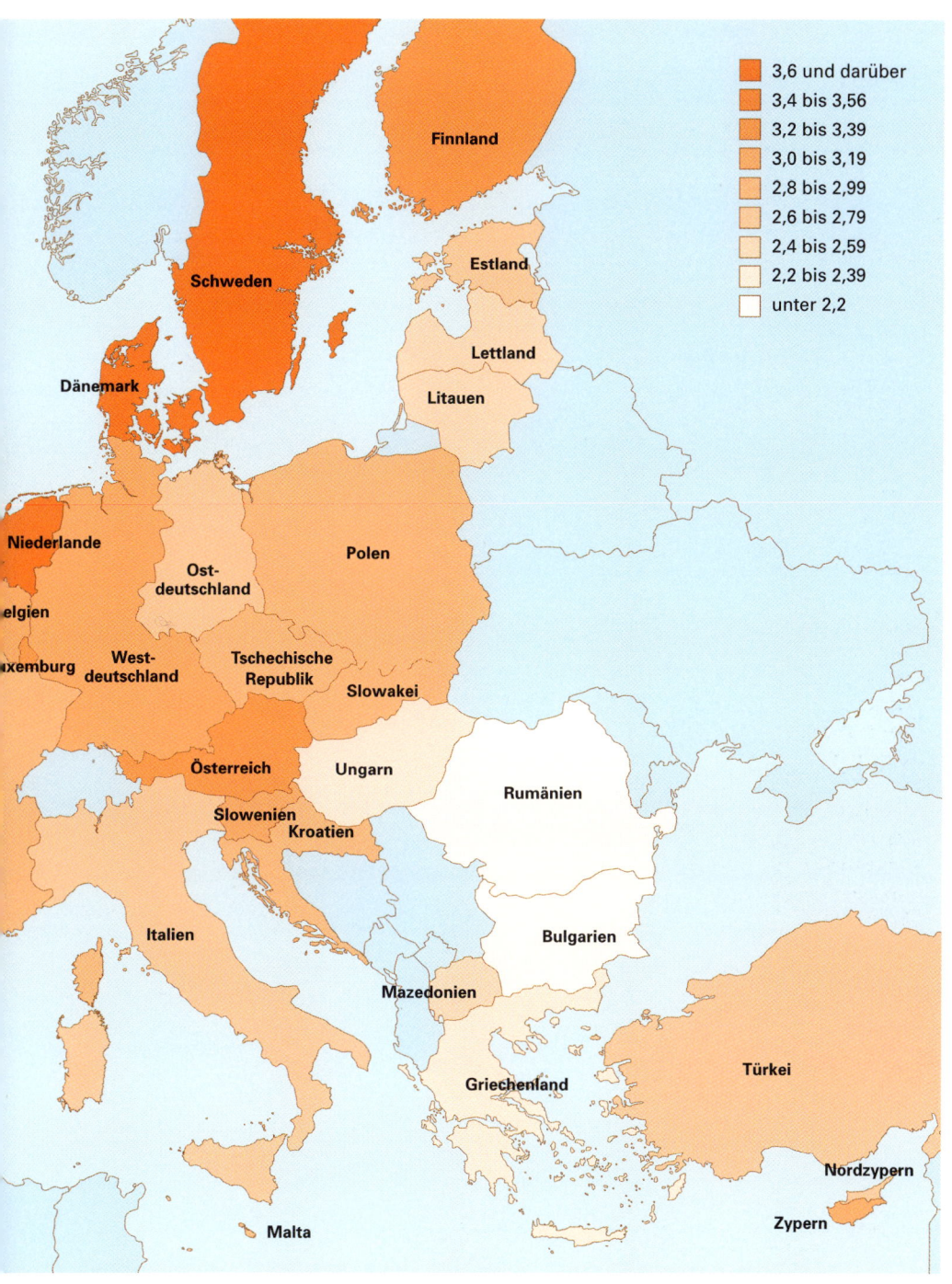

3,6 und darüber
3,4 bis 3,56
3,2 bis 3,39
3,0 bis 3,19
2,8 bis 2,99
2,6 bis 2,79
2,4 bis 2,59
2,2 bis 2,39
unter 2,2

Finnland

Schweden

Estland

Lettland

Litauen

Dänemark

Niederlande

Ost-
deutschland

Polen

elgien

uxemburg

West-
deutschland

Tschechische
Republik

Slowakei

Österreich

Ungarn

Rumänien

Slowenien
Kroatien

Italien

Bulgarien

Mazedonien

Türkei

Griechenland

Nordzypern

Malta

Zypern

Teil II

WIE ZUFRIEDEN IST DEUTSCHLAND?

von Bernd Raffelhüschen,
Stefan Moog und Johannes Vatter

1. Lebenszufriedenheit in Deutschland

»Der Deutsche hat an und für sich eine starke Neigung zur Unzufriedenheit.«
Otto von Bismarck

Sind die Deutschen ein glückliches Volk? Die Buchhandlungen sind voll von Glücksratgebern, für Forscher wie den französischen Soziologen Alan Ehrenberg ein Indiz dafür, dass die Menschen das Glück intensiver suchen denn je. Aber wie zufrieden oder unzufrieden sind die Deutschen wirklich? Sind wir heute glücklicher als früher? Wo in Deutschland leben die glücklichsten Menschen?[1] Eine erste Antwort darauf gibt der internationale Vergleich. Andrew Oswald kommt in seiner vergleichenden Studie für 2010 (siehe Europakarte auf Seite 26), der eine Skala von 1 bis 4 zugrunde liegt, beispielsweise für Portugal auf den niedrigen Zufriedenheitswert von 2,29. Das glücklichste Land ist Dänemark mit 3,66. Gesamtdeutschland liegt mit 3,03 im oberen Mittelfeld. Ähnlich sieht die Lage beim OECD Life Satisfaction Ranking für 2010 aus. Auch da liegt Portugal, diesmal auf einer Skala von 0 bis 10, auf dem niedrigen Wert von 4,9 und Dänemark steht mit 7,8 an der Spitze. Deutschland landet mit dem Wert 6,7 auf Platz 20 von 34 Nationen.

Bei der allgemeinen Lebenszufriedenheit der Deutschen sieht es demnach im Vergleich zu anderen Industrienationen eher mäßig aus. Woran kann das liegen? Warum liegen wir Deutsche, obwohl reicher als der Durchschnitt, bei der Lebenszufriedenheit so weit hinten? Nehmen wir ein Beispiel: Dänemark hat ein Bruttoinlandsprodukt pro Kopf von 42.200 Euro, Hessen liegt mit 37.100 Euro nicht viel dahinter.[2] Berücksichtigt man die Preisunterschiede, ist die Kaufkraft der Hessen sogar höher. Dennoch kommt Hessen, wie im Bundesländervergleich auf Seite 40 zu sehen, nur auf einen Zufriedenheitswert von knapp 6,8. Das ist ein riesiger Unterschied zu den Dänen mit ihren 7,8.

Das Beispiel zeigt, dass die Einkommenshöhe zwar erklärt, warum ärmere Nationen wie Griechenland, Portugal oder Bulgarien durchweg unzufriedener sind als wohlhabende Nationen wie Dänemark, die Niederlande oder auch Frankreich. Aber trotz einer ähnlichen Wohlstandsebene scheinen andere Faktoren den Zufriedenheitswert stärker zu beeinflussen, wie die Höhe der Arbeitslosenquote, das soziale Umfeld, Gesundheit, Partnerschaft, Kultur und viele andere Faktoren. Der Glücksatlas Deutschland 2011 listet die wichtigsten dieser Faktoren auf und erläutert ihren Einfluss. Er beantwortet Fragen wie: Sind Ostdeutsche unglücklicher als Westdeutsche, und wenn ja, wie sehr? Sind die Berliner glücklicher als die Bayern? Welchen Einfluss haben Gesundheit, Alter, Familienstatus, Einkommen usw. auf die Lebenszufriedenheit?

Der Glücksatlas Deutschland 2011 ist also eine große Bestandsaufnahme. Er liefert Erklärungen, aber natürlich mit der nötigen Zurückhaltung. Denn die Ursachen für tief sitzende Einstellungen sind meist komplex und noch immer nicht endgültig erforscht. Doch geben die Daten des Glücksatlas 2011 gewichtige Hinweise bei der Suche nach den Ursachen und Zusammenhängen. Wir erfahren etwas über altbekannte Tugenden der Deutschen wie Gründlichkeit und über Persönlichkeitsmerkmale wie Kommunikationsfähigkeit. Ob Bildung glücklicher macht, was die Hochzeit für die Lebenszufriedenheit bedeutet, welches Lebensalter gewöhnlich am meisten Zufriedenheit spendet, ob es dem Glück egal ist, ob Sie Akademiker sind oder Hauptschüler, all diesen Fragen geht der Glücksatlas nach.

Was Glück wirklich ist, kann der Glücksatlas natürlich nicht bestimmen. Die einen erblicken das Glück in der Liebe, die anderen im Reichtum, die einen im Verzicht, die anderen im Finden der inneren Mitte. Besonders einfach haben es sich die Ökonomen in dieser Angelegenheit gemacht: Über Jahrzehnte wurde schlicht die Annahme vertreten, dass Menschen grundsätzlich im Interesse ihres eigenen Glücks handeln. Wer ein Auto kauft, tut dies, weil er davon einen Nutzen und eine Verbesserung erwartet. Die Frage nach den Wurzeln der Zufriedenheit wurde gar nicht gestellt, d. h., ob das Verhalten der Menschen tatsächlich zu mehr Zufriedenheit führt, wurde lange nicht untersucht.

Als das Unbehagen an dieser vereinfachenden Sichtweise wuchs, stellten mehr und mehr Forschungsarbeiten den sogenannten »Homo oeconomicus« infrage.[3] Insbesondere der amerikanische Ökonom Richard Easterlin nährte die Zweifel, indem er bereits Mitte der 70er Jahre auf ein Paradox hinwies: Wenn die Einkommen steigen, müssten die Menschen doch jene Güter davon kaufen, die ihnen mehr Glück verschaffen. Folglich müsste bei steigendem Wohlstand auch die allgemeine Zufriedenheit steigen. Das war aber nicht der Fall: Die Lebenszufriedenheit ist in den Industrieländern seither nur wenig gestiegen, mancherorts sogar gesunken, trotz steigender Einkommen.

In der modernen Glücksökonomie spielt die Annahme einer egoistischen Nutzenmaximierung daher nur noch eine Nebenrolle. Sie interessiert sich vielmehr dafür, was Menschen selbst über ihre Zufriedenheit aussagen und wie dieses Empfinden mit anderen Dingen in Verbindung zu bringen ist. So lassen sich auf Basis dieses subjektiven Wohlbefindens etwa Aussagen darüber treffen, wie sehr ein hohes Einkommen die Zufriedenheit gegenüber Menschen mit geringem Einkommen hebt oder wie sehr eine gute Gesundheit das Glück gemessen an Menschen mit schlechter Gesundheit beeinflusst. Diese Werte lassen sich isolieren und statistisch ermitteln. Sie zeigen, in welchem Umfang Faktoren wie Einkommen, Gesundheit, Partnerschaft, aber auch Persönlichkeitsmerkmale wie Extrovertiertheit zum Glück des Menschen beitragen. So lässt sich auch darstellen, wie sich die Zufriedenheit im Lauf der Zeit verändert. War früher wirklich alles besser? Die jahrzehntelange Erfahrung der Glücksforschung zeigt, dass die subjektiven Antworten vielleicht nicht immer vollkommen exakt sind, aber doch eine erstaunliche Genauigkeit aufweisen.

Die ersten Befragungen zu Glück und Zufriedenheit stammen aus der Mitte des 20. Jahrhunderts. Für Deutschland kann mit den Daten des Soziooekonomischen Panels (SOEP) auf eine wahre Schatztruhe an Beobachtungen zurückgegriffen werden: Seit 1984 werden jährlich mehrere Tausend Haushalte u. a. danach befragt, wie zufrieden sie mit ihrem Leben sind. Inzwischen wurden 26 Befragungswellen durchgeführt und über 60.000 Personen interviewt. Auf diese Datenquelle bezieht sich der Glücksatlas vor allem.

Lebenszufriedenheit von 1984 bis 2011

Die gute Nachricht vorweg: Die empfundene Lebenszufriedenheit der Deutschen ist in den vergangenen zwei Jahren angestiegen, wie die eigens für den Glücksatlas durchgeführte Befragung des Instituts für Demoskopie Allensbach im Frühjahr 2011 zeigt. Der aktuelle Mittelwert von rund 7,0 liegt jedenfalls deutlich über dem Mittelwert von 2009 von lediglich 6,8. Ein solcher Abstand von etwa 0,2 Punkten darf nicht unterschätzt werden. Wie in den weiteren Kapiteln noch zu sehen sein wird, entspricht bereits ein Abstand von 0,3 Punkten in etwa dem Effekt, der von einer festen Partnerschaft auf die Zufriedenheit der Menschen ausgeht. Oder anders formuliert: Eine feste Partnerschaft hebt die subjektive Lebenszufriedenheit im

Subjektive Lebenszufriedenheit

Die Lebenszufriedenheit der Deutschen beträgt aktuell 7,0 Punkte. Was genau bedeutet dieser Wert? Auf der in der Glücksforschung üblichen Skala von 0 bis 10 (10 entspricht einer vollkommenen Zufriedenheit) schätzen nach der Befragung durch Allensbach aus dem Frühjahr 2011 rund zwei Drittel der Menschen ihre Lebenszufriedenheit mit sieben oder höher ein. Die Menschen in Deutschland sind mit sich und ihrem Leben also durchaus zufrieden. Knapp ein Fünftel der Bevölkerung ist mit neun oder zehn Punkten nach eigenem Ermessen sogar sehr oder vollkommen zufrieden. Weitere 20 Prozent stufen ihre Lebenszufriedenheit mit Werten von fünf und sechs immerhin als mittelmäßig ein. Einen Wert von drei oder vier, also tendenzielle Unzufriedenheit, geben hingegen weniger als zehn Prozent an, und weitgehend oder gar vollkommen unzufrieden (null bis zwei) sind nach eigenen Angaben lediglich drei Prozent aller Befragten. Im Durchschnitt liegt die subjektive Lebenszufriedenheit des Jahres 2011 somit bei sieben von zehn Punkten (vgl. Abbildung 1). Obwohl die Antworten der Befragten subjektiv sind, sind sie erstaunlich belastbar und vergleichbar.

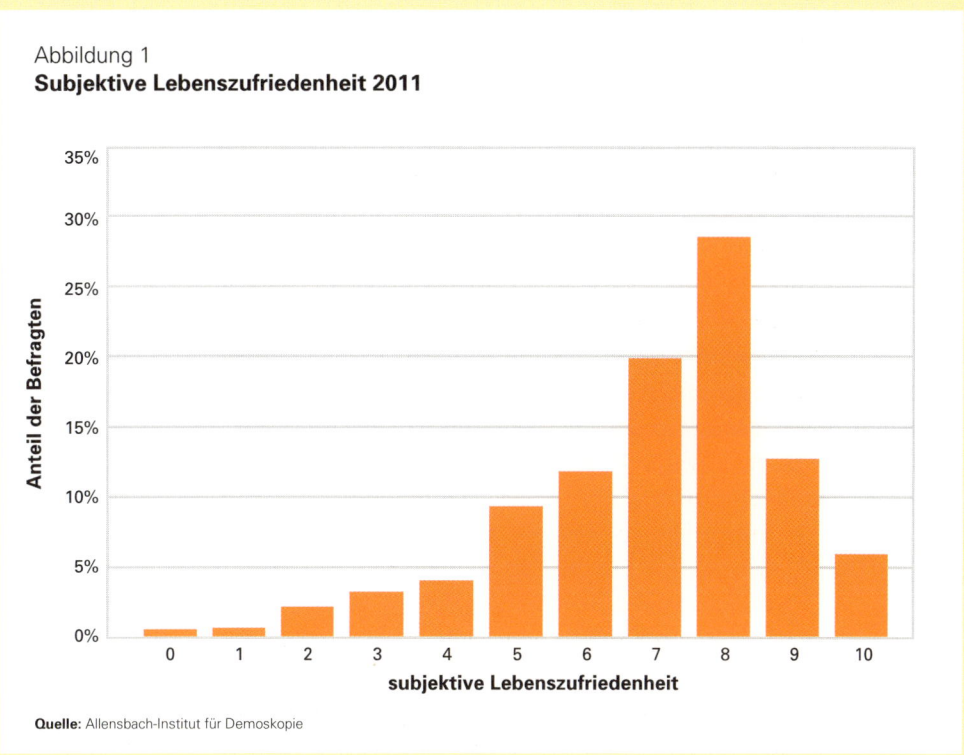

Abbildung 1
Subjektive Lebenszufriedenheit 2011

Quelle: Allensbach-Institut für Demoskopie

Auf einer Skala von 0 bis 10 (= vollkommene Zufriedenheit) geben zwei Drittel der Deutschen ihre Lebenszufriedenheit mit sieben oder höher an.

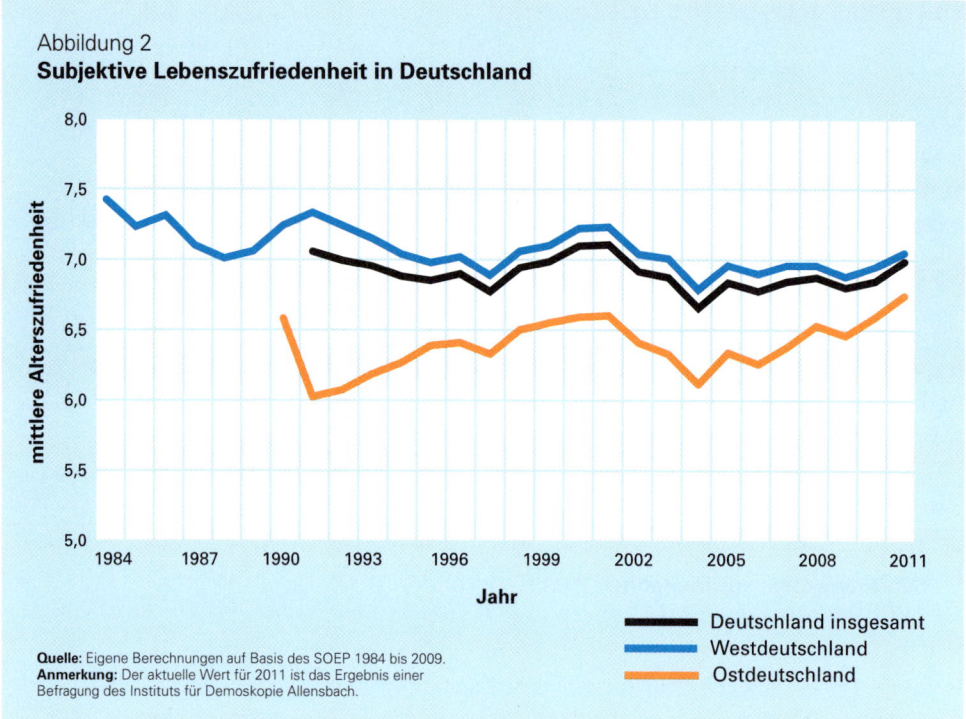

Abbildung 2
Subjektive Lebenszufriedenheit in Deutschland

Quelle: Eigene Berechnungen auf Basis des SOEP 1984 bis 2009.
Anmerkung: Der aktuelle Wert für 2011 ist das Ergebnis einer
Befragung des Instituts für Demoskopie Allensbach.

- ■■■ Deutschland insgesamt
- ■■■ Westdeutschland
- ■■■ Ostdeutschland

Westdeutschland hatte 1984 einen Lebenszufriedenheitswert von 7,4, der bis 2003 auf 6,8 absank und aktuell bei 7,1 steht. In Ostdeutschland stand er 1991 bei 6,0 und stieg bis 2011 auf 6,8.

Durchschnitt um 0,3 Punkte. Auf Seite 132 finden Sie eine Tabelle, die Beispiele für solche Punktwerte für Deutschland angibt. Der Schritt von 6,8 auf 7,0 bedeutet demnach: Deutschland geht es in der Tat besser als noch vor zwei Jahren. Die Ängste und Nöte der Finanz- und Wirtschaftskrise von 2008 sind in der mentalen Einstellung der Deutschen überwunden. Genauer gehen wir darauf auf Seite 90 ein.

Abbildung 2 gibt die Entwicklung der subjektiven Lebenszufriedenheit der westdeutschen Bevölkerung seit 1984 und die der neuen Bundesländer seit der Wiedervereinigung wieder.

Die Finanzkrise von 2008 scheint zwar überwunden zu sein. Aber vergleicht man den aktuellen Punktwert von 7,0 mit dem Wert 7,4 aus dem Jahr 1984, dem Beginn der SOEP-Datenreihe, dann wird sichtbar, dass die Deutschen in früheren Jahren im Mittel deutlich höhere Angaben bezüglich ihrer Lebenszufriedenheit gemacht haben. Insbesondere während der 1980er Jahre lag die subjektive Lebenszufriedenheit in Westdeutschland signifikant über den heutigen Werten. Und auch für Gesamtdeutschland zeigt sich seit 1990 insgesamt ein leichter Abwärtstrend, obwohl sich die Situation in den neuen Bundesländern seit der Deutschen Einheit erheblich verbessert hat.

Beachtlich ist der vergleichsweise hohe Mittelwert für Ostdeutschland von 6,6 vom Juni 1990 und der starke Abfall der subjektiven Lebenszufriedenheit im darauffolgenden Jahr auf einen Wert von nur noch knapp über 6,0. Da keine Vergleichsmöglichkeit aus den 1980er Jahren besteht, kann nicht endgültig festgestellt werden, ob die hohe Zufriedenheit von 1990 aus der Euphorie resultiert, die mit der Wende einherging, oder ob die niedrige Zufriedenheit mit der Tatsache zu tun hat, dass zahllose Betriebe und Arbeitsplätze der ostdeutschen Wirtschaft sich nach den Wendemonaten auflösten und zu einer erheblichen Enttäuschung beitrugen.[4]

Unstrittig ist allerdings, dass sowohl vor als auch direkt nach der Wende eine deutliche »Glückslücke« zwischen Ost- und Westdeutschland klaffte, die sich bis Ende der 1990er Jahre signifikant verringerte, und dies, obwohl die Arbeitslosigkeit in den neuen Bundesländern im selben Zeitraum auf fast 20 Prozent anstieg. Noch 1991 stand der westdeutschen Zufriedenheit von 7,3 ein ostdeutscher Zufriedenheitswert von »nur« 6,0 gegenüber - ein immenser Unterschied von ganzen 1,3 Punkten. Bis zum Jahr 2000 nahm die Lebenszufriedenheit der Ostdeutschen schrittweise zu, sodass die »Glückslücke« zwischen Ost- und Westdeutschland auf 0,8 zurückging.[5]

Auf der anderen Seite nahm die Lebenszufriedenheit der Westdeutschen seit der Einheit bis 1997 ab, nachdem sie 1991 mit 7,3 Punkten einen Gipfel erreicht hatte. Die 80er Jahre zeigen insgesamt ein höheres Glücksniveau der Westdeutschen, das sie seither nie mehr erreicht haben. Ein gewichtiger Grund hierfür ist sicherlich in der Arbeitslosigkeit zu suchen, die nicht nur auf individueller Ebene einen stark negativen Einfluss auf die Lebenszufriedenheit hat, sondern wie im deutschen Fall auch auf die Zufriedenheit ganzer Gesellschaften drücken kann (vgl. Seite 92 ff.). Hinzu kommt aber auch eine ganze Reihe verloren gegangener Sicherheiten: Nicht nur die Arbeitslosigkeit hat seit den 1990er Jahren immer wieder Höchstwerte erreicht, auch die Arbeitswelt selbst hat sich gravierend verändert - und nicht nur zum Besseren (vgl. Seite 100). Schließlich liegt eine weitere Erklärung der stagnierenden Zufriedenheit Westdeutschlands aber auch in der demografischen Entwicklung (Seite 52).

Immerhin, die Lebenszufriedenheit der West- und Ostdeutschen näherte sich seit der Einheit über die gesamten 1990er Jahre an. Seit dem Ende der 1990er Jahre verlief die subjektive Lebenszufriedenheit dann für einige

Jahre im Gleichschritt, wobei um das Jahr 2000 ein Höhepunkt erreicht wurde. Zwischen 2001 und 2004 fiel die Lebenszufriedenheit dann in beiden Teilen Deutschlands deutlich ab, was sich im Wesentlichen mit den Folgen der einsetzenden schweren Rezession erklären lässt, die insbesondere Ostdeutschland traf und die Arbeitslosigkeit in die Höhe trieb. 2005 erreichte sie in Gesamtdeutschland über fünf Millionen. Die Mittelwerte der ostdeutschen Bundesländer erreichten jedoch bereits 2004 einen Tiefpunkt mit knapp über 6,0. Seit dem Jahr 2005 scheint es einen zweiten Anlauf der Annäherung zu geben: Während im Jahr eins nach der Wende die Durchschnittswerte von West- und Ostdeutschland um ganze 1,3 Punkte auseinanderlagen, betrug der Unterschied im Rahmen der Befragung 2011 nur noch 0,3 – der geringste Abstand seit der Deutschen Einheit.

Lebenszufriedenheit im regionalen Vergleich

Die Zufriedenheit der Deutschen ist insgesamt auf den Wert 7,0 gestiegen, die der Ostdeutschen nähert sich langsam dem Zufriedenheitsniveau des Westens an. Wie aber sieht es in den einzelnen Regionen Deutschlands aus? Ist der Süden, die wirtschaftlich stärkste Region Deutschlands, auch die glücklichste?

Abbildung 3 stellt die subjektive Lebenszufriedenheit der Menschen in insgesamt 19 deutschen Regionen dar. Um möglichst detaillierte Aussagen treffen zu können, wurden die bevölkerungsstärksten Bundesländer Baden-Württemberg, Bayern, Niedersachsen und Nordrhein-Westfalen dabei jeweils aufgeteilt. Rheinland-Pfalz wurde aufgrund einer relativ geringen Anzahl an Beobachtungen mit dem Saarland verbunden, ebenso wie Bremen mit dem nördlichen Teil Niedersachsens. Neben den Befragungen im Rahmen des SOEP aus dem Jahr 2009 flossen zudem die Ergebnisse einer aktuellen repräsentativen Umfrage vom Institut für Demoskopie Allensbach vom Frühjahr 2011 ein.

Betrachtet man die Durchschnittswerte in den einzelnen Regionen, so ergibt sich eine Differenz von rund 0,9 Punkten zwischen dem höchsten gemessenen Wert und dem niedrigsten – ein gewaltiger Unterschied, zieht man in Betracht, dass beispielsweise der Umstand, arbeitslos zu sein, die subjektive Lebenszufriedenheit um ca. 0,5 Punkte absenkt. Dementsprechend stellen bereits Abweichungen von wenigen Zehnteln eine beachtliche Größe dar.

Die höchste subjektive Lebenszufriedenheit ergibt sich demnach für die Hansestadt Hamburg. Mit einem Wert von im Durchschnitt fast 7,4 ragt

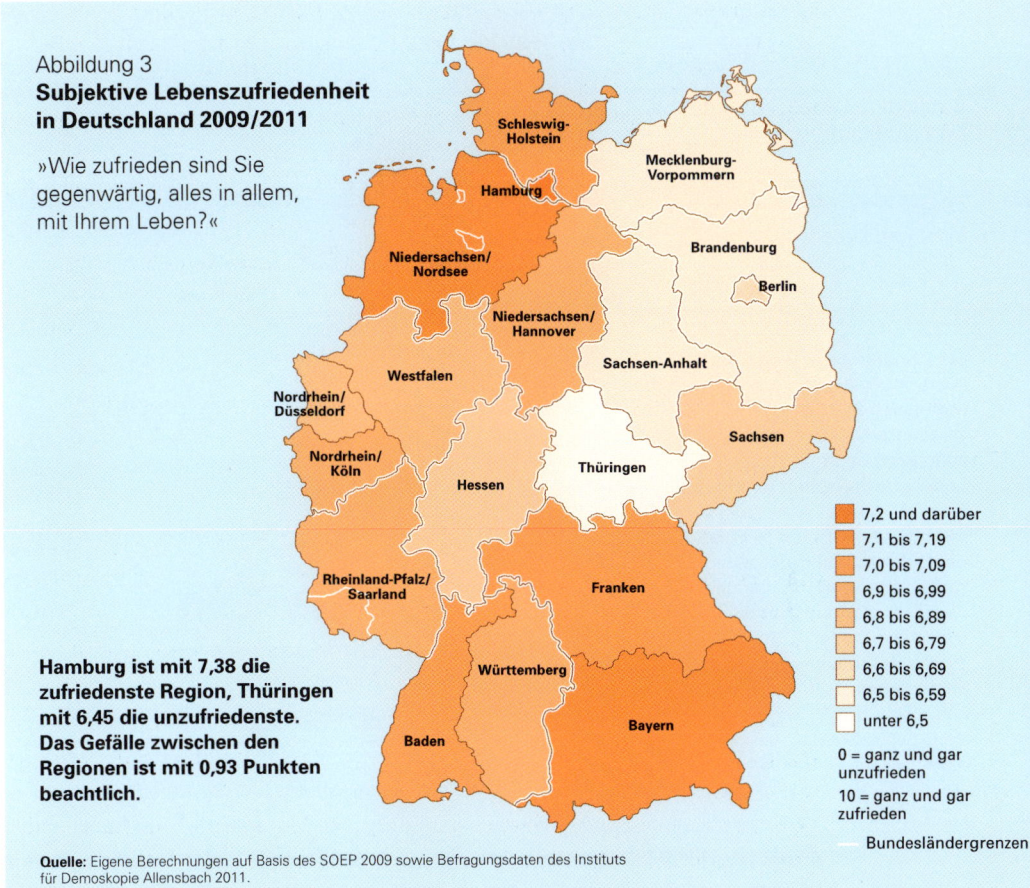

Abbildung 3
**Subjektive Lebenszufriedenheit
in Deutschland 2009/2011**

»Wie zufrieden sind Sie
gegenwärtig, alles in allem,
mit Ihrem Leben?«

**Hamburg ist mit 7,38 die
zufriedenste Region, Thüringen
mit 6,45 die unzufriedenste.
Das Gefälle zwischen den
Regionen ist mit 0,93 Punkten
beachtlich.**

Schleswig-
Holstein
Mecklenburg-
Vorpommern
Hamburg
Niedersachsen/
Nordsee
Brandenburg
Berlin
Niedersachsen/
Hannover
Westfalen
Sachsen-Anhalt
Nordrhein/
Düsseldorf
Nordrhein/
Köln
Thüringen
Sachsen
Hessen
Rheinland-Pfalz/
Saarland
Franken
Württemberg
Bayern
Baden

- 7,2 und darüber
- 7,1 bis 7,19
- 7,0 bis 7,09
- 6,9 bis 6,99
- 6,8 bis 6,89
- 6,7 bis 6,79
- 6,6 bis 6,69
- 6,5 bis 6,59
- unter 6,5

0 = ganz und gar
unzufrieden
10 = ganz und gar
zufrieden

— Bundesländergrenzen

Quelle: Eigene Berechnungen auf Basis des SOEP 2009 sowie Befragungsdaten des Instituts
für Demoskopie Allensbach 2011.

das Glück der norddeutschen Großstadt deutlich über das der restlichen
Bundesrepublik heraus. Den niedrigsten Wert hat hingegen Thüringen
mit weniger als 6,5. Die Ergebnisse für die 19 Regionen im Einzelnen: Mit
7,4 steht **Hamburg** an erster Stelle im Glücksatlas 2011. Dabei profitiert die
Hansestadt zum Teil von ihrem Status als relativ wohlhabender Stadtstaat.
Gleichzeitig verfügt Hamburg aber auch über eine günstige Altersstruktur
und eine hohe kulturelle Attraktivität. Hamburg war aber nicht immer
führend, was die Lebenszufriedenheit anbetrifft. Noch in den 1990er Jahren
lag die Stadt eher im Mittelfeld der deutschen Glücksverteilung (vgl. Abbildung 4).

Dass die Zufriedenheit der Hanseaten aber auch etwas mit deren Mentalität zu tun hat, zeigt ein Blick auf die nachfolgenden Plätze. Sowohl der

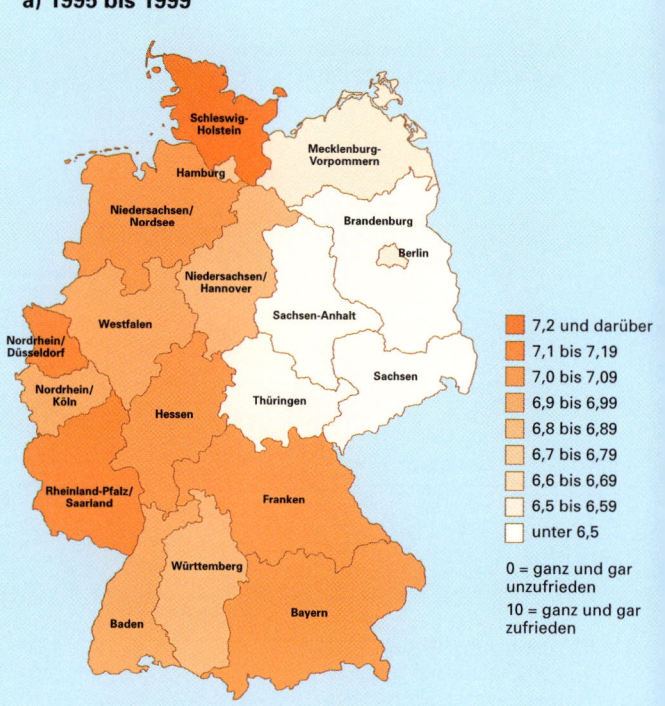

a) 1995 bis 1999

Abbildung 4
**Subjektive Lebenszufriedenheit
im Zeitablauf**

»Wie zufrieden sind Sie
gegenwärtig, alles in allem,
mit Ihrem Leben?«

**Die Annäherung von Ost und
West spiegelt sich auch in einer
regionalen Betrachtung wider.
Waren die Unterschiede um
2000 noch hoch, so hat sich die
Lebenszufriedenheit in den neuen
Bundesländern seither merklich
verbessert, während in Westdeutschland vielerorts eher
rückläufige Werte zu verzeichnen
waren. In Hamburg ist der Zufriedenheitswert seit Mitte der
1990er Jahre hingegen deutlich
angestiegen.**

Karten-Legende:
- 7,2 und darüber
- 7,1 bis 7,19
- 7,0 bis 7,09
- 6,9 bis 6,99
- 6,8 bis 6,89
- 6,7 bis 6,79
- 6,6 bis 6,69
- 6,5 bis 6,59
- unter 6,5

0 = ganz und gar
unzufrieden
10 = ganz und gar
zufrieden

Quelle: Eigene Berechnungen auf Basis des SOEP.

nördliche Teil **Niedersachsens** als auch **Schleswig-Holstein** können mit
Werten von deutlich über 7,0 ebenfalls als weitgehend zufrieden gelten.
Ausschlaggebend dürfte hier tatsächlich eine etwas entspanntere Lebens-
einstellung sein: Die größere Ausgeglichenheit, die die Norddeutschen laut
eigenen Aussagen an den Tag legen, ist offenbar mindestens genauso wirksam wie der ökonomische Wohlstand des Südens (Seite 103).

Groß sind die Unterschiede jedoch nicht. Auch der gesamte **Freistaat
Bayern** kommt auf einen Punktwert von knapp 7,1, wobei sich zwischen
den Franken im Norden und dem Süden Bayerns nur geringfügige Unterschiede ausmachen lassen. Neben dem ökonomischen Reichtum und der
besonders guten Arbeitsmarktlage dürften auch eine vergleichsweise günstige Familienstruktur sowie ein hohes Maß an Sozialkapital zum Glück des
Freistaates beitragen (Seite 67).

Auf die Spitzengruppe folgt **Baden** mit einem Wert von 7,0, was zu einem knappen Vorsprung vor den **Württembergern** reicht (6,9 Punkte).

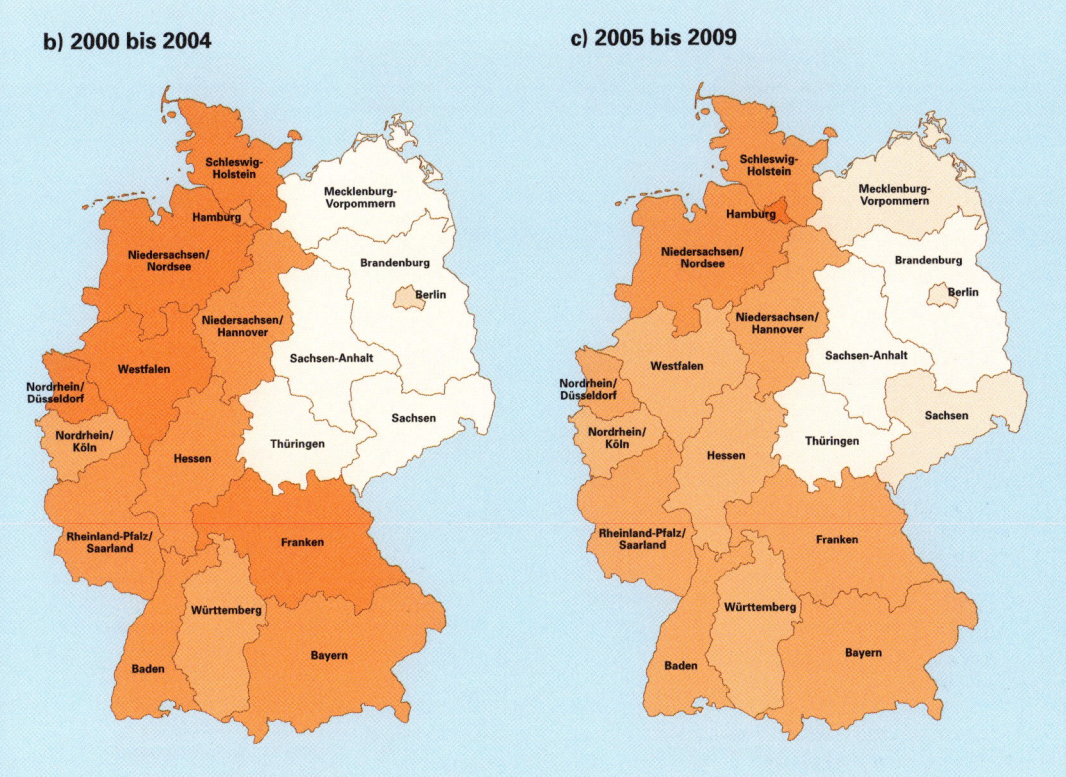

b) 2000 bis 2004

c) 2005 bis 2009

Auch hier sorgt der hohe materielle Wohlstand für überdurchschnittliche Zufriedenheitswerte. Der Südwesten erfreut sich im Mittel aber auch einer sehr guten Gesundheit (Seite 109). Im Gegensatz zu den nördlichen Teilen Deutschlands geben die Menschen im Süden der Republik jedoch häufiger an, unter Zeitdruck und Stress zu stehen.

Im westlichen Teil Deutschlands, d. h. in **Nordrhein-Westfalen** und **Rheinland-Pfalz,** kann man zwar auch von einer allgemein hohen Zufriedenheit sprechen, allerdings fällt die subjektive Lebenszufriedenheit hier bereits etwas moderater aus (6,9). Dabei liegen die Mittelwerte der **Rheinländer** geringfügig über jenen der **Westfalen**. In den 1990er Jahren lagen Rheinland-Pfalz sowie die Region entlang des Nordrheins noch an der Spitze der Verteilung (vgl. Abbildung 4). Im Vergleich zu den Nord- und Süddeutschen hatte der Westen in den vergangenen Jahren aber etwas mehr mit gesellschaftlichen und ökonomischen Herausforderungen im Zusammenhang mit dem Strukturwandel zu kämpfen. Vergleichsweise hoch

Tabelle 1

Die Zufriedenheitswerte der Regionen	
Region	2009/2011 (Trend)
Hamburg	7.38 (→)
Niedersachsen/Nordsee	7.14 (↑)
Bayern	7.10 (↑)
Franken	7.09 (↑)
Schleswig-Holstein	7.04 (↑)
Baden	7.01 (↑)
Niedersachsen/Hannover	6.99 (↑)
Württemberg	6.94 (↗)
Nordrhein/Köln	6.94 (→)
Rheinland-Pfalz/Saarland	6.91 (↘)
Nordrhein/Düsseldorf	6.90 (↗)
Westfalen	6.87 (↗)
Sachsen	6.79 (↑)
Hessen	6.77 (↘)
Berlin	6.68 (→)
Sachsen-Anhalt	6.57 (↗)
Mecklenburg-Vorpommern	6.56 (↑)
Brandenburg	6.56 (↑)
Thüringen	6.45 (↗)

Hamburg führt mit einigem Abstand das aktuelle Glücksranking der Regionen an, verharrt allerdings auf hohem Niveau. Thüringen ist Schlusslicht, gefolgt von Brandenburg, das allerdings eine stark aufstrebende Tendenz hat.

Quelle: Eigene Berechnungen auf Basis des SOEP und des Instituts für Demoskopie Allensbach 2011. Anmerkung: Mittelwert aus 2009 und 2011. Abstände von 0,1 zeigen bereits einen Niveauunterschied.

war die Zufriedenheit zuletzt in der Region **Nordrhein/Köln** mit einem Wert von deutlich über 6,9. Für die Bundesländer Bremen und das Saarland konnten wegen der geringen Fallzahlen in den Daten keine spezifischen Lebenszufriedenheitswerte berechnet werden.

Das untere Mittelfeld des Spektrums bilden **Sachsen** und **Hessen** mit Durchschnittswerten von knapp 6,8 Punkten, wodurch sich praktisch ein nahtloser Übergang zwischen West- und Ostdeutschland ergibt. Die Erklärung ist hier auch in der unterschiedlichen Dynamik beider Regionen zu finden. Während Sachsen in vielerlei Hinsicht als das aufstrebende ostdeutsche Flächenland gilt, zeigen sich insbesondere im Norden Hessens etliche Strukturprobleme. Wenig zuträglich für die Lebenszufriedenheit in Hessen dürfte zudem die vergleichsweise stark gespreizte Einkommensverteilung sein.

In der Hauptstadt **Berlin** lässt es sich sicher gut leben, so könnte man meinen. Als Großstadt verfügt Berlin nicht nur über ein hohes Maß an Kultur, sondern übt insbesondere auf junge und kreative Menschen eine hohe Anziehungskraft aus. Beides wirkt sich positiv auf die Lebenszufriedenheit aus (Seite 121). Mit einer mittleren Lebenszufriedenheit von 6,7 Punkten zeigen die Befragungen dennoch einen klaren Unterschied zum nördlichen Stadtstaat Hamburg.

Für die übrigen Flächenländer im Osten Deutschlands ergibt sich ein gemischtes Bild. Einerseits stehen sie mit Werten von knapp 6,6 (**Mecklenburg-Vorpommern, Brandenburg und Sachsen-Anhalt**) und 6,5 (**Thüringen**) am Ende der Verteilung, andererseits konnten sie gerade in den vergangenen Jahren stark aufholen (vgl. Abbildungen 3 und 4a). Insbesondere der Rückgang der Arbeitslosigkeit macht sich hier deutlicher bemerkbar als im Westen der Republik, was auch zu einer Annäherung bei der Lebenszufriedenheit führt (Seite 91).

Zusammenfassung

- Im Durchschnitt liegt die Lebenszufriedenheit 2011 bei einem Wert von 7,0 und damit 0,2 Punkte höher als noch vor zwei Jahren.
- Damit sind die Menschen so zufrieden, wie sie es in den vergangenen zehn Jahren nicht gewesen sind. Zwei Drittel der Menschen schätzen ihre Lebenszufriedenheit mit sieben Punkten oder höher ein. Nur zehn Prozent sind richtig unzufrieden.
- Der Norden hat höhere Zufriedenheitswerte als der wohlhabendere Süden. Hamburg hat mit 7,38 die höchste Lebenszufriedenheit in Deutschland, gefolgt von Niedersachsen/Nordsee und Bayern. Thüringen steht mit einem aktuellen Wert von 6,45 am Ende des Glücks-Rankings, gefolgt von Brandenburg und Mecklenburg-Vorpommern.
- Die neuen Bundesländer weisen stark ansteigende Zufriedenheitswerte auf. 2011 beträgt die »Glückslücke« zwischen Ost- und Westdeutschland nur noch 0,3 Punkte, 1991 waren es noch 1,3 – der niedrigste Wert seit der Deutschen Einheit.

2. Was macht uns glücklich?

»Des Menschen Wille, das ist sein Glück.«
Friedrich Schiller

Der aktuelle Zufriedenheitswert für 2011 von 7,0 zeigt, dass die Mehrheit der Menschen in Deutschland durchaus zufrieden mit ihrem Leben ist. Allerdings haben wir gesehen, dass die subjektive Lebenszufriedenheit in der Vergangenheit erheblich schwankte und zwischen einzelnen Regionen wie Hamburg und Thüringen beträchtlich auseinanderklafft. Wodurch können diese Unterschiede erklärt werden? Hierüber gibt die empirische Glücksforschung seit knapp 20 Jahren zunehmend Aufschluss. Ökonomen, Psychologen und Neurowissenschaftlern ist es gemeinsam gelungen, mittels Umfragen und moderner statistischer Methoden sowie anhand von Zwillingsstudien und Experimenten wesentliche Antworten auf die Frage nach den Ursachen der Zufriedenheit zu geben.

Aber ist es nicht sonnenklar, was Menschen zufrieden macht, zum Beispiel Gesundheit, gute soziale Beziehungen oder eine günstige berufliche Position? Natürlich besitzen die meisten Menschen ein Gespür dafür, was Zufriedenheit ausmacht. Doch zum einen sind die Menschen sehr verschieden, sodass wir nicht selten fälschlicherweise von uns auf andere schließen.

Zum anderen neigen wir in unserem Verhalten (selbst in modernen und aufgeklärten Gesellschaften) dazu, zweifelhaften Trends und Moden zu unterliegen. Die Glücksforschung überprüft deshalb, inwieweit die Vorstellungen, die Menschen vom Glück haben, auch mit ihren Handlungen übereinstimmen. Manche Glücksforscher kommen etwa zu dem Schluss, dass Menschen generell zu viel Glück vom Konsum erwarten und zu wenig von der Pflege guter Freundschaften. Eine regelmäßige Erkenntnis der Glücksforschung lautet entsprechend, dass Menschen nicht immer genau wissen, was sie zufrieden macht, und dass sie manchmal sogar mehrheitlich auch entgegen ihrem Glück handeln.

Ehe wir jedoch eine spezifische Analyse durchführen, hilft es, sich ein grundlegendes Bild über die Faktoren zu machen, die das Glück und die Zufriedenheit einer Person bestimmen. Abbildung 5 veranschaulicht dies in vereinfachter Form. Dabei unterschieden wir zwischen jenen Faktoren, die in jeder Person weitgehend fest verankert sind, und solchen, die in Verbindung mit der gegenwärtigen Erfahrungswelt stehen. Grundlegende Charakterzüge und Persönlichkeitsmerkmale wie Extrovertiertheit, Ängstlichkeit oder Intelligenz haben einerseits genetische Grundlagen. Andererseits werden diese auch im Zuge unserer frühen Lebenserfahrung in Kindheit und Jugend geprägt. Im Erwachsenenalter verändern sich Charakter und Persönlichkeit hingegen nur noch begrenzt. Dagegen ist die gegenwärtige Erfahrungswelt stark von den aktuellen Lebensumständen und der Lebensweise einer Person geprägt. Hierunter fallen u. a. die familiäre Situation, die Erwerbstätigkeit oder die Freizeitgestaltung. Dabei ist jedoch zu beachten, dass die äußeren Lebensumstände selbst ebenfalls zu einem erheblichen Teil von unseren Persönlichkeitsmerkmalen abhängen. Ein extrovertierter Mensch blickt optimistischer in die Zukunft als ein introvertierter. Das verschafft ihm eine höhere Wahrscheinlichkeit, einen guten Job zu bekommen, was wiederum sein Selbstwertgefühl hebt und sich positiv auf seine Lebenszufriedenheit auswirkt.[6]

Abbildung 5
Ursachen der Lebenszufriedenheit

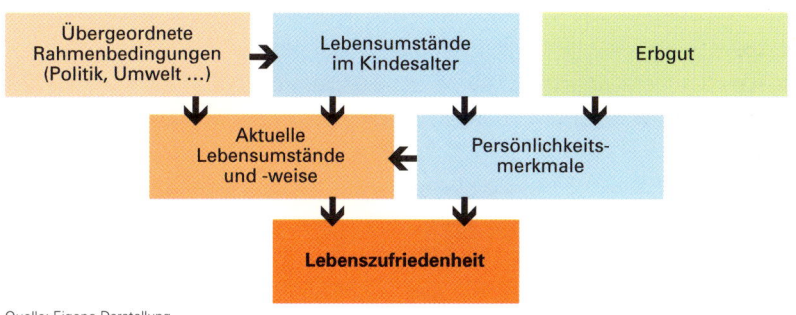

Quelle: Eigene Darstellung

Die subjektive Lebenszufriedenheit setzt sich aus vielen Bausteinen zusammen: Wichtig sind angeborene Persönlichkeitsmerkmale und Prägungen der Kindheit. Einfluss haben auch äußere Bedingungen wie der Arbeitsmarkt oder die politische Verfassung sowie Lebensumstände wie Familienstand, Gesundheit etc.

Die Zufriedenheit eines Menschen resultiert letztlich aus einer günstigen Kombination von inneren Eigenschaften und äußeren Umständen. Im folgenden werden zunächst die Bedeutung der unveränderlichen Persönlichkeitsmerkmale erörtert und die regionalen Eigenarten und Mentalitäten in Deutschland skizziert. Das vierte Kapitel geht auf die Bedeutung unveränderlicher soziodemografischer Faktoren für die Lebenszufriedenheit ein. Die Kapitel 5 bis 9 behandeln die wesentlichen Lebensbereiche des Menschen angefangen bei Familie und Freundeskreis bis hin zu kulturellen Einzelheiten des Lebens in Deutschland.

3. Individuelle Persönlichkeitsmerkmale

»Das Glück gehört denen, die sich selber genügen; denn alle äußeren
Quellen des Glückes und Genusses sind, ihrer Natur nach,
höchst unsicher, misslich, vergänglich und dem Zufall unterworfen.«
Arthur Schopenhauer

Der amerikanische Präsident Abraham Lincoln sagte einmal: »Die meisten Menschen sind so glücklich, wie sie es sich selbst vorgenommen haben«. Die moderne Glücksforschung kommt zu ähnlichen Ergebnissen. Sie spricht von einem »set point« des Glücks, einer Art individuellen Glückszustands jeder Person, der zu einem guten Teil unabhängig von äußeren Umständen ist.

Wie stark die Persönlichkeit die Zufriedenheit mitbestimmt, wird bereits anhand einer grundlegenden Beobachtung deutlich. Befragt man beispielsweise ausschließlich Männer im Alter von 40 bis 50 Jahren, die verheiratet sind und ein Kind haben, die einen akademischen Abschluss haben, sich in guter Gesundheit befinden und über ein persönliches Nettoeinkommen zwischen 1500 und 2500 Euro verfügen, so erhält man ein Muster von Antworten, bei dem nahezu die gesamte Zufriedenheitsskala abgedeckt wird (vgl. Abbildung 6): Es gibt Männer, die völlig zufrieden sind, und solche, die sehr unzufrieden sind, obwohl die äußeren Variablen, wie Kind, Alter, Bildung, Nettoeinkommen und Gesundheit gleich sind. Warum ist die Verteilung der Zufriedenheit in der befragten Gruppe so unterschiedlich? Die Erklärung bieten die Persönlichkeitsmerkmale.

In dem vorliegenden Beispiel wurde nur ein relativ kleiner Teil von äußeren Variablen berücksichtigt. Doch selbst wenn noch mehr dieser äußeren Variablen - wie etwa die soziale Sicherheit - berücksichtigt würden, wären erhebliche Abweichungen bei der subjektiven Lebenszufriedenheit zu beobachten. Die Ergebnisse solcher Experimente stimmen mit der alltäglichen Wahrnehmung der meisten Menschen überein. Fast jeder kennt Personen, die eigentlich über alle äußeren Voraussetzungen verfügen, um

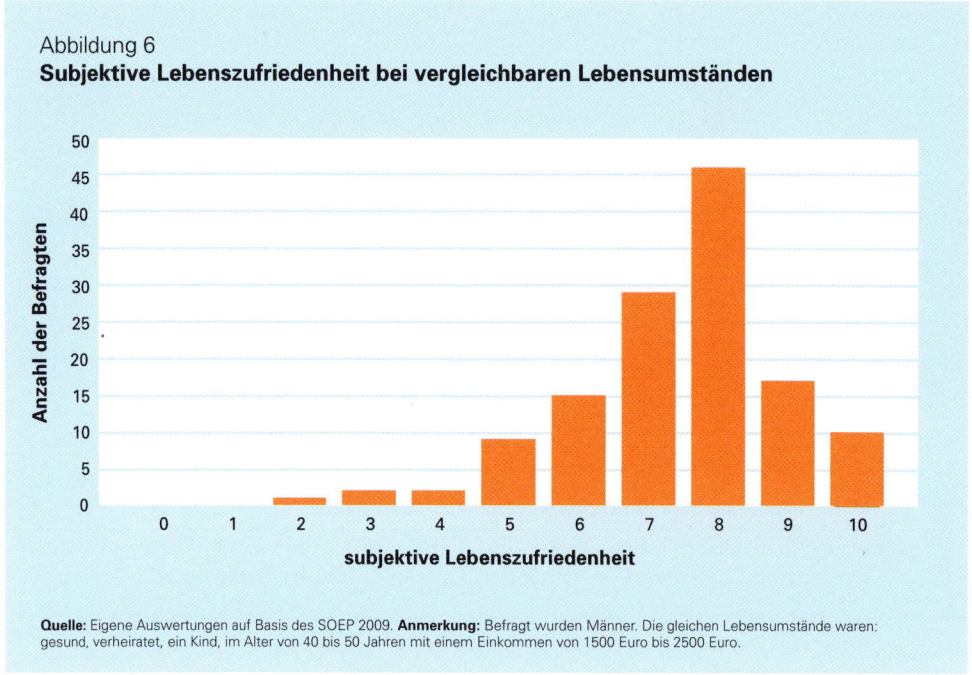

Abbildung 6

Subjektive Lebenszufriedenheit bei vergleichbaren Lebensumständen

Anzahl der Befragten

subjektive Lebenszufriedenheit

Quelle: Eigene Auswertungen auf Basis des SOEP 2009. **Anmerkung:** Befragt wurden Männer. Die gleichen Lebensumstände waren: gesund, verheiratet, ein Kind, im Alter von 40 bis 50 Jahren mit einem Einkommen von 1500 Euro bis 2500 Euro.

Auch unter sonst gleichen Lebensumständen ist die subjektive Lebenszufriedenheit der Befragten unterschiedlich groß. Dies deutet auf die Bedeutung von inneren Persönlichkeitseigenschaften hin.

glücklich zu sein, und es dennoch nicht sind. Oder andersherum: Viele Menschen müssen unter vergleichsweise schwierigen Bedingungen ihr Leben meistern und sind trotzdem weitgehend zufrieden!

Persönlichkeitsmerkmale sind in zweierlei Hinsicht für unser Glück von Bedeutung: Zunächst einmal verfügen Menschen aufgrund ihrer Persönlichkeit über sehr unterschiedliche Bedürfnisse. Die Tatsache, dass sich Menschen hinsichtlich dessen, was sie zum Glücklichsein benötigen, unterscheiden, kann bereits einen erheblichen Teil der Variation der Zufriedenheitswerte im obigen Beispiel erklären. Möglicherweise haben einige geheiratet, ohne dass eine Ehe für sie die ideale Lebensform darstellt. Vielleicht haben wiederum andere Karriere gemacht, obwohl sie mit einer Teilzeitbeschäftigung und mehr Freizeit wesentlich zufriedener gewesen wären. Unterschiedliche Bedürfnisse bzw. Präferenzen sagen jedoch noch nichts darüber aus, zu welchem Teil die Lebenszufriedenheit durch Persönlichkeit und Charakter einer Person vorbestimmt ist. Wenn beispielsweise zwei Personen verheiratet sind, wovon eine Person eigentlich eine Präferenz dafür besitzt, Single zu sein, kann dies die unterschiedliche Zufriedenheit im Rahmen der Ehe erklären.

Neben der persönlichen Ausprägung von Bedürfnissen und Präferenzen bestehen aber auch Persönlichkeitsmerkmale, die dafür sorgen, dass manche Menschen generell weniger glücklich sind als andere. Das Phänomen, dass für einige das Wasserglas stets halb voll und für andere immer halb leer erscheint, wurde von Psychologen und Ökonomen ausgiebig untersucht, mit häufig dem gleichen Ergebnis: Temperament und Charakter sind von zentraler Bedeutung. Wer etwa als extrovertiert und optimistisch beschrieben werden kann, neigt nicht nur dazu, mit weniger zufrieden zu sein, sondern ist auch eher in der Lage, die äußerlichen Lebensumstände zufriedenstellend zu gestalten.[7]

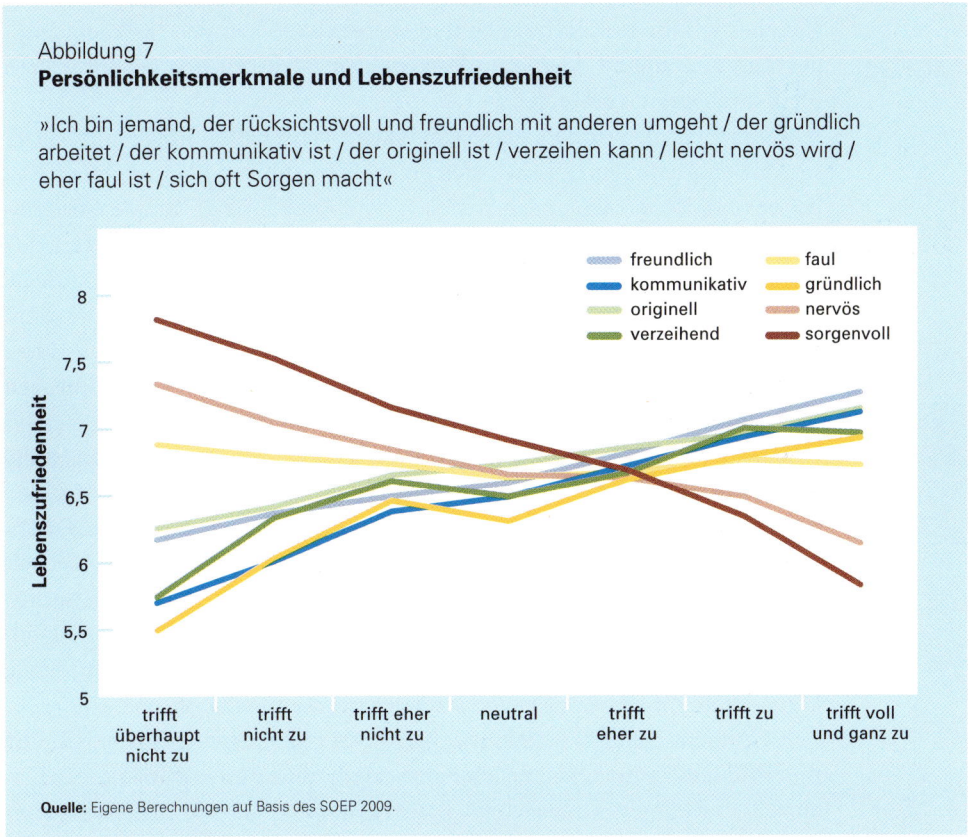

Abbildung 7
Persönlichkeitsmerkmale und Lebenszufriedenheit

»Ich bin jemand, der rücksichtsvoll und freundlich mit anderen umgeht / der gründlich arbeitet / der kommunikativ ist / der originell ist / verzeihen kann / leicht nervös wird / eher faul ist / sich oft Sorgen macht«

Quelle: Eigene Berechnungen auf Basis des SOEP 2009.

Wer von sich sagt, dass er sich oft Sorgen macht (trifft voll zu), hat eine deutlich geringere Lebenszufriedenheit als Menschen, die sich so gut wie nie Sorgen machen.

Ein Blick auf einige subjektive Einschätzungen des eigenen Charakters zeigt, wie stark manche Merkmale der Persönlichkeit mit der subjektiven Zufriedenheit zusammenhängen. Abbildung 7 verdeutlicht - ebenfalls anhand von Daten des SOEP -, welchen durchschnittlichen Wert die subjektive Lebenszufriedenheit annimmt, wenn auch nur eine persönliche Charaktereigenschaft variiert. Beispielsweise liegt die mittlere Zufriedenheit von Personen, die sich selbst als vollkommen unkommunikativ wahrnehmen, um rund 1,5 Punkte niedriger als die derjenigen, die sich als absolut kommunikativ ansehen. Ähnlich positive Zusammenhänge ergeben sich für Charaktereigenschaften wie Originalität oder Gründlichkeit. Aber auch Personen, die von sich selbst sagen, dass sie Rücksicht nehmen und verzeihen können, sind wesentlich zufriedener als diejenigen, die von sich sagen, nachtragend zu sein. Umgekehrt verhält es sich etwa bei Nervosität: Personen, die sich als nervös bezeichnen, sind deutlich weniger zufrieden. Gleiches gilt für zurückhaltende und sorgenvolle Personen. Kein eindeutiger Zusammenhang wiederum lässt sich in Bezug zu den Eigenschaften Fleiß und Faulheit erkennen.

Betrachtet man nun einzelne Charaktereigenschaften hinsichtlich ihrer regionalen Ausprägung, lassen sich erste Überlegungen über die Mentalität der verschiedenen Gegenden anstellen (vgl. Abbildung 8). Unmittelbar einleuchtend erscheint, dass Großstädte wie Hamburg oder Berlin tendenziell von kommunikativeren Menschen bevölkert werden als manche ländliche Region in Brandenburg oder Bayern. Gleichzeitig zeigt sich, dass die Menschen im Westen und in der Mitte Deutschlands sich als vergleichsweise kommunikativ einstufen; als etwas weniger gesprächig sehen sich hingegen die Menschen im Nordosten und Süden der Republik an.

Noch spannender als die regionale Verteilung der Gesprächigkeit ist die Frage, inwiefern die Deutschen im Stande sind zu verzeihen. Hier zeigt sich ein deutliches Gefälle ausgehend vom Nordwesten bis ins Bayrische. Offenkundig sehen sich die Menschen im hohen Norden und am westlichen Rand der Republik sehr viel mehr in der Lage zu vergeben, als dies etwa für Menschen in Thüringen oder Franken der Fall ist. Aber auch Rheinland-Pfalz kann sich als vergleichsweise wenig nachtragend betrachten - eine Eigenschaft, die der Zufriedenheit tendenziell zuträglich ist.

In Anbetracht der Bedeutung von Persönlichkeitsmerkmalen für die Zufriedenheit sowie der erheblichen Mentalitätsunterschiede zwischen einzelnen Regionen stellt sich die Frage, inwiefern sich die Unterschiede in der Zufriedenheit allein durch innere Wesenszüge erklären lassen. Um die Effekte von Persönlichkeit einerseits und äußeren Einflüssen andererseits

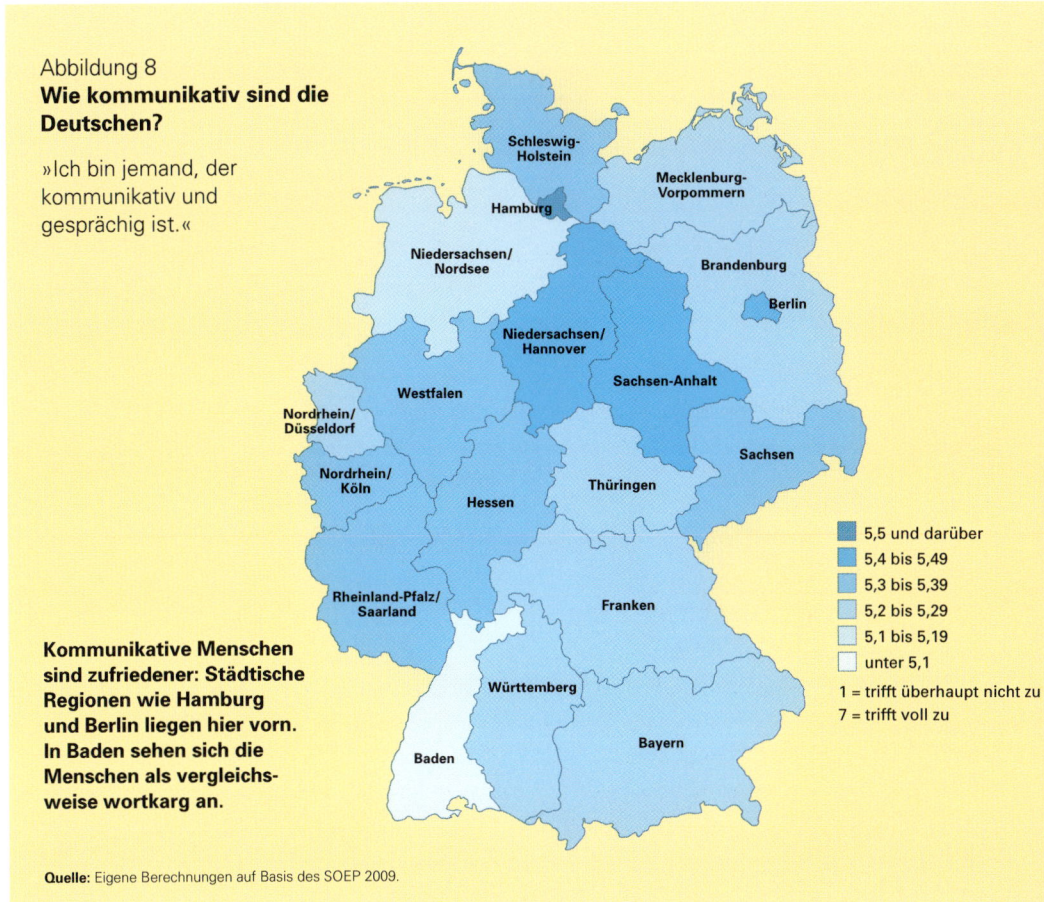

Abbildung 8
Wie kommunikativ sind die Deutschen?

»Ich bin jemand, der kommunikativ und gesprächig ist.«

Schleswig-Holstein

Hamburg

Mecklenburg-Vorpommern

Niedersachsen/Nordsee

Brandenburg

Berlin

Niedersachsen/Hannover

Sachsen-Anhalt

Westfalen

Nordrhein/Düsseldorf

Nordrhein/Köln

Sachsen

Thüringen

Hessen

Rheinland-Pfalz/Saarland

Franken

Württemberg

Baden

Bayern

5,5 und darüber
5,4 bis 5,49
5,3 bis 5,39
5,2 bis 5,29
5,1 bis 5,19
unter 5,1

1 = trifft überhaupt nicht zu
7 = trifft voll zu

Kommunikative Menschen sind zufriedener: Städtische Regionen wie Hamburg und Berlin liegen hier vorn. In Baden sehen sich die Menschen als vergleichsweise wortkarg an.

Quelle: Eigene Berechnungen auf Basis des SOEP 2009.

auseinanderzuhalten, greifen Forscher regelmäßig auf Zwillingsstudien zurück. Eineiige Zwillinge haben dasselbe Erbgut. Aus dem Verhalten getrennt aufwachsender eineiiger Zwillinge lassen sich somit Rückschlüsse darauf ziehen, welche Merkmale angeboren und welche erlernt sind. Und tatsächlich weisen eineiige Zwillinge deutlich ähnlichere Zufriedenheitswerte auf als nicht eineiige Zwillinge.[8] Wie hoch der Erklärungsgehalt unserer genetischen Grundlagen jedoch genau ist, darüber gibt es keine endgültige Klarheit. Aus einer Zwillingsstudie leiteten Tellegen et al. (1988) ab, dass bereits 55 Prozent der Varianz positiver Emotionen zwischen einzelnen Personen allein durch die Gene zu erklären sind. Neuere Untersuchungen kommen zu dem Ergebnis, dass genetische Unterschiede zwischen Menschen rund ein Drittel der Variation in der Lebenszufriedenheit erklären

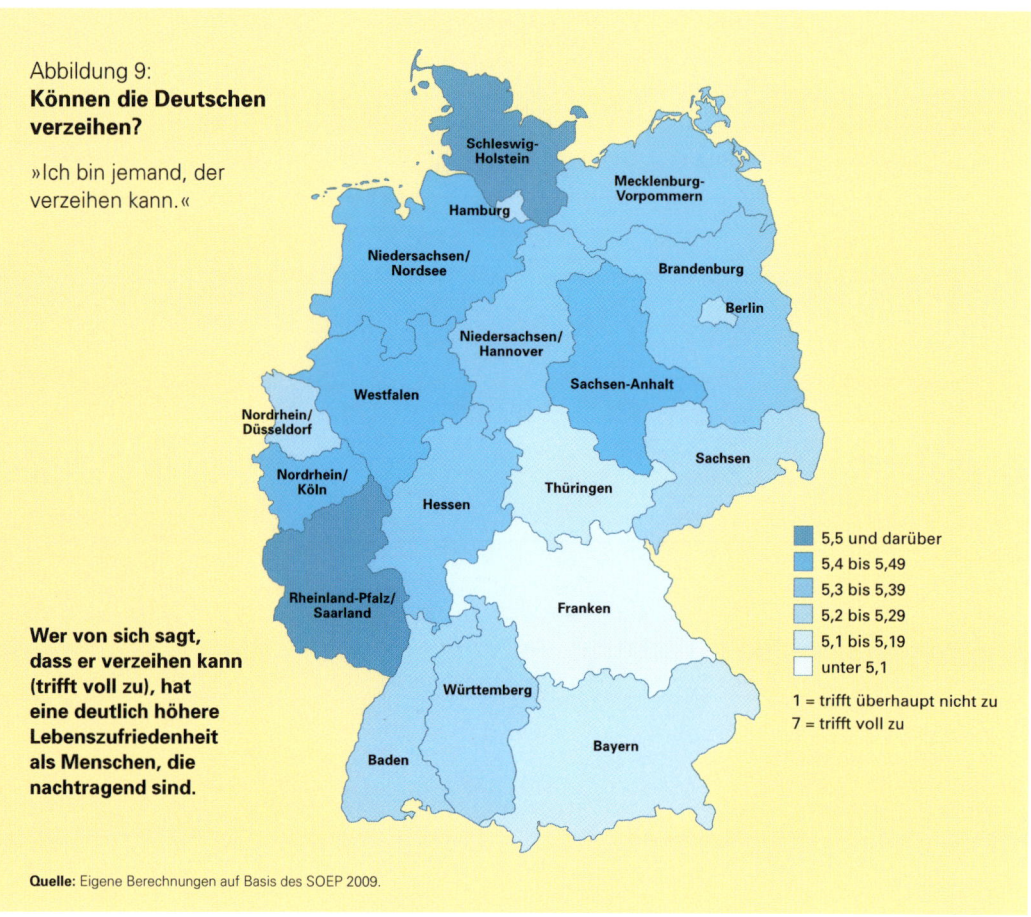

Abbildung 9:
Können die Deutschen verzeihen?

»Ich bin jemand, der verzeihen kann.«

Wer von sich sagt, dass er verzeihen kann (trifft voll zu), hat eine deutlich höhere Lebenszufriedenheit als Menschen, die nachtragend sind.

Schleswig-Holstein
Hamburg
Mecklenburg-Vorpommern
Niedersachsen/Nordsee
Brandenburg
Berlin
Niedersachsen/Hannover
Westfalen
Sachsen-Anhalt
Nordrhein/Düsseldorf
Nordrhein/Köln
Sachsen
Hessen
Thüringen
Rheinland-Pfalz/Saarland
Franken
Württemberg
Baden
Bayern

- 5,5 und darüber
- 5,4 bis 5,49
- 5,3 bis 5,39
- 5,2 bis 5,29
- 5,1 bis 5,19
- unter 5,1

1 = trifft überhaupt nicht zu
7 = trifft voll zu

Quelle: Eigene Berechnungen auf Basis des SOEP 2009.

können und der Erklärungsgehalt bei Männern mit 39 Prozent höher ausfällt.[9] Bezieht man die dauerhafte Prägung der Persönlichkeit im Kindes- und Jugendalter mit in die Betrachtung ein, bestehen sogar Schätzungen, wonach 80 Prozent der sich langfristig herausbildenden Lebenszufriedenheit durch die Persönlichkeit erklärt werden können.[10]

Auch wenn diese Zahlen sehr hoch anmuten, kann für Deutschland durchaus davon ausgegangen werden, dass gewisse Mentalitätsunterschiede zwischen einzelnen Regionen bestehen. Die Daten zeigen, dass der Norden Deutschlands andere Mentalitätsmerkmale für sich reklamiert als der Süden, Osten oder Westen. Die Unterschiede sind auch zwischen benachbarten Regionen wie etwa Württemberg und Baden oder Rheinland und Westfalen beträchtlich. Dabei hat es den Anschein, als wären die Menschen in Teilen Nord- und Westdeutschlands mit einer vergleichsweise glücksförderlichen Mentalität ausgestattet. Unabhängig davon, ob sich diese Unterschiede auch durch objektive Beobachtungen von außen decken würden, stellen sie bereits einen wichtigen Ansatzpunkt für die Suche nach den Ursachen der unterschiedlichen Lebenszufriedenheit dar.

Zusammenfassung

- Persönlichkeitsmerkmale bestimmen die Lebenszufriedenheit des Einzelnen stark. Der genetische Einfluss liegt bei über 50 Prozent sowohl für glücksfördernde Charaktereigenschaften wie Extraversion oder Optimismus als auch für glückshemmende Merkmale wie Neurotizismus.
- Die Zufriedenheit von Menschen, die sich als vollkommen unkommunikativ wahrnehmen, liegt um 1,5 Punkte niedriger als die derjenigen, die sich hohes kommunikatives Talent zuschreiben. Charaktereigenschaften wie Freundlichkeit, Originalität, Nachsichtigkeit oder Gründlichkeit sind gut fürs persönliche Glück, Nervosität und Pessimismus schaden.
- Die Menschen im Norden sind anscheinend mit einer etwas glücksförderlicheren Mentalität ausgestattet als die im Süden.

4. Alter und Geschlecht

»Das Menschenleben ist seltsam eingerichtet:
Nach den Jahren der Last hat man die Last der Jahre.«
Johann Wolfgang von Goethe

Schon Lucas Cranach der Ältere drückte in seinem Bild »Der Jungbrunnen« (1546) den ewigen Wunsch des Menschen aus, jung zu sein oder sich verjüngen zu lassen. Und auch beim Blick auf heutige Wellness-Trends gewinnt man leicht den Eindruck, alle Welt wolle vor allem eines - jung bleiben. Aber sind Jugend und Glück wirklich untrennbar miteinander verbunden? Nimmt die Lebenszufriedenheit Jahr für Jahr ab, wenn die Jugend vorbei ist? Vergleicht man die subjektiv geäußerte Lebenszufriedenheit unterschiedlicher Altersgruppen, zeigt sich ein anderes Bild.

Abbildung 10 stellt die subjektive Lebenszufriedenheit von Männern und Frauen im Alter zwischen 20 und 90 Jahren dar. Dabei wurden die Daten für den Zeitraum der 2000er Jahre als Querschnitt zusammengefasst. Für beide Geschlechter zeigt sich ein einheitliches Muster: Personen im Alter zwischen 20 und 30 Jahren sind tatsächlich recht zufrieden, von da an verläuft das Zufriedenheitsniveau allerdings in einer Art U-Form, und wenn man das hohe Alter mit einbezieht, in einer Art S-Form: Bis ins mittlere Alter nimmt die empfundene Zufriedenheit zunächst ab, ab einem Alter von etwa 60 kehrt das Lebensglück jedoch zurück, sodass sowohl Frauen als auch Männer zwischen 65 und 70 Jahren nahezu die gleichen subjektiven Zufriedenheitswerte erreichen wie die 20- bis 30-Jährigen. Erst in einem Alter von über 75 Jahren scheinen die unangenehmen Begleiterscheinungen des Alters zu überwiegen. Dann sinkt die Lebensqualität für beide Geschlechter - hauptsächlich aufgrund von zunehmenden körperlichen Leiden - kontinuierlich ab.

Zu altern stellt somit offensichtlich keineswegs ein Hindernis für das Lebensglück dar, im Gegenteil. Bei stabiler Gesundheit kommen nahezu alle Studien zu einem ähnlichen Befund: Mit ansteigendem Alter fällt die

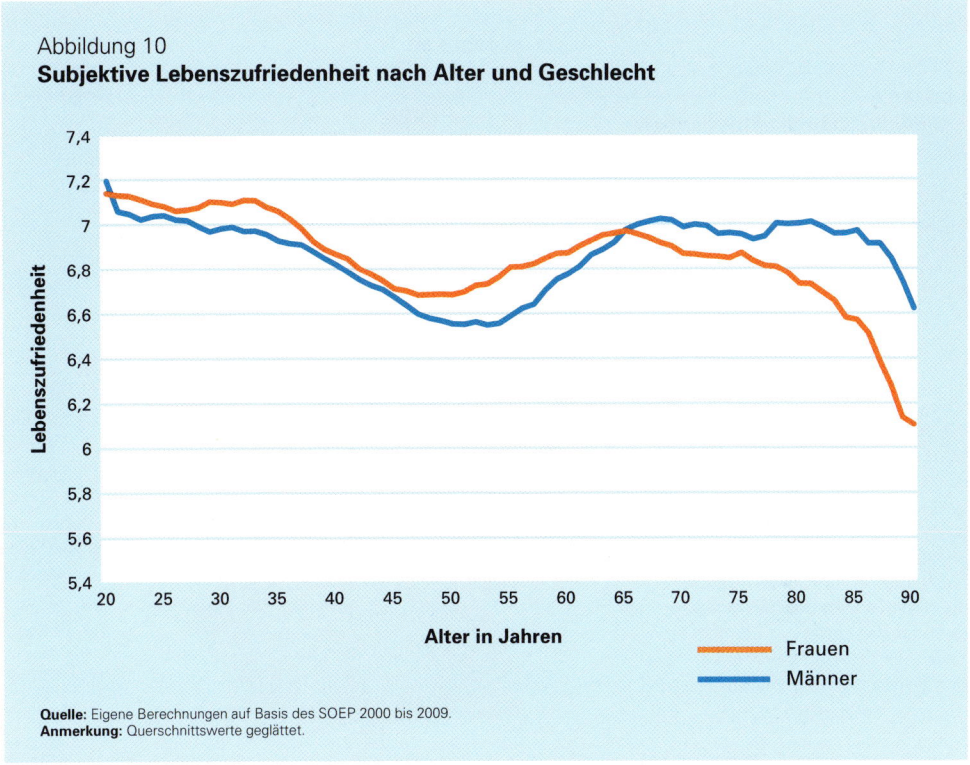

Abbildung 10
Subjektive Lebenszufriedenheit nach Alter und Geschlecht

Quelle: Eigene Berechnungen auf Basis des SOEP 2000 bis 2009.
Anmerkung: Querschnittswerte geglättet.

Frauen sind von 20 bis 65 etwas zufriedener als Männer, danach kehrt sich das Verhältnis um. Junge und ältere Menschen sind glücklicher als die mittlere Generation zwischen 35 und 65.

empfundene Lebenszufriedenheit signifikant höher aus.[11] Zur Erklärung, warum das Zufriedenheitsniveau mit dem Alter ansteigt, bestehen verschiedene Theorien. In der Jugend sind die Erwartungen ans eigene Ich hoch, das Erlebnis einer eigenen, vom Elternhaus abgelösten Ich-Identität stärkt das Selbstwertgefühl, die Gründung einer Familie gibt dem Leben Sinn. Im mittleren Lebensalter müssen die ersten Enttäuschungen verarbeitet werden, die wachsende Verantwortung für Familie, Beruf und Gesellschaft stärkt zwar, ist aber auch Belastung, die zeitweise überwiegen kann. Mit zunehmendem Alter hat man manches Lebensziel erreicht und ist einem geringeren Erwartungsdruck gegenüber eigenen oder auch äußeren Ansprüchen ausgesetzt.[12] Auch erscheint möglich, dass ältere Menschen aufgrund ihres langen Lebens schlicht gelernt haben, mit negativen Erfahrungen besser umzugehen.[13]

Gibt es Unterschiede zwischen den Regionen in Bezug auf das Alter und die Lebenszufriedenheit? Die Abbildungen 11 a) bis c) stellen jeweils die

a) bis 35 Jahre alt

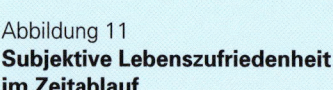
Abbildung 11
**Subjektive Lebenszufriedenheit
im Zeitablauf**

»Wie zufrieden sind Sie
gegenwärtig, alles in allem,
mit Ihrem Leben?«

**Die Altersgruppe bis 35
(Karte links) gibt im Mittel die
höchsten Zufriedenheitswerte an.
In dieser Generation bestehen
auch die geringsten Unterschiede
zwischen Ost- und Westdeutschland. Im höheren Alter wächst
die Lebenszufriedenheit wieder,
doch ist der Unterschied
zwischen Ost und West bei
den Rentnern am größten.**

Quelle: Eigene Berechnungen auf Basis des SOEP 2005 bis 2009.

subjektive Lebenszufriedenheit von Personen im Alter von bis zu 35 Jahren, zwischen 35 und 65 Jahren und über 65 Jahren dar. Neben der Tatsache, dass Erwachsene im mittleren Alter tendenziell geringere Zufriedenheitswerte angeben, offenbaren sich dabei zwei weitere bemerkenswerte
Aspekte. Zum einen ist deutlich erkennbar, dass das Ost-West-Gefälle bei
jüngeren Menschen mit Abstand am geringsten ist. Zwar gibt es auch einen
Abstand zwischen jungen Ostdeutschen und Westdeutschen, allerdings
besteht keine offenkundige Trennlinie mehr wie bei der mittleren Generation: Beispielsweise zeigen sich für die unter 35-Jährigen keine signifikanten Unterschiede zwischen Sachsen und Rheinland-Pfalz oder Sachsen-
Anhalt und Westfalen.[14] Zum anderen weist die Karte der über 65-Jährigen
einige besonders glückliche Ruhestandsregionen aus. Demnach sind vor
allem die Rentner in Niedersachsen und im südlichen Bayern mit sich und
der Welt im Reinen. Allein Hamburg erreicht unter den älteren Bürgern
noch höhere Zufriedenheitswerte.

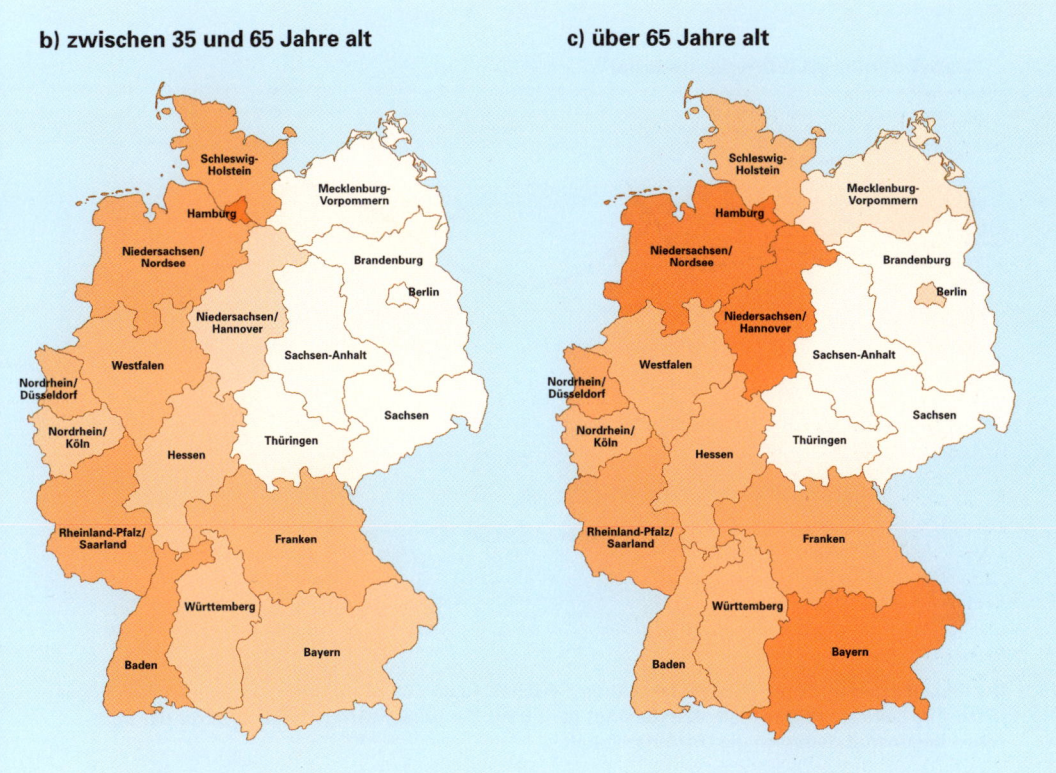

b) zwischen 35 und 65 Jahre alt

c) über 65 Jahre alt

Wenn die Menschen sowohl im jungen Erwachsenenalter als auch in den ersten Ruhestandsjahren die höchsten subjektiven Zufriedenheitswerte ausweisen, sind dann bestimmte Regionen nur deshalb zufriedener als andere, weil dort z.B. besonders viele Rentner oder Studenten leben? Nein. Zwar gibt es Bundesländer wie Sachsen oder Sachsen-Anhalt, die ein deutlich höheres Durchschnittsalter aufweisen als andere, aber keine Region hat eine derart außergewöhnliche Altersstruktur, dass sie sich als besonders günstig oder glückshemmend erweist. Eine Ausnahme bildet auch hier u.a. Hamburg. Die Hansestadt verfügt sowohl über einen vergleichsweise großen Anteil jüngerer Menschen unter 35 Jahren als auch über sehr viele Einwohner im Alter von 65 Jahren und darüber.[15] Ein ähnlicher Effekt ließe sich ebenfalls für weitere Städte im Rahmen einer Einzelbetrachtung aufzeigen. Vor allem mittelgroße Universitätsstädte profitieren dabei von einem hohen Studierendenanteil.

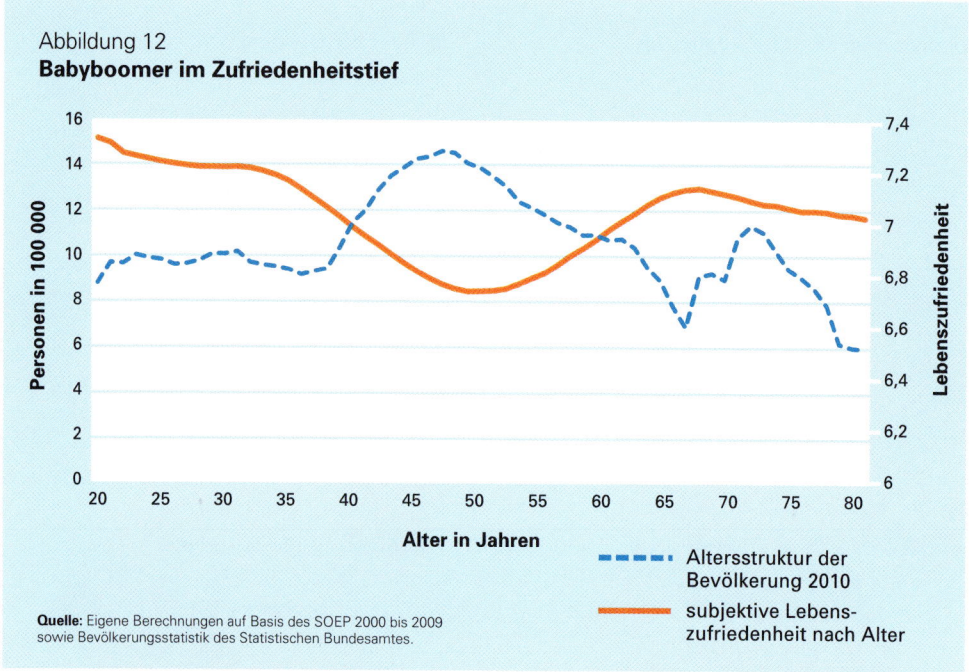

Abbildung 12
Babyboomer im Zufriedenheitstief

Alter in Jahren

- - - - Altersstruktur der Bevölkerung 2010

——— subjektive Lebenszufriedenheit nach Alter

Quelle: Eigene Berechnungen auf Basis des SOEP 2000 bis 2009 sowie Bevölkerungsstatistik des Statistischen Bundesamtes.

Die derzeit zahlenmäßig stärksten Jahrgänge zwischen 40 und 60 Jahren befinden sich in einer Phase, in der ihre Lebenszufriedenheit altersbedingt gering ist. Die gegenwärtige Altersstruktur der Deutschen begünstigt demnach die Unzufriedenheit.

Interessant ist die zeitliche Perspektive der demografischen Entwicklung. Da sich der vorgefundene Zusammenhang zwischen dem Alter der Personen und der empfundenen Lebenszufriedenheit in vielen Studien als vergleichsweise stabil herausstellt, ergeben sich wesentliche Schlussfolgerungen sowohl für die einzelnen Regionen als auch für den gesamtdeutschen Raum.[16] Abbildung 12 vergleicht die mittlere Lebenszufriedenheit, wie sie während der Jahre 2000 bis 2009 bei Personen unterschiedlichen Alters gemessen wurde, mit der gegenwärtigen Altersstruktur der gesamten deutschen Bevölkerung.

Die kombinierte Darstellung der aktuellen Altersstruktur und des relativ stabilen Zusammenhangs zwischen dem Alter und der Lebenszufriedenheit lässt sowohl eine rückblickende als auch eine vorausschauende Interpretation zu. Man sieht also, dass die Generation der heute 40- bis 60-Jährigen zahlenmäßig besonders stark und die Lebenszufriedenheit dieser mittleren Jahrgänge erwartungsgemäß schlecht ist. Das langsame Absinken der Lebenszufriedenheit in Deutschland in den vergangenen 20 Jahren – wie in

Kapitel I dargestellt - kann man deshalb zum Teil auch als eine Folge der demografischen Entwicklung interpretieren.

Denn die heute zahlenmäßig besonders starken Jahrgänge im Alter zwischen 40 und 60 Jahren befinden sich genau in der »Talsohle« des Glücks, während ein großer Teil zehn Jahre zuvor noch unter 40 Jahre alt und somit nach eigenem Ermessen zufriedener war. Blickt man in die Zukunft, so dreht sich das Bild wieder: Durch das Hineinwachsen der heute mittleren Jahrgänge in die Altengeneration ist ein positiver Effekt auf die allgemeine Lebenszufriedenheit zu erwarten, zumal sich der Anteil der heute 35 bis 65-Jährigen an der Gesamtbevölkerung in den kommenden drei Jahrzehnten aller Voraussicht nach kontinuierlich verringern wird.[17] Dieser Alterseffekt ist beträchtlich - im Durchschnitt beträgt der Abstand zwischen der mittleren und der älteren Generation 0,3 Punkte. Es bleibt aber abzuwarten, wie stark dieser Effekt in den kommenden Jahren der zunehmenden Überalterung Deutschlands durchschlägt oder ob er von anderen Effekten neutralisiert wird - schließlich ist die gesellschaftliche Alterung auch mit zahlreichen kritischen Herausforderungen verbunden.

Neben dem Alter stellt das Geschlecht einen zweiten wesentlichen soziodemografischen Faktor dar. Das Verhältnis der Geschlechter und der Wandel von geschlechtsspezifischen Rollenbildern hat Deutschland seit dem Ende des Zweiten Weltkriegs durchgehend beschäftigt. Noch vor 100 Jahren wäre die Antwort auf die Frage, ob Frauen oder Männer zufriedener mit ihrem Leben sind, womöglich klar zugunsten des Mannes ausgefallen, denn die Frauen waren in jeder Hinsicht unfreier als die Männer. Über den Zeitraum vor 1984 liegen dazu keine Daten aus der Perspektive der Glücksforschung vor,[18] doch bezogen auf die Zeit von 1984 bis heute zeigt sich, dass die Zufriedenheit der Frauen nicht gestiegen ist. Aus internationalen Studien weiß man, dass sich die Zufriedenheit der Frauen in der westlichen Welt beginnend mit den 1950er Jahren stark verbesserte, aber seit Ende der 1970er Jahre stagniert und teilweise sogar wieder abgenommen hat.

Heute fällt das Glücksempfinden von Männern und Frauen insgesamt nicht allzu sehr auseinander. In der aktuellen Befragung von Allensbach lag die durchschnittliche Zufriedenheit der Frauen mit einem Wert von 7,07 immerhin um 0,16 Punkte über dem der Männer (6,91). In den vergangenen Jahren fiel der Unterschied mit 0,05 bis 0,1 jedoch etwas moderater aus. Dabei sind Frauen insbesondere bis zu einem Alter von etwa 60 Jahren tendenziell zufriedener als Männer (vgl. Abbildung 10). Erst im höheren Alter kehrt sich das Verhältnis um. Ein Erklärungsansatz hierfür liegt in der

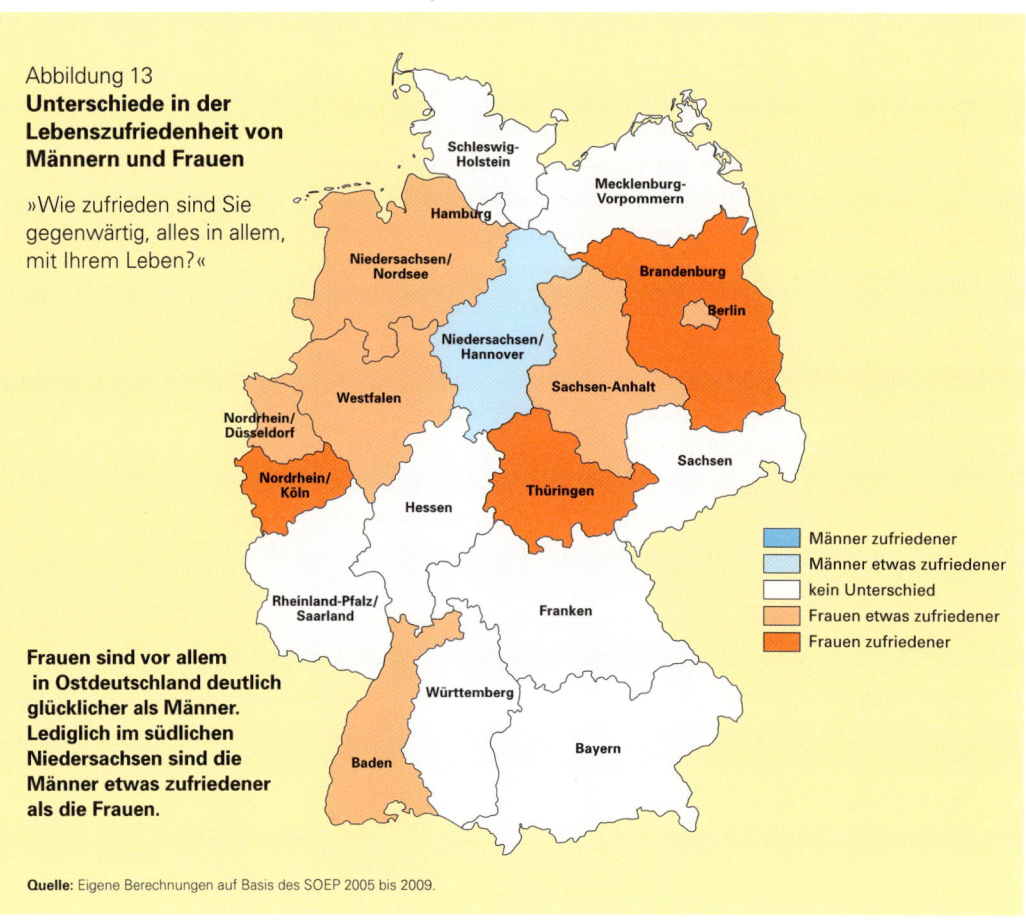

Abbildung 13
Unterschiede in der Lebenszufriedenheit von Männern und Frauen

»Wie zufrieden sind Sie gegenwärtig, alles in allem, mit Ihrem Leben?«

Schleswig-Holstein

Mecklenburg-Vorpommern

Hamburg

Niedersachsen/Nordsee

Brandenburg

Berlin

Niedersachsen/Hannover

Westfalen

Sachsen-Anhalt

Nordrhein/Düsseldorf

Nordrhein/Köln

Hessen

Thüringen

Sachsen

Rheinland-Pfalz/Saarland

Franken

Württemberg

Bayern

Baden

- Männer zufriedener
- Männer etwas zufriedener
- kein Unterschied
- Frauen etwas zufriedener
- Frauen zufriedener

Frauen sind vor allem in Ostdeutschland deutlich glücklicher als Männer. Lediglich im südlichen Niedersachsen sind die Männer etwas zufriedener als die Frauen.

Quelle: Eigene Berechnungen auf Basis des SOEP 2005 bis 2009.

höheren Lebenserwartung der Frauen und dem Umstand, dass die Ehemänner oder Lebenspartner in der Regel älter sind. Beide Faktoren führen dazu, dass Frauen ab 70 Jahren deutlich häufiger den Tod ihres Partners zu verkraften haben als Männer.

Studien zeigen mehrheitlich sogar einen signifikanten Zusammenhang von Weiblichkeit und subjektiver Lebenszufriedenheit.[19] Warum Frauen im Mittel etwas höhere Zufriedenheitswerte angeben, ist jedoch umstritten. Die Erklärungen des »weiblichen Glücks« reichen von unterschiedlichen genetischen Dispositionen - die männliche Verhaltensauffälligkeit ist höher (schon Jungs in der Schule machen mehr Ärger), vor allem die Kriminalität ist unter Männern viel häufiger - bis zu der Überlegung, dass Frauen in mancherlei Hinsicht geringeren Erwartungen ausgesetzt sind als Männer bzw. dass sie im Rahmen der weiblichen Sozialisation lernen, mit weniger im Leben zufrieden zu sein.[20]

Natürlich sind wir der Frage nachgegangen, ob es in Deutschland Regionen gibt, wo Männer oder Frauen besonders glücklich oder unglücklich sind. Grundsätzlich wäre anzunehmen, dass die Unterschiede zwischen Männern und Frauen in sämtlichen Regionen etwa in gleicher Weise anzutreffen sind. Tatsächlich lassen sich zum Teil jedoch signifikante Unterschiede erkennen. Die Daten zeigen, dass Frauen vor allem in Teilen der neuen Bundesländer sowie in Nordrhein-Westfalen glücklicher sind als die Männer. In Brandenburg und Thüringen sind die Männer besonders unzufrieden.

Ebenfalls signifikant glücklicher sind die Frauen in der Region Köln/Bonn sowie in den Großstädten Berlin und Hamburg. Hingegen gaben die Männer zuletzt nur im südlichen Teil Niedersachsens höhere Zufriedenheitswerte an. Im Süden und hohen Norden haben sich in den vergangenen Jahren hingegen überhaupt keine Unterschiede feststellen lassen (vgl. Abbildung 13).

Zusammenfassung

- Zwischen dem 20. und 30. Lebensjahr sind Männer und Frauen am glücklichsten. Am unzufriedensten sind die mittleren Jahrgänge. Zwischen 40 und 50 Jahre alt zu sein ist gleichbedeutend mit einer um 0,2 Punkte niedrigeren Lebenszufriedenheit gegenüber den 20- bis 30-Jährigen. Ab 65 wird das Niveau der 30-Jährigen wieder erreicht. Im hohen Alter sinkt die Lebenszufriedenheit stark ab.
- Der Ost-West-Gegensatz ist bei den Jungen bis 30 bereits weitgehend verschwunden. Am deutlichsten ist er noch bei den Rentnern. In Bayern leben die glücklichsten, in Thüringen die unzufriedensten Ruheständler.
- Frauen sind ein bisschen glücklicher als Männer, im Schnitt um 0,16 Punkte. Bis zu einem Alter von etwa 60 Jahren liegen Frauen klar vor den Männern. Erst im höheren Alter kehrt sich das Verhältnis um. Frauen sind in Ostdeutschland glücklicher als die Männer. In Brandenburg und Thüringen sind die Männer besonders unzufrieden.

5. Familie und Freunde

»Die Ehe ist ein Versuch, zu zweit wenigstens halb so glücklich zu werden,
wie man allein gewesen ist.«
Oscar Wilde

D er Mensch ist **ein soziales Wesen und fühlt sich** naturgemäß in der
Familie und unter Freunden wohl. Das bestätigt auch die Glücksforschung. Wie zentral Partnerschaft und Ehe, Kinder sowie ein
soziales Umfeld für die subjektive Lebenszufriedenheit der Menschen in
Deutschland sind, zeigen die folgenden Abschnitte.

Ehe und Partnerschaft

Der Beginn und das Ende einer Partnerschaft verändern die Lebensumstände jedes Menschen spürbar. Ob Hochzeit, Scheidung oder Tod des Partners - jede Zäsur im Rahmen der engsten zwischenmenschlichen Beziehungen wirkt sich erwartungsgemäß auch auf die Lebenszufriedenheit aus. **Als
glückbringend werden bei einer Partnerschaft vor allem die enge Gemeinschaft, der emotionale Beistand sowie das sexuelle Begehren betrachtet.**
 Derzeit befinden sich in Deutschland etwas mehr als die Hälfte aller
erwachsenen Personen in einer ehelichen Beziehung. Weitere 19 Prozent
führen eine feste Beziehung, sodass insgesamt rund 70 Prozent der Bundesbürger partnerschaftlich gebunden sind. Die übrigen 30 Prozent setzen sich
zusammen aus ledigen (12 Prozent), geschiedenen (10 Prozent) und verwitweten Personen (8 Prozent).[21]
 Abbildung 14 zeigt die durchschnittlichen Zufriedenheitswerte je nach
Familien- bzw. Beziehungsstatus. Am zufriedensten sind demzufolge verwitwete Personen, die eine neue Partnerschaft eingegangen sind. Offenbar
liegt in der nicht selten unerwarteten Liebe nach dem Tod eines Partners
eine besondere Strahlkraft auf das Wohlbefinden der Menschen. Hinter
den frisch liierten Witwen und Witwern folgen in gleichen Abständen

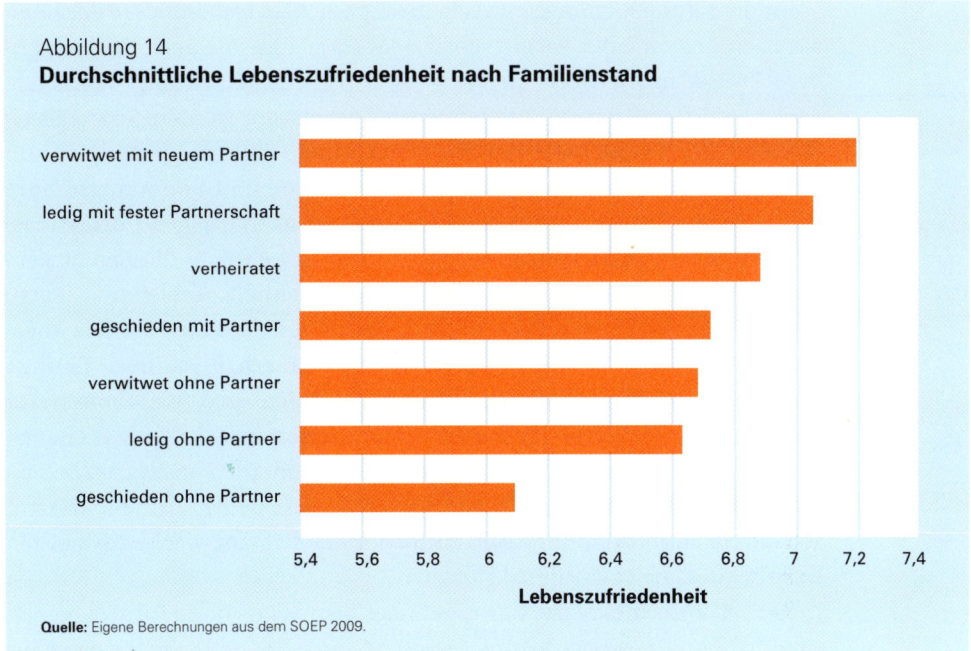

Abbildung 14
Durchschnittliche Lebenszufriedenheit nach Familienstand

Quelle: Eigene Berechnungen aus dem SOEP 2009.

Geschiedene ohne einen neuen Partner haben die geringste Zufriedenheit. Am besten geht es Verwitweten, die das Glück einer neuen Partnerschaft gefunden haben.

Ledige in fester Partnerschaft und Verheiratete. Leicht unterdurchschnittlich zufrieden sind hingegen geschiedene Personen, die sich ebenfalls wieder in einer Partnerschaft befinden. Ähnlich hohe Werte weisen nicht liierte, verwitwete und ledige Personen ohne feste Partnerbeziehung aus. Mit deutlichem Abstand am unglücklichsten ist der Teil der Geschiedenen, der keine neue bzw. dauerhafte Partnerschaft eingegangen ist.

Der dargestellte positive Zusammenhang zwischen Partnerschaft und Zufriedenheit findet sich auch in anderen nationalen wie internationalen Befragungen.[22] Allerdings folgt daraus nicht zwangsläufig, dass sich der gesamte »Glücksunterschied« zwischen Menschen mit und ohne Partner auf die Beziehung selbst zurückführen lässt. Schließlich ist es nicht unwahrscheinlich, dass verheiratete Menschen bereits vor ihrer Hochzeit überdurchschnittlich glücklich waren und weniger glückliche Menschen sich schwerer tun, einen passenden Partner zu finden. So zeigte eine Studie aus dem Jahr 2006, dass Personen, die sich zu einer Heirat entschließen, bereits eine durchschnittlich höhere subjektive Zufriedenheit aufweisen. Die Ehe selbst hat im Mittel allerdings auch einen starken positiven Einfluss.[23]

Andere Untersuchungen weisen darauf hin, dass insbesondere unmittelbar nach Beginn einer Partnerschaft oder einer Ehe Personen deutlich höhere Zufriedenheitswerte angeben als zuvor. Allerdings zeigt sich auch, dass diese Effekte mit der Zeit tendenziell schwächer werden. So stellt sich in vielen Ehen tatsächlich eine Art Gewöhnungseffekt ein (Adaption), der dazu führt, dass die ursprünglich positiven Effekte im Laufe weniger Jahre häufig zu großen Teilen wieder verloren gehen. In einigen Forschungsarbeiten wurde sogar geschlussfolgert, dass mittelfristig überhaupt kein Effekt mehr auf die subjektive Lebenszufriedenheit verbleibt.[24] Neuere Studien sprechen sich jedoch gegen diese an die Set-Point-Theorie angelehnte Perspektive aus und weisen auf einen dauerhaft positiven Einfluss von Ehe und Partnerschaft hin.[25] Demnach finden zwar Adaptionseffekte statt, je nach »Qualität« der Partnerschaft bleiben mehrheitlich aber auch langfristig signifikante Zugewinne bestehen.[26] Außerdem muss man bedenken, dass auch Ehen, die nach einigen Jahren geschieden werden, im Ganzen durchaus glücksstiftend sein können. Eine Zeit lang waren die meisten Ehen schließlich auch einmal glücklich.

Der »Glückseffekt« der Ehe gegenüber dem Status ohne Partner beträgt rund 0,4 Punkte, wobei Männer einen höheren Zufriedenheitsnutzen aus der Ehe ziehen als Frauen (vgl. Tabelle 1). Eine feste Partnerschaft hat mit rund 0,3 Punkten einen etwas geringeren Effekt als die Ehe, was sich u.a. mit den zusätzlichen Sicherheiten im Rahmen einer Ehe erklären lässt. Der Grund, warum unverheiratete Paare dennoch bessere Glückswerte haben als Ehepaare, liegt also nicht darin, dass die »wilde Ehe« glücklicher macht als die Ehe mit Trauschein. Vielmehr sind unverheiratete Paare aufgrund ihres jüngeren Durchschnittsalters gesünder und häufig noch in Ausbildung. Dies vermag zu erklären, weshalb von der Ehe zwar ein größerer Glückseffekt ausgeht, die durchschnittliche Zufriedenheit jedoch etwas geringer ist als bei unverheirateten Paaren.

Ehe und Partnerschaft wirken sich also deutlich positiv auf die Lebenszufriedenheit aus. Darüber hinaus hat die Partnerschaft aber noch andere indirekte Wirkungen auf das Glück. Wilson und Oswald (2005) betonen, dass Verheiratete länger leben und gesünder sind. Hinzu kommt, dass sich eine Partnerschaft präventiv hinsichtlich verschiedener psychischer Erkrankungen auswirkt.

In Anbetracht der positiven Auswirkungen von Partnerschaft und Ehe ist zu vermuten, dass umgekehrt eine Trennung für Unzufriedenheit sorgt. Abbildung 14 zeigte, dass die mittlere Lebenszufriedenheit von geschiedenen Personen deutlich geringer ausfällt, was zu einem gewissen Teil durch die zuvor gescheiterte Ehe erklärt werden kann. Allerdings stellt sich die Frage, ob die Scheidung selbst ursächlich ist für das relative Unglück der Betroffenen oder ob eine Trennung nicht vielmehr das Ende eines unglücklichen Ehelebens und damit die Chance auf neues Glück bedeutet.

Die bisherigen Erkenntnisse der Glücksforschung deuten darauf hin, dass eher Letzteres der Fall ist. Zwar sind geschiedene Paare im Mittel deutlich unzufriedener als verheiratete. Die Scheidung ist aber nicht der eigentliche Grund, denn ein Blick auf die Lebenszufriedenheit vor und nach der Scheidung zeigt, dass die Unzufriedenheit in der Ehe langsam zunimmt, bis es zur Scheidung kommt. Erst danach nimmt die Lebenszufriedenheit wieder langsam zu (vgl. Abbildung 15). [27]

Einen weiteren Trost können Geschiedene auch daraus ziehen, dass eine gescheiterte Ehe der Lebenszufriedenheit noch immer zuträglicher ist als ein dauerhaft lediges Leben ohne Partner. Unter Berücksichtigung zahlreicher anderer Einflüsse ergibt sich somit auch für geschiedene Personen

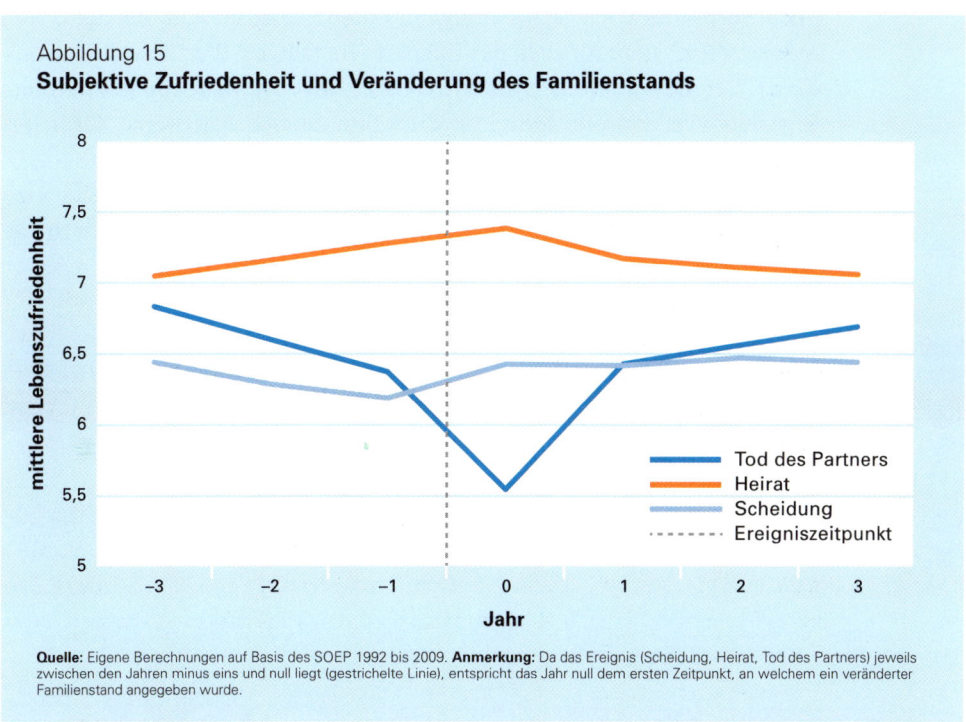

Abbildung 15
Subjektive Zufriedenheit und Veränderung des Familienstands

Quelle: Eigene Berechnungen auf Basis des SOEP 1992 bis 2009. **Anmerkung:** Da das Ereignis (Scheidung, Heirat, Tod des Partners) jeweils zwischen den Jahren minus eins und null liegt (gestrichelte Linie), entspricht das Jahr null dem ersten Zeitpunkt, an welchem ein veränderter Familienstand angegeben wurde.

Heirat, Scheidung und Tod des Partners sind Einschnitte, welche die Lebenszufriedenheit nachhaltig beeinflussen. Wegen des Gewöhnungseffekts kehrt die Zufriedenheit aber danach fast wieder auf das alte Niveau zurück.

eine im Mittel um rund 0,14 Punkte höhere Lebenszufriedenheit gegenüber nicht liierten ledigen Personen (vgl. Tabelle 2).

Weniger zuträglich ist eine Scheidung hingegen häufig für das Glück der Kinder. Ihnen bleibt durch die Trennung zwar weiterer Streit der Eltern erspart, im Fall der Scheidung müssen die Kinder jedoch zumeist mit Eltern auskommen, die über weniger Einkommen und weniger Erziehungszeit verfügen. Die Kinder erleben einen Riss durch ihr »Sozialkapital« und sind während der ganzen Scheidungsphase erst einmal unzufriedener.[28] Besteht allerdings ein tiefes Misstrauen zwischen den beiden Partnern und chronische Unzufriedenheit mit der Ehe, kann eine Trennung mittelfristig auch zu einer Entlastung der Kinder führen.[29]

Gravierender als eine Trennung ist der Tod des eigenen Partners. Wie in Abbildung 15 zu sehen ist, fällt die subjektive Lebenszufriedenheit bereits vor dem Todeszeitpunkt stark ab. Zumeist geht dem Tod eine längere Zeit der Krankheit voraus, die von starken Sorgen geprägt ist und entsprechend unglücklich macht. Nach dem Tod fällt der hinterbliebene Partner dann oft in ein seelisches Loch, was sich in den Daten klar ausdrückt. Bei der ersten Messung nach dem Ableben des Ehepartners fällt der Wert förmlich in den Keller. Verglichen mit dem Mittelwert drei Jahre vor dem Tod des Partners liegt der Wert dann im Mittel rund 1,5 Punkte niedriger - eine Zäsur, die nur mit wenigen anderen Einschnitten im Leben zu vergleichen ist.

Beinahe genauso stark wie der Sturz der Lebenszufriedenheit ist auch die Anpassung an die neuen Lebensumstände. Die subjektive Lebenszufrie-

Tabelle 2
Einfluss des Familienstandes auf die subjektive Lebenszufriedenheit

	Insgesamt	Frauen	Männer
(im Vergleich zu Ledigen ohne Partner)			
verheiratet	0,42	0,35	0,51
feste Partnerschaft	0,31	0,32	0,31
geschieden	0,14	0,08	0,20
verwitwet	−0,18	−0,18	−0,24

Quelle: SOEP 1992 bis 2009. **Anmerkungen:** Fixed-effect OLS, Jahresdummies, robust, Kontrollvariablen: Kinderzahl, Arbeitslosigkeit, Erwerbstätigkeit, Haushaltseinkommen pro Mitglied, Alter mit 99 Prozent Signifikanzniveau, 95 Prozent Signifikanzniveau und 90 Prozent Signifikanzniveau, R2 (overall): 13,4 Prozent, N=34.747.

Eine intakte Partnerschaft erhöht das Glück. Wer sich fest bindet, dessen Zufriedenheit wächst im Mittel um 0,3 Punkte. Eine Heirat steigert den Glückseffekt sogar auf 0,4 Punkte. Geschiedene bleiben zwar unterhalb der Verheirateten, sind aber um 0,14 Punkte zufriedener als jemand, der nie verheiratet war und ledig ist.

denheit steigt rund ein Jahr nach dem Todesfall in fast symmetrischer Weise wieder an. Und im Einklang mit der oben abgebildeten durchschnittlichen Zufriedenheit erreichen verwitwete Personen nach einigen Jahren im Mittel wieder eine durchweg zufriedene Situation. Dennoch, es bleibt insgesamt ein deutlich negativer Effekt auf die subjektive Lebenszufriedenheit von rund -0,2 Punkten.

Wie steht es mit regionalen Unterschieden? Gibt es Gegenden, wo Partnerschaften besonders glücklich sind? Der regionale Vergleich zeigt, dass der Anteil der Menschen, die verheiratet bzw. in einer Partnerschaft leben, ledig oder verwitwet sind, nirgendwo in besonderer Weise vom Durchschnitt abweicht. Allein in Großstädten wie Hamburg oder Berlin ergeben sich deutlich geringere Partnerschaftsquoten. Als außerordentlich spannend erscheint jedoch der Befund, dass die Ehe im Norden und Süden der Republik einen deutlich größeren Effekt auf die Lebenszufriedenheit besitzt als im Westen oder Osten. Während eine Ehe in Süddeutschland im Mittel zu einem Anstieg der Lebenszufriedenheit von fast 0,5 Punkten führt, liegt der Effekt in Ostdeutschland bei lediglich 0,3. Ähnlich sieht es im Hinblick auf feste Partnerschaften aus. Auch hier hat es den Anschein, als zögen Paare im Norden und Süden einen höheren Glücksertrag aus ihrer Beziehung als etwa in den neuen Bundesländern.[30]

Kinder

Kinder sind das Glück dieser Erde, heißt es. Dies mag hinsichtlich des Glücks der Kinder zutreffend sein; wenig zutreffend ist die Aussage hingegen, sobald man die Eltern nach ihrem Glück befragt. Kein Zweifel, die eigenen Kinder sind für viele Menschen in Deutschland zentraler Lebensinhalt. Dennoch scheint sich der eigene Nachwuchs nicht wirklich auf die Zufriedenheit der Eltern auszuwirken.

Insgesamt kommt die Glücksforschung regelmäßig zu dem Urteil, dass Kinder keinen oder sogar einen negativen Effekt auf die subjektive Lebenszufriedenheit der Eltern haben,[31] auch wenn die Geburt des ersten Kindes in den meisten Fällen von den Eltern als ein sehr freudvolles Ereignis wahrgenommen wird.[32] Dieser Befund zeigt sich indirekt bereits bei einer Gegenüberstellung der Zufriedenheit von verheirateten Paaren mit Kindern und solchen ohne Kinder. Abbildung 16 zeigt die durchschnittliche Lebenszufriedenheit von Paaren im Alter zwischen 30 und 50 Jahren. Wie viele Kinder die Partner besitzen, hat kaum Auswirkungen. Daran ändert sich auch nichts, wenn man wesentliche andere Einflüsse wie Erwerbs-

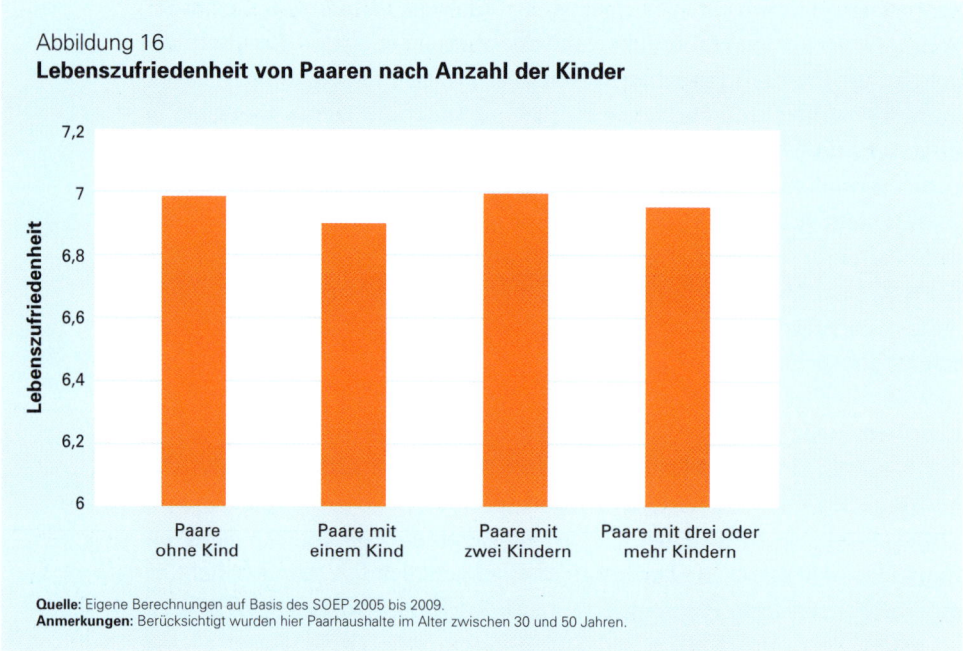

Abbildung 16
Lebenszufriedenheit von Paaren nach Anzahl der Kinder

Quelle: Eigene Berechnungen auf Basis des SOEP 2005 bis 2009.
Anmerkungen: Berücksichtigt wurden hier Paarhaushalte im Alter zwischen 30 und 50 Jahren.

Kinder haben keinen Einfluss auf die Lebenszufriedenheit der Eltern. Das Zufriedenheitsniveau ist ohne und mit zwei Kindern gleich groß.

tätigkeit, Bildungsstand usw. mit einbezieht. Eine signifikante Beziehung zwischen der Anzahl eigener Kinder und der subjektiven Lebenszufriedenheit lässt sich aus den Daten nicht entnehmen.[33]

Dieser Befund wird zumeist ungläubig zur Kenntnis genommen. Sind Eltern nicht bereit, große Opfer für ihre Kinder zu bringen, und investieren sie in Deutschland nicht Unsummen in deren Ausbildung? Dass Kinder den Eltern viel bedeuten, wird niemand in Abrede stellen. Warum aber dann dieser Null-Effekt auf die Lebenszufriedenheit? Sind die Belastungen der Kindererziehung und der Verzicht so stark, dass sie die Glückseffekte, die Kinder bringen, neutralisieren? Der Philosoph Wilhelm Schmid bringt an dieser Stelle den Sinn ins Spiel.[34] Zwar können Kinder zusätzlichen Stress und Sorgen verursachen, gleichzeitig verleihen sie dem Leben vieler Menschen einen Sinn, dessen Dimension womöglich von der Frage nach der Lebenszufriedenheit nur unzureichend erfasst wird.

Hinzu kommt, dass sich die bisherigen Studien schwer damit taten, auch die Effekte von Kindern, die bereits das Erwachsenenalter erreicht haben, zu erfassen. Möglicherweise sehen am Ende der aufreibenden Erziehung die meisten Eltern in ihren Kindern doch einen relevanten Glücksfaktor.[35] Schließlich ist zu bedenken, dass statistische Ergebnisse nur für die heutigen Verhältnisse gelten, es könnte also durchaus sein, dass die Glücksbilanz von Eltern anders aussähe, wenn Familie und Beruf sich besser vereinbaren ließen, die Ausbildungskosten geringer wären, die gesellschaftliche Anerkennung für Kinder und Erziehung größer wäre usw.

Freunde und soziale Kontakte

Das soziale Umfeld spielt für das Lebensglück eine nahezu ebenso wichtige Rolle wie die familiäre Situation. Die Einbindung in soziale Netzwerke, der Austausch zwischen Freunden, das Engagement innerhalb von Vereinen, der gute Kontakt zur Nachbarschaft - all das ist essentiell für die Zufriedenheit der meisten Menschen. Für Aufsehen sorgte in diesem Zusammenhang eine These des US-amerikanischen Soziologen Robert Putnam. Er behauptete 1995 in seinem Artikel »Bowling alone«, dass das sogenannte »Sozialkapital« innerhalb der amerikanischen Gesellschaft seit Langem abnehme, und entfachte damit vielerorts Diskussionen um die Bedeutung sozialer Bindungen innerhalb einer Gesellschaft. Anhand zahlreicher Beobachtungen, angefangen beim Ausmaß des politischen Engagements bis hin zur Mitgliedschaft in Vereinen, zeigte Putnam, dass die amerikanische Gesellschaft buchstäblich vor dem Fernseher vereinsamt - mit erheblichen Folgen für das gesellschaftliche Wohlergehen.[36] Seither haben zahlreiche Studien einen engen Zusammenhang von sozialem Kapital und subjektiver Lebenszufriedenheit nachgewiesen.[37]

Berechnet man die subjektive Lebenszufriedenheit nach der Häufigkeit freundschaftlicher Kontakte, klaffen Unterschiede, die noch größer sind als jene zwischen den einzelnen Familienständen. Rund 40 Prozent der Befragten geben an, jede Woche Kontakt zu Freunden oder Bekannten zu pflegen. Sie erreichen geschlechtsunabhängig Zufriedenheitswerte von über 7,0. Nahezu gleich viele Personen treffen sich nach eigenen Angaben mindestens einmal im Monat mit Freunden und Bekannten. Ihre mittlere Lebenszufriedenheit liegt dabei nur knapp unter der ersten Gruppe. Als deutlich unzufriedener sehen sich hingegen die übrigen gut 20 Prozent der

> ### Sozialkapital
> Sozialkapital ist die Summe aller sozialen Kontakte und belastbaren Beziehungen eines Menschen, einer Familie oder einer ganzen Gesellschaft. Das Sozialkapital einer Person besteht aus der Unterstützung, die sie aus den vorhandenen sozialen Kontakten erhalten kann. Der amerikanische Soziologe Robert Putnam erfasst das Sozialkapital einer Gesellschaft, indem er die zwischenmenschliche Kooperation in Form von sozialen Initiativen, Vereinen und Netzwerken misst.

Befragten an, die nur selten oder überhaupt keinen Kontakt zu Freunden pflegen. Am unzufriedensten mit einem Mittelwert von lediglich 5,5 Punkten sind demnach Männer ohne sozialen Kontakt zu Freunden (vgl. Abbildung 17).

Entsprechend naheliegend ist es, dass von regelmäßigen sozialen Kontakten signifikante Effekte auf die Lebenszufriedenheit ausgehen. Wer sich wöchentlich mit Bekannten oder Freunden trifft, ist demnach um 0,23 Punkte zufriedener als ohne oder mit seltenem Kontakt. Und auch der monatliche Umgang zeigt bereits einen signifikanten Effekt von immerhin 0,17 Punkten. Dabei ist der soziale Umgang mit Freunden für die Lebenszufriedenheit von Männern offenbar noch etwas wichtiger ist als für Frauen. So fällt der Effekt des wöchentlichen Kontakts bei Männern mit 0,26 um rund ein Drittel höher aus als bei Frauen mit 0,19.

Ein Blick auf die Karte zeigt, dass neben Hamburg tendenziell der Süden, und dort insbesondere die Bayern und Württemberger, in regem Kontakt mit Freunden stehen. Vergleichsweise wenig soziales Miteinander erleben

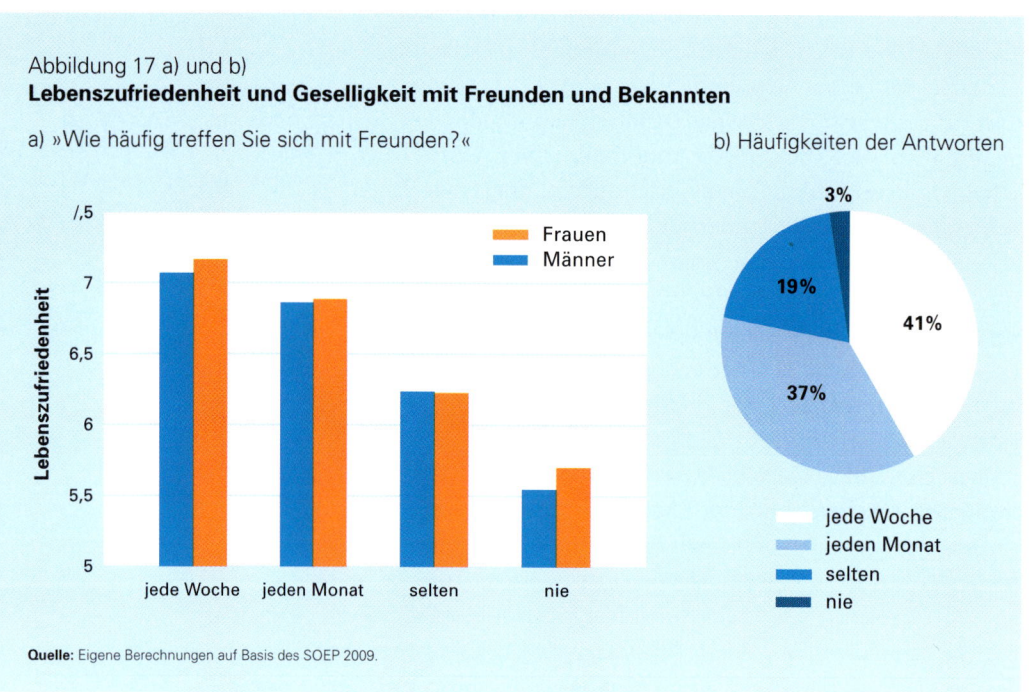

Abbildung 17 a) und b)
Lebenszufriedenheit und Geselligkeit mit Freunden und Bekannten

a) »Wie häufig treffen Sie sich mit Freunden?«

b) Häufigkeiten der Antworten

Quelle: Eigene Berechnungen auf Basis des SOEP 2009.

Wer sich jede Woche mit Freunden trifft, ist erheblich glücklicher als Menschen, die sich nie mit Freunden treffen. Diese Gruppe umfasst allerdings nur drei Prozent der Bevölkerung.

Abbildung 18
Sozialer Kontakt

Anteil der Befragten,
die angeben, sich jede
Woche mit Freunden
und Bekannten zu treffen,
in Prozent

Schleswig-
Holstein

Mecklenburg-
Vorpommern

Hamburg

Niedersachsen/
Nordsee

Brandenburg

Berlin

Niedersachsen/
Hannover

Sachsen-Anhalt

Westfalen

Nordrhein/
Düsseldorf

Sachsen

Nordrhein/
Köln

Thüringen

Hessen

**Der Süden Deutschlands
ist erheblich kontaktfreudiger
als der Osten: In Bayern
treffen sich über 46 Prozent
der Befragten wöchentlich
mit Freunden, in Brandenburg
sind es nur 30 Prozent.**

Rheinland-Pfalz/
Saarland

Franken

Württemberg

Baden

Bayern

■	46,0 und darüber
■	42,0 bis 45,9
■	38,0 bis 41,9
	34,0 bis 37,9
	30,0 bis 33,9
	unter 30,0

Quelle: Eigene Berechnungen auf Basis des SOEP 2009 und 2007.

hingegen Brandenburger, Sachsen und Thüringer – ein Indiz für ein geringer ausgeprägtes Sozialkapital. Ob die vergleichsweise geringere soziale Vernetzung in erster Linie durch die politische Vergangenheit und die damit verbundenen gesellschaftlichen Zäsuren erklärt werden kann und inwiefern der Umfang der Abwanderungen von Ost- nach Westdeutschland bedeutsam ist, kann an dieser Stelle nur gemutmaßt werden. Fest steht hingegen, dass enge, vielfältige und andauernde soziale Kontakte sehr gut geeignet sind, das Glück von Menschen anzuzeigen.

Zusammenfassung

- Ehe und Partnerschaft beeinflussen die Lebenszufriedenheit positiv. Der Glückseffekt der Ehe gegenüber dem Status ohne Partner beträgt zirka 0,4 Punkte, bei Männern sogar 0,5 Punkte.
- Die Ehe hat in Süddeutschland (0,5) einen deutlich größeren Effekt auf die Lebenszufriedenheit als in Ostdeutschland (0,3). Am zufriedensten sind verwitwete Personen, die eine neue Partnerschaft eingegangen sind. Heirat, Scheidung und Tod des Partners sind einschneidende Ereignisse. Nach der Scheidung wird das alte Glücksniveau bald wieder erreicht. Geschiedene sind dennoch unzufriedener als Verheiratete.
- Verglichen mit dem Glückslevel drei Jahre zuvor senkt der Tod des Partners den Wert um 1,5 Punkte. Das frühere Lebenszufriedenheitsniveau kehrt aber nach geraumer Zeit fast wieder zurück.
- Kinder haben keine messbaren Auswirkungen auf die Lebenszufriedenheit der Eltern. Die Sorgen und Aufwendungen für Kinder scheinen die Glücks-erlebnisse durch Kinder zu neutralisieren.
- Freunde und soziale Kontakte spielen eine große Rolle. Wer sich wöchentlich mit Freunden trifft, ist um 0,23 Punkte zufriedener als Menschen mit schwa-chen sozialen Beziehungen. Für Männer ist der Austausch mit Freunden wichtiger als für Frauen. In Süddeutschland werden mehr soziale Kontakte gepflegt als in Ostdeutschland.

Tabelle 3:
**Einflussgrößen auf die Lebenszufriedenheit im Bereich
Familie und Freunde**

Variable	Effekt
Ehe	stark positiv
feste Partnerschaft	positiv
verwitwet	negativ
geschieden	positiv
Anzahl der Kinder	kein Gesamteffekt
Freunde und Bekannte	positiv

Quelle: Eigene Schätzungen auf Basis des SOEP 1992 bis 2009.

6. Einkommen und Vermögen

»Geld ist besser als kein Geld, schon allein aus finanziellen Gründen.«
Woody Allen

M acht Geld glücklich? »Geld allein nicht, es braucht auch noch Aktien, Gold und Grundstücke«, so einst die nicht ganz ernst gemeinte Antwort des US-amerikanischen Schauspielers Danny Kaye auf diese Frage. Dass finanzielle Unabhängigkeit und eine ordentliche Bezahlung in der Regel zuträglich sind für die Zufriedenheit, würden wohl nur wenige bezweifeln. Für Ökonomen stellt sich die Frage überhaupt nicht, weisen doch die einfachsten Experimente darauf hin, dass Geld von der Mehrheit der Menschen als etwas Gutes betrachtet wird. Wie viele Personen würden etwa einen Fünf-Euro-Schein, den sie zufällig auf der Straße finden und keinem Besitzer zuordnen können, dort liegen lassen? Wahrscheinlich kaum jemand. Geld erfüllt Sicherheitsbedürfnisse, Geld vergrößert Handlungsspielräume, und Geld lässt sich in Konsum umsetzen. Aber wie wichtig ist Geld den Menschen in Deutschland wirklich? Wie wirken sich Vermögenswerte auf das Wohlbefinden aus? Und vor allem, welche Rolle spielt das Geld der anderen?

Wirtschaftswachstum

Die geradezu banale Erkenntnis, dass Geld als etwas Positives wahrgenommen wird und letztlich auch zu mehr Zufriedenheit führt, wurde in den vergangenen Jahrzehnten jedoch immer häufiger infrage gestellt. Für Aufsehen sorgte dabei vor allem ein Aufsatz des Ökonomen Richard A. Easterlin. Dieser wertete in den frühen 1970er Jahren die ersten Daten zur Lebenszufriedenheit in den Vereinigten Staaten aus und stellte die Wissenschaft vor ein Rätsel: Trotz eines kontinuierlichen Anstiegs der Einkommen und eines stetig zunehmenden Konsumniveaus blieb die Zufriedenheit weitestgehend konstant. In Folgeuntersuchungen konnte dieses Muster auch

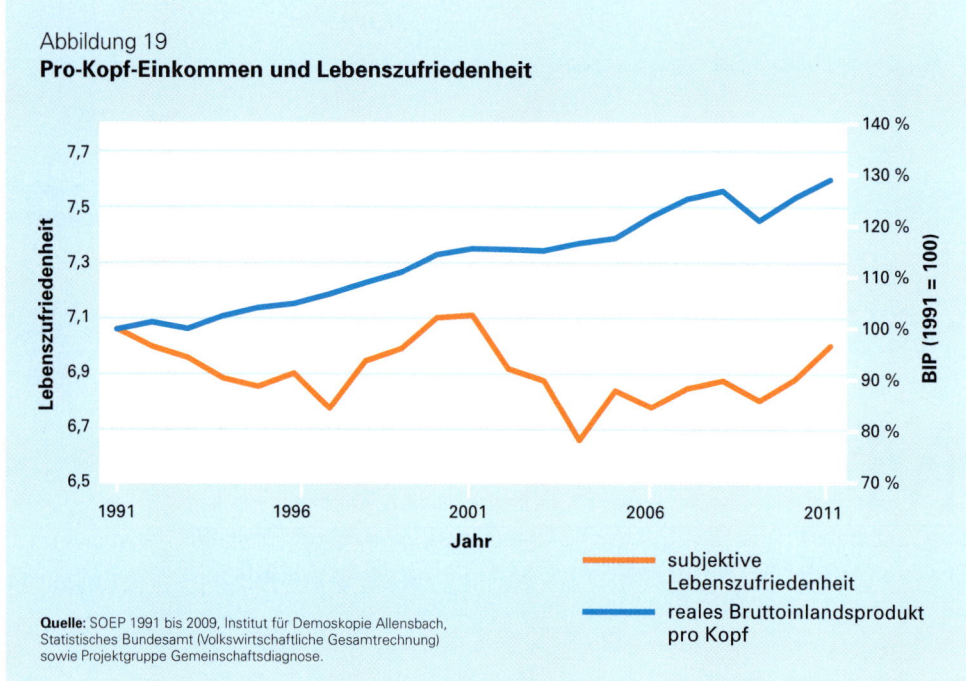

Abbildung 19
Pro-Kopf-Einkommen und Lebenszufriedenheit

Quelle: SOEP 1991 bis 2009, Institut für Demoskopie Allensbach, Statistisches Bundesamt (Volkswirtschaftliche Gesamtrechnung) sowie Projektgruppe Gemeinschaftsdiagnose.

Während das Bruttoinlandsprodukt pro Kopf seit 1991 um 30 Prozent real gestiegen ist, ging die subjektive Lebenszufriedenheit sogar leicht zurück (linke Skala).

für zahlreiche weitere Nationen der entwickelten Welt bestätigt werden, so auch für Deutschland.[38] Während das reale Bruttoinlandsprodukt pro Einwohner in den vergangenen zwanzig Jahren um mehr als zwanzig Prozent angestiegen ist, ist die empfundene Lebenszufriedenheit – sieht man von den neuesten Entwicklungen ab – sogar eher abgesunken (vgl. Abbildung 19). Wie ist das möglich? Spielt wirtschaftliches Wachstum heutzutage überhaupt keine Rolle mehr? Oder haben andere Aspekte einen Anstieg der Lebenszufriedenheit verhindert?

Ehe diese Fragen diskutiert werden, soll an dieser Stelle aber noch auf eine andere Merkwürdigkeit hingewiesen werden. Denn vor dem Hintergrund des Easterlin-Paradoxons ist es umso erstaunlicher, dass kurzfristige konjunkturelle Auf- oder Abschwünge sich sehr wohl auf die subjektive Lebenszufriedenheit niederschlagen. Stellt man der Lebenszufriedenheit nämlich nicht das Niveau, sondern die jährliche Veränderungsrate der Wirtschaftsleistung, also das Wirtschaftswachstum, gegenüber, zeigt sich ein enger Zusammenhang (vgl. Abbildung 20).

Abbildung 20
Konjunktur und Lebenszufriedenheit

Quelle: Eigene Darstellung auf Basis des SOEP 1984 bis 2009 und VGR.

Die Konjunkturzyklen seit 1984 zeigen: Wächst die Wirtschaft, dann steigt auch die Lebenszufriedenheit. In der Rezession geht die Lebenszufriedenheit wieder zurück.

Faktisch folgt die durchschnittliche Lebenszufriedenheit der Deutschen in allen Teilen des Landes dem Auf und Ab des Konjunkturzyklus. Verstärkt sich die wirtschaftliche Dynamik und steigen infolgedessen die Einkommen und die Beschäftigung, macht auch die Lebenszufriedenheit einen Sprung nach oben. Kommt es dagegen zu einer Rezession, wie etwa im Jahr 1993 oder um das Jahr 2003, führt dies mit leichter Verzögerung, wohl wegen der nachlaufenden Effekte auf dem Arbeitsmarkt, auch zu Tiefpunkten des gesamtgesellschaftlichen Glücksempfindens. Die Sachlage stellt sich somit als äußerst verzwickt dar: Trotz des offensichtlichen Zusammenhangs zwischen den Wachstumszahlen der Produktion und dem Glücksempfinden hat es den Anschein, als wäre das Ausmaß unserer gesamten Wirtschaftsleistung selbst eine zu vernachlässigende Größe.

Zunächst bedeutet Wirtschaftswachstum mehr als nur eine Zunahme des materiellen Konsums, es ist auch die Grundlage für andere nichtmaterielle Glücksfaktoren. Am wichtigsten dürfte dabei der Zusammenhang von Wirtschaftswachstum und Arbeitslosigkeit sein. Bliebe das Wachstum auf Dauer aus, würde die Arbeitslosigkeit aufgrund der fortschreitenden Produktivität sukzessive ansteigen. Der häufig von Politikern verwendete Slogan »Wachstum schafft Arbeitsplätze« bringt dies verkürzt zum Ausdruck. Das Phänomen, dass offensichtlich nicht die Steigerung der Produktionsleistung selbst, d. h. eine noch bessere materielle Versorgung der Menschen, sondern die damit verbundene Arbeit als Ziel der Politik ausgegeben wird, weist auf unser widersprüchliches Verhältnis zum Wirtschaftswachstum hin. Und tatsächlich kann die Arbeitsmarktproblematik einiges zur Erklärung der vermeintlichen Widersprüchlichkeit zwischen den starken kurzfristigen und den schwachen längerfristigen Auswirkungen des Wirtschaftswachstums auf die Lebenszufriedenheit der Menschen beitragen.[39] Wie entscheidend dieser indirekte Effekt der Arbeitslosigkeit auf die Lebenszufriedenheit ist, wird in Kapitel II 7 ausführlich erläutert.

Einkommen und Lebenszufriedenheit

Hat Wirtschaftswachstum also keinen nachhaltigen Effekt auf das Wohlbefinden der Menschen? Als eine wesentliche Erklärung für das glücksfreie Wirtschaftswachstum wird immer wieder die allgemeine Sättigung mit Konsumgütern herangezogen – immerhin besteht in Deutschland seit Jahrzehnten kein Mangel mehr an elementaren Bedarfsgütern. Manche Wissenschaftler datieren den Zeitpunkt einer weitgehenden Befriedigung der wesentlichen Konsumbedürfnisse auf das Ende der sogenannten Wirtschaftswunderjahre, also etwa auf das Jahr 1970.[40] Jedes von da an hinzugewonnene Einkommen eröffnete zwar weitere Konsummöglichkeiten, war aber weniger essentiell für die Zufriedenheit als der vorangegangene Einkommenszuwachs. Kurz, das Wirtschaftswachstum nutzt sich immer mehr ab. Immer mehr Menschen fehlt es an immer weniger. Ökonomen sprechen in diesem Zusammenhang auch vom »abnehmenden Grenznutzen« des Geldes.

Die Theorie des abnehmenden Grenznutzens kann grundsätzlich erklären, weshalb sich ein Anstieg der Löhne und Gehälter in armen Ländern und Regionen stärker auf die Lebenszufriedenheit der Menschen auswirkt als in reichen Teilen der Welt.[41] Ebenso plausibel erscheint es vor diesem Hintergrund, dass sich die Lebenszufriedenheit in Ost- und Westdeutschland immer mehr angenähert hat, schließlich bestanden nach 1990 durchaus elementare Konsumwünsche aufseiten der Bürger der ehemaligen DDR, sei es das eigene Auto oder eine moderne Wohnung.[42]

Überträgt man diese Vorstellung des abnehmenden Grenznutzens auf die heutige Situation, würde dies bedeuten, dass ab einem gewissen Einkommen Geld praktisch nur noch einen marginalen Effekt auf das menschliche Wohlbefinden hätte. Liegen große Teile der Bevölkerung über diesem Einkommensniveau, folgt als logische Konsequenz, dass das gesamtwirtschaftliche Wachstum hinsichtlich der Lebenszufriedenheit immer weniger ins Gewicht fällt. Blickt man auf die Daten für Deutschland, lassen sich durchaus derartige Sättigungseffekte erkennen. Der grundlegende Zusammenhang erscheint jedoch sehr stabil: Individuen mit hohen Einkommen geben signifikant höhere Zufriedenheitswerte an. Ein Beispiel: Betrachtet man ausschließlich vollerwerbstätige Personen im Alter über 30 Jahren, so liegt die empfundene Lebenszufriedenheit derjenigen mit einem Nettoverdienst in Höhe von 750 bis 1000 Euro unter 6,6. Personen mit einem Arbeitseinkommen von 1250 bis 1500 Euro geben im Mittel bereits einen Wert von knapp 6,8 an, und liegt das Nettoeinkommen zwischen 1750 und 2000 Euro, erreicht die durchschnittliche Lebenszufriedenheit einen Wert von über 6,9 usw. Nach der Theorie des abnehmenden Grenznutzens müsste sich dieser Zusammenhang bei weiter ansteigenden Einkommen abschwächen. Faktisch steigt die mittlere Lebenszufriedenheit jedoch weitgehend linear bis zu einem Nettoeinkommen von rund 5000 Euro an. Erst dann neigt sich die Kurve, und der Zusammenhang scheint an Bedeutung zu ver-

Homo oeconomicus

Bis heute bestimmt der »Homo oeconomicus« das Menschenbild der Ökonomie. Demnach handelt der Mensch auf dem Markt rational und maximiert seinen Nutzen. Er hat feststehende Präferenzen, und Emotionen wie Neid oder Missgunst beeinflussen ihn ebenso wenig wie Motive der Fairness.

Der Ökonom Gary Becker dehnte das Konzept des Homo oeconomicus auf das gesamte menschliche Verhalten aus. Egal ob jemand einen Job sucht oder heiratet oder kriminell wird, handlungsleitend ist stets sein egoistisches Nutzenkalkül. In der Praxis verhalten sich die Menschen jedoch anders. Sie haben innere Beweggründe und wechselnde Präferenzen. Sie folgen Gewohnheiten und intuitiven Faustregeln und eher selten der formalen Entscheidungslogik. So wäre es logisch, beim Einkauf

stets alle Waren gleich zu behandeln, die Konsumenten folgen jedoch der Wiedererkennung von Marken. Schon gar nicht maximieren sie unentwegt ihren Nutzen, sondern wollen ihre Bedürfnisse befriedigen, wozu auch gehört, für andere zu sorgen.

Zwar soll der Homo oeconomicus nicht individuelles Verhalten erklären, sondern fundierte Prognosen über die Volkswirtschaft abgeben, doch gerade bei der Vorhersage des Konsum- oder Geldanlageverhaltens versagt das Modell. Das Menschenbild der Glücksökonomie ist realistischer und versucht zu erklären, warum die allgemeine Lebenszufriedenheit nicht im selben Ausmaß steigt wie unser materieller Wohlstand. Beim klassischen Homo oeconomicus kommt jeder Einkommenszuwachs einem entsprechenden zusätzlichen Nutzen gleich.

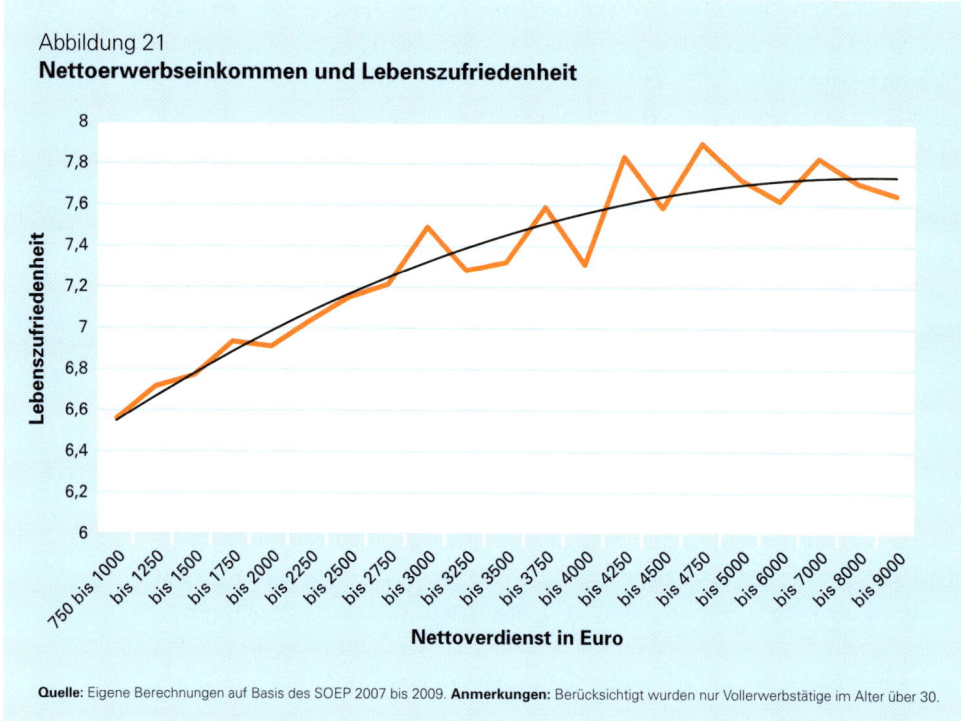

Abbildung 21
Nettoerwerbseinkommen und Lebenszufriedenheit

Lebenszufriedenheit

Nettoverdienst in Euro

Quelle: Eigene Berechnungen auf Basis des SOEP 2007 bis 2009. **Anmerkungen:** Berücksichtigt wurden nur Vollerwerbstätige im Alter über 30.

Je stärker das Einkommen einer Person wächst, desto weniger wirkt sich das auf die Zufriedenheit aus. Ab einem Nettoeinkommen von mehr als 5000 Euro steigt die Zufriedenheit nicht weiter an.

lieren. Da aber nur die wenigsten Menschen über ein monatliches Einkommen von mehr als 5000 Euro verfügen, darf bezweifelt werden, ob die Deutschen tatsächlich nicht wüssten, was sie mit einer Lohnsteigerung anfangen würden (vgl. Abbildung 21).[43]

Tatsächlich zeigen zahlreiche Studien, dass dieser Zusammenhang in abgeschwächter Form auch unter Berücksichtigung anderer Einflussfaktoren bestehen bleibt[44] und dass auch in reichen Ländern wie Deutschland und selbst in den USA, wo es den Menschen im Mittel nicht an Konsumgütern fehlt, ein höheres Einkommen nach wie vor zu mehr Lebenszufriedenheit führt.[45] Zwar gilt auch hier, je reicher eine Region, desto geringer sind die Effekte des zusätzlichen Einkommens. Dennoch ist der Einfluss weiterhin signifikant.

Für Deutschland ergeben sich beispielsweise folgende Zahlen: Wer einen Anstieg des Einkommens von 250 Euro pro Monat verbuchen kann, wird ausgehend von einem Nettoeinkommen von 1500 Euro um immerhin rund 0,05 Punkte glücklicher.[46] Ein geringer Effekt, möchte man meinen. Und tatsächlich sind 0,05 Punkte bei einer Skala von 0 bis 10 ein doch sehr überschaubarer Effekt. Hierbei gilt es jedoch zwei Dinge zu beachten. Zum einen kann der Effekt kurzfristig höher ausfallen und sich dann wieder relativieren (vgl. Glossarbox »Set Point« auf S. 80), zum anderen muss bedacht werden, dass ein Einkommenszuwachs in der Regel selten vollständig in zusätzlichen Konsum fließt. Vielmehr werden gerade bei einem Anstieg des Lohnes häufig große Teile der zusätzlichen Mittel gespart. Hinzu kommt, dass persönliche Einkünfte vielfach auch mit anderen Personen im Haushalt geteilt werden. Berücksichtigt man zudem, dass der Mehrzahl der Haushalte noch andere Einkünfte zur Verfügung stehen – z.B. Kapitaleinkünfte oder Einkünfte aus Transferleistungen –, so ist der Wert von 0,05 durchaus beachtlich.

Zieht man einen Vergleich zwischen Männern und Frauen, ist der Effekt beim gegebenen Ausgangsniveau von 1500 Euro in etwa identisch. Dies ändert sich jedoch, sobald ein höheres Einkommensniveau betrachtet wird. Beträgt das monatliche Nettoeinkommen zunächst 3000 Euro, fällt der Effekt einer Einkommenserhöhung um 250 Euro auf die Lebenszufriedenheit vor allem bei den Frauen deutlich geringer aus, während er bei den Männern auf einem relativ hohen Niveau verharrt (vgl. Tabelle 4). Der Reiz des Geldes verliert sich demnach bei Frauen früher als bei Männern.

Geld macht also doch einen wesentlichen Unterschied. Entsprechend lohnenswert ist ein Blick auf den materiellen Wohlstand in Deutschland.

Tabelle 4:
Arbeitseinkommen und subjektive Lebenszufriedenheit

Einkommensanstieg um 250 Euro	insgesamt	Männer	Frauen	
ausgehend von 1500 Euro	0,048	0,050	0,048	
ausgehend von 3000 Euro	0,041	0,044	0,036	
	Norden	Westen	Süden	Osten
ausgehend von 1500 Euro	0,042	0,045	0,037	0,076
ausgehend von 3000 Euro	0,035	0,041	0,031	0,063

Quelle: Eigene Schätzung auf Basis des SOEP 1992 bis 2009. **Anmerkungen:** Fixed-effect-OLS,mit Jahresdummies und deflationierten Einkommenswerten. Kontrollvariablen: Gesundheitszustand, Familienstand, Arbeitslosigkeit, Selbstständigkeit, Anzahl der Kinder, Alter. R2 (overall): 12,5 Prozent, N=26.652.

Eine Lohnerhöhung um 250 Euro im Monat erhöht die Zufriedenheit eines Normalverdieners um lediglich 0,05 Punkte. Damit Geld einen Glückseffekt von mehr als 0,2 Punkten entfaltet, müsste sich das verfügbare Einkommen der Durchschnittsverdiener um mehr als 1000 Euro pro Monat erhöhen.

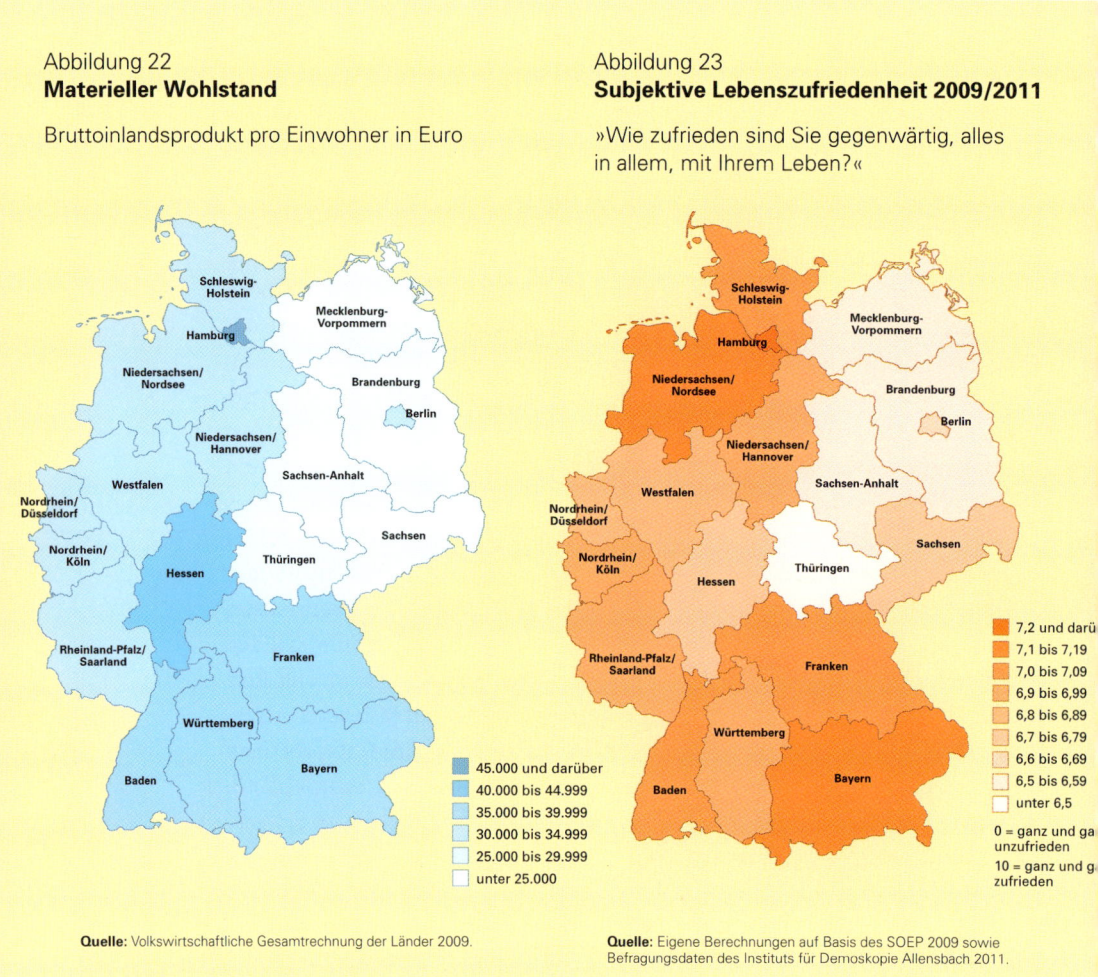

Abbildung 22
Materieller Wohlstand

Bruttoinlandsprodukt pro Einwohner in Euro

Abbildung 23
Subjektive Lebenszufriedenheit 2009/2011

»Wie zufrieden sind Sie gegenwärtig, alles
in allem, mit Ihrem Leben?«

45.000 und darüber
40.000 bis 44.999
35.000 bis 39.999
30.000 bis 34.999
25.000 bis 29.999
unter 25.000

7,2 und darü
7,1 bis 7,19
7,0 bis 7,09
6,9 bis 6,99
6,8 bis 6,89
6,7 bis 6,79
6,6 bis 6,69
6,5 bis 6,59
unter 6,5

0 = ganz und ga
unzufrieden
10 = ganz und g
zufrieden

Quelle: Volkswirtschaftliche Gesamtrechnung der Länder 2009.

Quelle: Eigene Berechnungen auf Basis des SOEP 2009 sowie
Befragungsdaten des Instituts für Demoskopie Allensbach 2011.

**Den engen Zusammenhang zwischen hohem Einkommen und hoher Lebenszufriedenheit belegen die
Regionen: Hamburg und Süddeutschland liegen in beidem vorn, Ostdeutschland in beidem hinten.**

Abbildung 22 stellt das Bruttoinlandsprodukt pro Einwohner in den Bundesländern für das Jahr 2009 dar. Vereinfacht können dabei vier unterschiedliche Wohlstandsregionen unterschieden werden. Da wären zum
einen die ostdeutschen Flächenländer, die mit einer Wertschöpfung von
rund 23.000 Euro pro Einwohner nach wie vor deutlich hinter dem Westen
liegen. Als zweiter ökonomisch weitgehend homogener Raum kann der
Westen und Nordwesten bezeichnet werden. So liegen die Pro-Kopf-Werte

von Rheinland-Pfalz, dem Saarland, Nordrhein-Westfalen, Niedersachsen und Schleswig-Holstein mit 25.000 bis 30.000 Euro alle im selben Bereich. Seit einiger Zeit führend ist jedoch der Süden mit Werten von deutlich über 30.000 Euro. Baden-Württemberg, Bayern und Hessen besitzen inzwischen einen komfortablen Vorsprung vor den übrigen Regionen. Mit einem Bruttoinlandsprodukt je Einwohner von fast 50.000 Euro nimmt Hamburg als Stadtstaat auch hier wieder eine Sonderrolle ein. Würde man die Karte jedoch nach weiteren Großstädten aufschlüsseln, könnte man erkennen, dass Hamburg im Vergleich mit anderen westdeutschen Großstädten nicht unbedingt eine Ausnahme darstellt. Frankfurt, München oder Stuttgart stehen der Hansestadt hinsichtlich der Wertschöpfung in nichts nach.

Vergleicht man die Verteilung des materiellen Wohlstands mit der empfundenen Lebenszufriedenheit in den einzelnen Regionen, dann ist klar erkennbar, dass das Wohlstandsgefälle zumindest zum Teil die regionalen Unterschiede erklärt. Das gilt heute noch unbestritten für die verbleibenden Unterschiede zwischen Ost und West, aber auch die moderateren Zufriedenheitswerte in den Regionen Nordrhein-Westfalens dürften mit der zuletzt weniger dynamischen wirtschaftlichen Entwicklung zu tun haben. Noch im Wendejahr 1990 stand Nordrhein-Westfalen gegenüber anderen deutschen Regionen wesentlich besser da, und auch die subjektive Lebenszufriedenheit lag auf einem höheren Niveau als in Süd- oder Norddeutschland (vgl. Abbildung 20). Schwer erklären lassen sich allerdings die mäßigen Lebenszufriedenheitswerte im reichen Hessen sowie der überaus glückliche Norden. Hier spielen andere Einflussfaktoren offenbar eine gewichtigere Rolle.

Es lassen sich also sowohl auf individueller Ebene als auch im Hinblick auf einzelne Regionen die Unterschiede in der Lebenszufriedenheit auch anhand von materiellen Größen erklären. Gerade mit Blick auf die neuen Bundesländer ist die Entwicklung der Einkommen von großer Bedeutung. Im Zentrum des Easterlin-Paradoxons ist jedoch ein anderes Phänomen verborgen, das sich nicht nur durch Sättigungseffekte begründen lässt. Nicht die Tatsache, dass zusätzliches Einkommen immer weniger Nutzen und Zufriedenheit bringt, erscheint verblüffend, sondern dass die Lebenszufriedenheit einzelner Personen und sogar ganzer Regionen absinkt, sobald das Einkommen nicht weiter ansteigt.[47]

Eine zentrale Erklärung hierfür liegt in der Gewöhnung an das erreichte materielle Wohlstandsniveau. Diese Adaption findet demnach nicht nur hinsichtlich des Familienstandes, sondern auch mit Bezug auf ökonomische Größen statt. Ein Anstieg des Einkommens oder ein Anstieg im Kon-

Set Point des Glücks

Jeder Mensch wird mit einem eigenen »happiness set point« geboren, einem durch Persönlichkeitseigenschaften bedingten »Normallevel« an Glück. Auf dieses Ausgangsniveau des Glücks fallen wir immer wieder zurück, egal ob wir große Erfolge feiern oder schwere Rückschläge einstecken müssen. Wer einen hohen Glücks-Sollwert besitzt, hat ein höheres Potenzial für Wohlbefinden und wird zufriedener in die Welt blicken als jemand, der von Natur aus die Dinge pessimistischer sieht. Der »set point« kann aber auch von äußeren Ereignissen verschoben werden. Umstritten ist, wie sehr.

Die amerikanische Psychologin Sonja Lyubomirsky bezeichnet die »hedonistische Anpassung« als das größte Hindernis für dauerhafte Glückssteigerung. Wenn sich die Menschen an mehr Geld oder Erfolg gewöhnen, kann das Glücksgefühl nicht wirklich zunehmen. Wir fallen aber nicht immer auf das Ausgangsniveau zurück. So hebt eine Hochzeit das Glücksniveau dauerhaft. Zwar geht es nach einiger Zeit durch den Gewöhnungseffekt wieder zurück, aber ein positiver Zugewinn an Glück bleibt bestehen, solange die Ehe intakt ist.

Beim Konsum ist es anders: Der Zufriedenheitsgewinn verschwindet wieder, weil sich die Menschen nach einer gewissen Zeit an ein höheres Konsumniveau anpassen, wie Abbildung 24 illustriert. Somit ist die Vorstellung illusionär, dass die Konsumgesellschaft irgendwann einen absoluten Sättigungspunkt erreicht, denn die Menschen gewöhnen sich einfach an höhere Konsumniveaus.

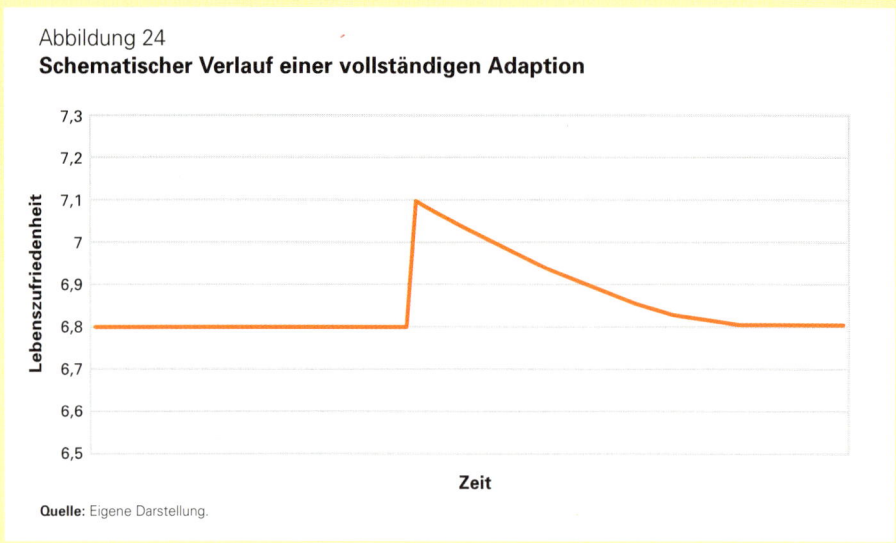

Abbildung 24
Schematischer Verlauf einer vollständigen Adaption

Lebenszufriedenheit (y-Achse: 6,5 – 7,3)

Zeit (x-Achse)

Quelle: Eigene Darstellung.

Ein Ereignis wie etwa eine Gehaltserhöhung hebt die Lebenszufriedenheit schlagartig, doch dann sorgt der Gewöhnungseffekt dafür, dass das alte Zufriedenheitsniveau wieder erreicht wird.

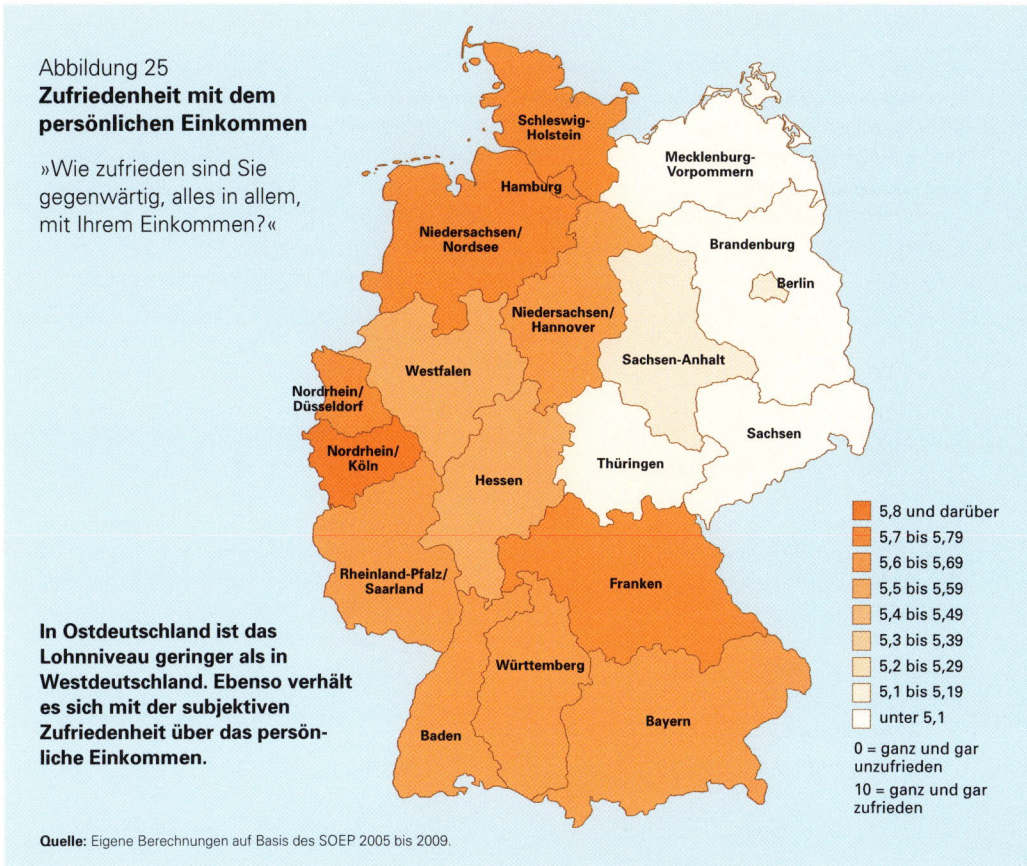

Abbildung 25
Zufriedenheit mit dem persönlichen Einkommen

»Wie zufrieden sind Sie gegenwärtig, alles in allem, mit Ihrem Einkommen?«

In Ostdeutschland ist das Lohnniveau geringer als in Westdeutschland. Ebenso verhält es sich mit der subjektiven Zufriedenheit über das persönliche Einkommen.

Schleswig-Holstein
Hamburg
Mecklenburg-Vorpommern
Niedersachsen/ Nordsee
Brandenburg
Berlin
Niedersachsen/ Hannover
Sachsen-Anhalt
Westfalen
Nordrhein/ Düsseldorf
Nordrhein/ Köln
Sachsen
Hessen
Thüringen
Rheinland-Pfalz/ Saarland
Franken
Württemberg
Bayern
Baden

- 5,8 und darüber
- 5,7 bis 5,79
- 5,6 bis 5,69
- 5,5 bis 5,59
- 5,4 bis 5,49
- 5,3 bis 5,39
- 5,2 bis 5,29
- 5,1 bis 5,19
- unter 5,1

0 = ganz und gar unzufrieden
10 = ganz und gar zufrieden

Quelle: Eigene Berechnungen auf Basis des SOEP 2005 bis 2009.

sum wirken sich demzufolge zwar kurzfristig auf die Zufriedenheit aus. Im Zuge deutlicher Lohnzuwächse oder nach einem Umzug in eine größere und schönere Wohnung sind die Menschen besonders glücklich. Mit der Zeit verliert sich dieses materiell begründete Glück jedoch wieder im Sinne der Set-Point-Theorie. Langfristig hat eine Ausweitung des Einkommens somit nur einen begrenzten Effekt (vgl. Abbildung 24).

Im Gegensatz zur Überlegung, wonach eine Konsumgesellschaft irgendwann einen Sättigungspunkt erreicht, kann die Theorie der Adaption somit erheblich zur Erklärung des Easterlin-Paradoxons beitragen.[48] Insbesondere der vermeintliche Widerspruch zwischen den kurzfristigen Ausschlägen im Rahmen der Konjunktur und den schwachen längerfristigen Effekten des Wirtschaftswachstums löst sich mittels dieser Perspektive weitgehend auf.

Deutschland im internationalen Vergleich

Wie deutlich die Lebenszufriedenheit eines Landes in Verbindung steht mit seiner Wirtschaftsleistung, zeigen die internationalen Daten. Abbildung 26 stellt das Einkommensniveau von Nationalstaaten ihrem jeweiligen Glücksniveau gegenüber. Afrikanische Länder wie Tansania, Zimbabwe oder Kamerun haben nicht nur ein geringes Pro-Kopf-Einkommen, auch hinsichtlich der subjektiven Lebenszufriedenheit schneiden die Länder bescheiden ab. Die Mehrheit der Entwicklungsländer kommt entsprechend auf Mittelwerte von deutlich weniger als 6 Punkten. Reiche Länder wie Frankreich, Dänemark oder Deutschland liegen dagegen bei Zufriedenheitswerten von 6 bis 8 Punkten.

Einkommen ist aber nicht alles. So liegt das Pro-Kopf-Einkommen von Indien z.B. nur geringfügig über dem von Kamerun, die subjektive Lebenszufriedenheit übersteigt die Werte in dem afrikanischen Land jedoch erheblich. Neben dem Einkommen bestimmen eben auch kulturelle und politische Faktoren den Glückslevel eines Landes. Mexiko und Costa Rica weisen sehr hohe Werte bei der Lebenszufriedenheit aus und können dabei sogar mit Dänemark und Norwegen mithalten, obwohl ihr Pro-Kopf-Einkommen nur halb so groß ist wie in Westeuropa.

Dass in den reichen Gesellschaften die Lebenszufriedenheit nicht mehr parallel zum Einkommenszuwachs steigt, hatte der amerikanische Ökonom Richard Easterlin bereits in den 70er Jahren beobachtet. Man nennt dieses Phänomen seither Easterlin-Paradoxon. Die Abbildung 26 zeigt, dass beispielsweise der Abstand zwischen Brasilien und Norwegen beim Einkommen beträchtlich ist, beim Zufriedenheitsniveau jedoch relativ gering. Derartige Beobachtungen stützen die Thesen Easterlins:

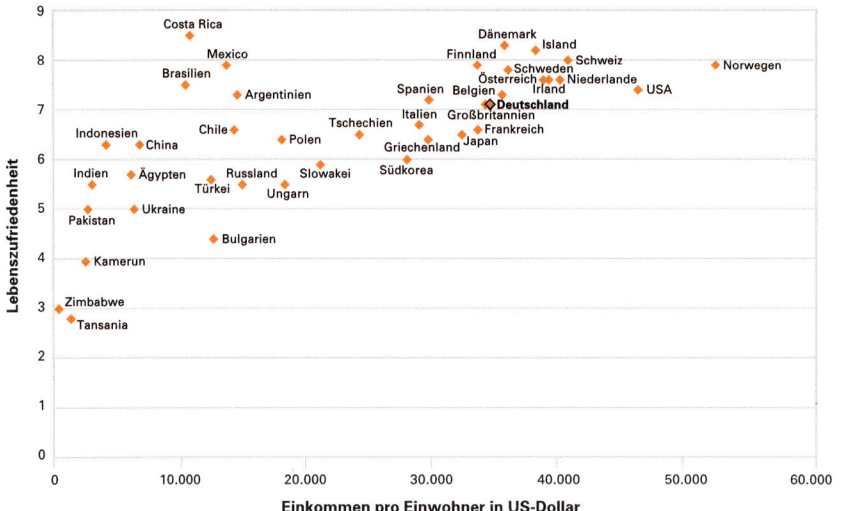

Abbildung 26
Lebenszufriedenheit im internationalen Vergleich

Quelle: World Happiness Database; IMF (2011). **Anmerkungen:** Durchschnittliche Lebenszufriedenheit 2000-2009 unter Verwendung aller verfügbaren Befragungen mit einer 10- bzw. 11-stufigen Skala.

Ab einer bestimmten Einkommenshöhe ist der materielle Wohlstand für das Glück nicht mehr so entscheidend und andere Faktoren scheinen an Bedeutung zu gewinnen.

Aber löst sich der Zusammenhang zwischen Reichtum und Glück auf dem hohem Niveau der reichen Nationen gänzlich auf? Betrachtet man die 25 glücklichsten Nationen, sieht es so aus, als wäre die Verbindung zwischen der Wirtschaftskraft und der Zufriedenheit verschwunden (vgl. Abbildung 27 a). Dieser Eindruck täuscht jedoch. Nimmt man lediglich die Länder eines Kulturkreises, wie in Abbildung 27 b nur die europäischen Länder, dann ist der Zusammenhang zwischen Reichtum und Glück wieder erkennbar.[49] Die kulturellen und politischen Unterschiede zwischen den europäischen Ländern sind relativ unbedeutend, so dass der Einkommensfaktor für die Lebenszufriedenheit wieder wichtiger wird.

Vergleicht man repräsentative Erhebungen verschiedener europäischer Länder, liegt Deutschland zusammen mit Großbritannien etwa in der Mitte des europäischen Zufriedenheitsrankings. Die kleineren Nachbarländer Deutschlands, allen voran die Niederlande und die Schweiz, aber auch Belgien und Österreich, sind etwas zufriedener als die Deutschen.

Die höchsten Zufriedenheitswerte weisen die skandinavischen Länder auf. Vor allem Dänemark schafft es bei vielen Rankings auf den Spitzenplatz, zuletzt beispielsweise beim Eurobarometer oder beim OECD better-life-index. Aber auch Irland hat ein vergleichsweise hohes Glücksempfinden.

Das südliche und östliche Europa hat ein tieferes Glücksniveau, das um einiges niedriger als das deutsche liegt. Slowenien und Spanien

Abbildungen 27 a) und b)

Lebenszufriedenheit in den 25 zufriedensten Ländern

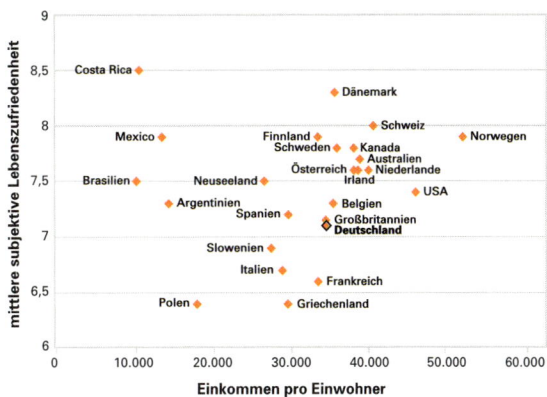

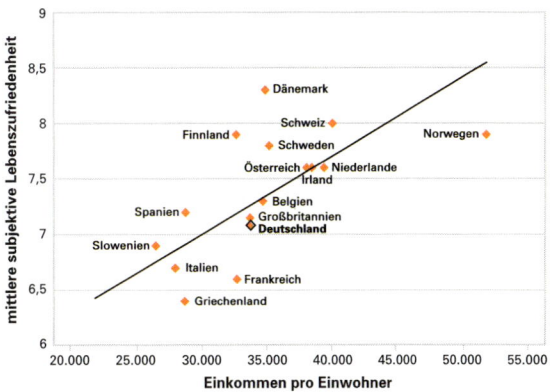

Quelle: World Happiness Database 2000–2009.

Der Zusammenhang zwischen Wohlstand und Zufriedenheit löst sich zwischen den zufriedensten Ländern scheinbar auf. Vergleicht man aber nur die europäischen Länder, zeigt sich auch hier eine positive Verbindung zwischen Einkommensniveau und Glück.

befinden sich noch in einem moderaten Abstand zu Deutschland. Relativ sorgenvoll zeigen sich hingegen bereits die Bürger Italiens. In Ungarn, Portugal und Griechenland herrscht derzeit regelrecht Unzufriedenheit. Bulgarien und Rumänien bilden die europäischen Schlusslichter in Sachen Glück (vgl. auch Karte auf Seite 26 und 27).

Relative Einkommensposition und Einkommensungleichheit

Das in den vergangenen Jahrzehnten erreichte hohe Wohlstandsniveau in Deutschland kann erklären, weshalb ökonomische Faktoren wie das Einkommen unsere Zufriedenheit heutzutage weniger stark beeinflussen als noch zu Zeiten des Wirtschaftswunders. Die Adaption an immer neue Konsumniveaus vermag darüber hinaus den Widerspruch aufzulösen zwischen den starken kurzfristigen und den schwachen langfristigen Effekten von persönlichem und gesamtgesellschaftlichem Wirtschaftswachstum. Beides kann jedoch noch immer nicht restlos begründen, weshalb sich die Zufriedenheit praktisch vollkommen von der Wirtschaftsleistung entkoppelt hat. Müsste sich der weiter ansteigende materielle Wohlstand nicht zumindest in einem geringen Anstieg der Lebenszufriedenheit im Zeitablauf niederschlagen?

Der Schlüssel zur Frage nach der ausbleibenden Zufriedenheit liegt in der relativen Wahrnehmung des Menschen. Søren Kierkegaards Satz »Das Vergleichen ist das Ende des Glücks und der Anfang der Unzufriedenheit« nahm die Erkenntnis der empirischen Glücksforschung bereits vorweg. Dass die relative Position zu anderen eine wesentliche Rolle spielt, zeigen auch moderne psychologische Experimente, die seit Kurzem auch von immer mehr Ökonomen genutzt werden.

Man stelle sich beispielsweise vor, man werde vor die Entscheidung gestellt, entweder ein Jahreseinkommen von 30.000 Euro zu beziehen, während die anderen im Mittel über ein Einkommen von 15.000 Euro verfügen, oder ein Jahreseinkommen von 60.000 Euro zu beziehen, während die anderen ein Einkommen von im Mittel 120.000 Euro erhalten.

Obwohl die zweite Wahlmöglichkeit ein doppelt so hohes Gehalt offeriert, stellt diese Frage die meisten Menschen vor keine leichte Aufgabe. Tatsächlich entschieden sich 50 Prozent der Befragten für nur halb so viel Einkommen.[50] Status bzw. die eigene relative Einkommensposition in der Gesellschaft ist für die meisten sehr wichtig und kann - wie in diesem Beispiel - auch größere Einkommenseinbußen rechtfertigen. Andere Forschungsarbeiten kommen sogar zu dem Ergebnis, dass das Einkommen der Referenzgruppe ähnlich gewichtig für die Lebenszufriedenheit ist wie das eigene Einkommen.[51]

Insbesondere Männer weisen dabei eine besondere Sensibilität für die eigene Einkommensposition auf.[52] Entscheidend ist jedoch, dass Personen, deren Einkommen unterhalb eines von ihnen wahrgenommenen Referenzeinkommens liegt, größere Zufriedenheitseinbußen zu verzeichnen haben als relativ gutgestellte Personen.

Unter anderem liegt dies daran, dass Menschen dazu neigen, sich nach »oben« hin zu vergleichen. Versuchen nun alle einen besseren Einkommensstatus zu erreichen, führt dies zwar zu Stress und weniger Freizeit, ändert aber nichts an der Tatsache, dass die relativen Einkommensunterschiede bestehen bleiben. Theoretisch ist demnach denkbar, dass viele Personen nach einer besseren relativen Einkommensposition streben, letztlich jedoch nur weniger Zeit haben für Freunde und Familie.[53]

Die Berücksichtigung relativer Einkommen führt schließlich auch dazu, dass sich die Einkommensungleichheit – überschreitet sie ein bestimmtes Niveau – negativ auf die Lebenszufriedenheit auswirkt. Dies ist für Deutschland bereits der Fall: Nimmt die Einkommens- und Vermögensungleichheit weiter zu, empfindet die Mehrheit der Menschen dies als einen Statusverlust, und die durchschnittliche Lebenszufriedenheit sinkt leicht ab.[54] Dass eine vergleichsweise homogene Einkommensverteilung förderlich sein kann für das Wohlbefinden einer Gesellschaft, zeigen die skandinavischen Länder.[55] In Deutschland ist die Einkommensungleichheit in den vergangenen Jahren eher angestiegen, was u. a. auf die wachsende Ungleichheit der Einkommensver-

Tretmühlen des Glücks

Zum elementaren menschlichen Sozialverhalten gehört es, seinen Platz in der Gesellschaft zu finden. Menschen vergleichen sich mit anderen und verteidigen ihren Status, viele wollen ihn verbessern. In einer wachsenden und innovativen Konsumgesellschaft werden Statuspositionen vor allem durch Statussymbole demonstriert: das Auto, die Kultmarke, das Urlaubsziel.

»Keeping up with the Joneses« nannte der amerikanische Ökonom James Duesenberry das Phänomen, dass das Konsumverhalten davon abhängt, wo jemand in der Einkommenspyramide steht. Man will mit den Nachbarn oder Arbeitskollegen mithalten. Doch die Statussymbole verlieren rasch an Wert: Das neue Automodell muss her, die neueste Schuhmarke wird gekauft, sonst droht der Verlust der relativen Position. Der Statuswettbewerb dreht sich immer schneller, weil er auf immer mehr Produkte und Konsumpraktiken ausgedehnt wird. Damit gleicht er einer Tretmühle: Die Menschen mühen sich ab mitzuhalten, um ihre Statusposition zu verteidigen. Die allgemeine Lebenszufriedenheit kann aber dadurch nicht verbessert werden, denn der Statuswettbewerb ist ein Nullsummenspiel: Man kann nur aufsteigen, wenn ein anderer absteigt.

Ähnlich wirkt die Anspruchstretmühle: Mit einem höheren Einkommen steigen die Ansprüche an einen höherwertigeren Lebensstil. An den gewöhnen wir uns jedoch, und das Glücksgefühl kehrt auf das frühere Niveau zurück. Der Psychologe Donald Campbell nannte das »hedonic treadmill«: Die Ansprüche steigen, während die Lebenszufriedenheit stagniert.

hältnisse in den neuen Bundesländern aber auch auf eine generelle Diskrepanz bei der Lohnentwicklung zurückzuführen ist. Abbildung 28 stellt die gegenwärtige Einkommensungleichheit in den einzelnen Regionen der Bundesrepublik dar. Während die ostdeutschen Flächenländer nach wie vor die geringste Einkommensungleichheit aufweisen, klaffen die Löhne und Gehälter vor allem in den westdeutschen Ballungszentren auseinander: Der Großraum Köln, Württemberg mit dem wohlhabenden Ballungszentrum

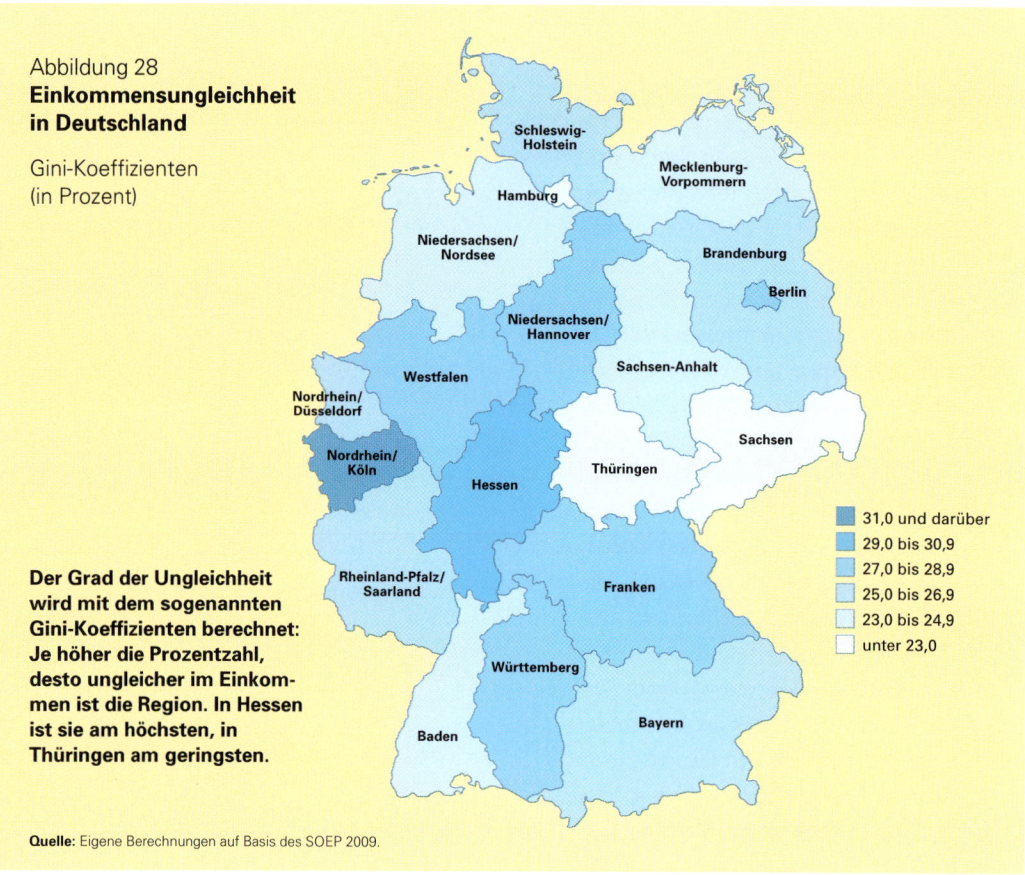

Abbildung 28
Einkommensungleichheit in Deutschland

Gini-Koeffizienten
(in Prozent)

Der Grad der Ungleichheit wird mit dem sogenannten Gini-Koeffizienten berechnet: Je höher die Prozentzahl, desto ungleicher im Einkommen ist die Region. In Hessen ist sie am höchsten, in Thüringen am geringsten.

Schleswig-Holstein
Mecklenburg-Vorpommern
Hamburg
Niedersachsen/Nordsee
Brandenburg
Berlin
Niedersachsen/Hannover
Sachsen-Anhalt
Westfalen
Sachsen
Nordrhein/Düsseldorf
Nordrhein/Köln
Thüringen
Hessen
Rheinland-Pfalz/Saarland
Franken
Württemberg
Baden
Bayern

- 31,0 und darüber
- 29,0 bis 30,9
- 27,0 bis 28,9
- 25,0 bis 26,9
- 23,0 bis 24,9
- unter 23,0

Quelle: Eigene Berechnungen auf Basis des SOEP 2009.

Stuttgart und Hessen mit dem Finanzzentrum Frankfurt am Main beherbergen jeweils sowohl eine beachtliche Anzahl von Hocheinkommensbeziehern als auch ärmere Milieus. Zwar mag es den Menschen dort gerade ökonomisch sehr gut gehen, ein Teil der gesellschaftlichen Zufriedenheit droht bei stark ausgeprägten Unterschieden jedoch wieder verloren zu gehen. Insbesondere für Hessen könnte hier eine Erklärung für die vergleichsweise geringe Zufriedenheit mit dem eigenen Einkommen liegen.

Vermögen und Vermögensungleichheit

Die Einkommenshöhe stellt jedoch nur einen Aspekt der materiellen Ausstattung von Personen und Haushalten dar. Wie aber steht es um den Vermögensbesitz? Nicht selten wird Reichtum quasi als Synonym für Glück verwendet. Eine Studie, die Daten aus fünf verschiedenen Ländern ausgewertet hat, kam zuletzt zu dem Schluss, dass Reichtum bzw. das Vermögen sogar eine etwas bedeutendere Rolle für das Glück spielt als das Einkommen.[56] Diese Einschätzung lässt sich grundsätzlich bestätigen. Legt man das Wohneigentum als Indikator für das Vermögen zugrunde, so ergibt sich aus dem Eigentum einer selbst genutzten Wohnimmobilie ein Effekt auf die Lebenszufriedenheit von rund 0,1. Wollte man dies mit dem Nutzen des Einkommens vergleichen, entspräche das Wohneigentum einem Anstieg des monatlichen Nettoverdienstes um etwas mehr als 500 Euro.

Betrachtet man die regionale Vermögensverteilung, ergibt sich in etwa das gleiche Bild wie im Fall der Einkommen. Mit über 55.000 Euro pro Haushalt ist das Bruttogeldvermögen in den südlichen Bundesländern mit

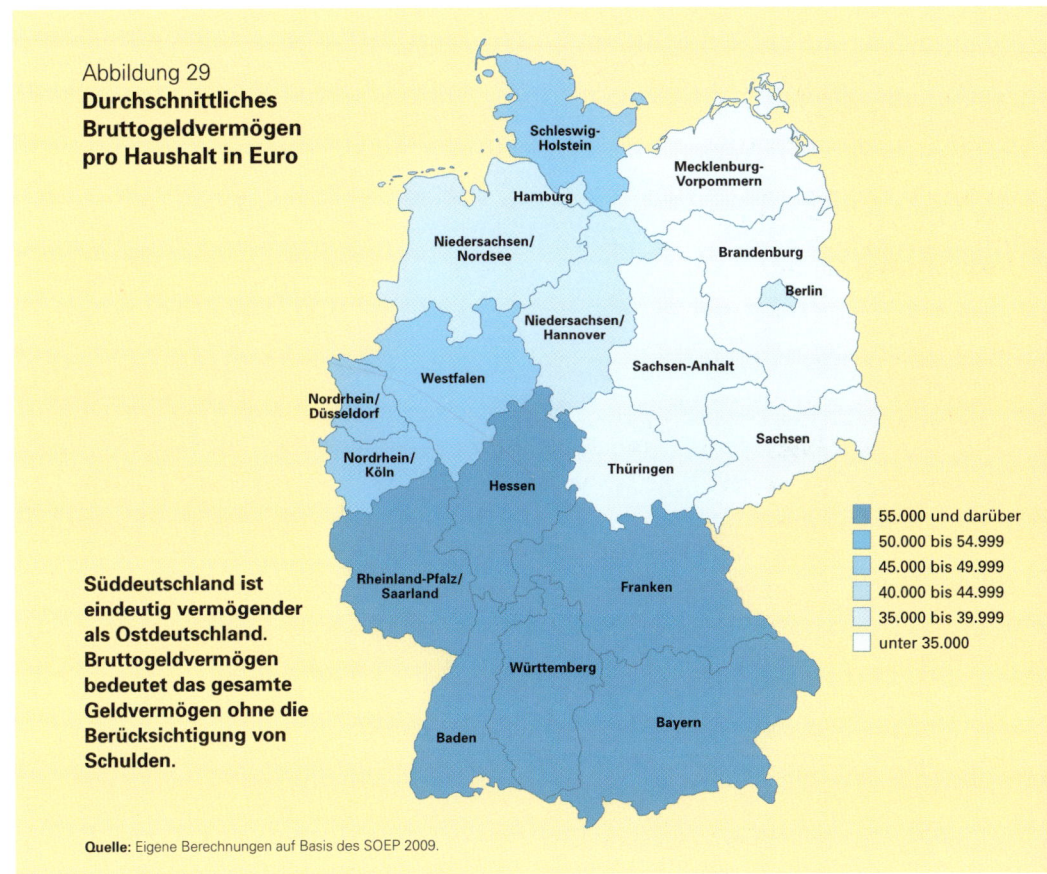

Abbildung 29
Durchschnittliches Bruttogeldvermögen pro Haushalt in Euro

Süddeutschland ist eindeutig vermögender als Ostdeutschland. Bruttogeldvermögen bedeutet das gesamte Geldvermögen ohne die Berücksichtigung von Schulden.

55.000 und darüber
50.000 bis 54.999
45.000 bis 49.999
40.000 bis 44.999
35.000 bis 39.999
unter 35.000

Quelle: Eigene Berechnungen auf Basis des SOEP 2009.

Abstand am höchsten. Die Bewohner West- und Norddeutschlands sind hingegen etwas »ärmer« mit lediglich 40.000 bis 50.000 Euro pro Haushalt. Vergleichsweise gering fällt das Bruttogeldvermögen hingegen in den ostdeutschen Flächenländern aus. Hier verfügen die Haushalte lediglich über ein Geldvermögen von knapp 35.000 Euro (vgl. Abbildung 29).

Etwas anders sieht die Karte zum selbst genutzten Wohneigentum aus. Neben den Württembergern sind vor allem die Norddeutschen relativ häufig im Besitz einer eigenen Immobilie, ein Aspekt, der eng mit der gemessenen allgemeinen Lebenszufriedenheit einhergeht. Dass Hamburg und Berlin wiederum sehr geringe Wohneigentumsquoten aufweisen, ist wenig verwunderlich. Hier spielt der Stadtstatus mit überproportional vielen Mietern die ausschlaggebende Rolle (vgl. Abbildung 30).

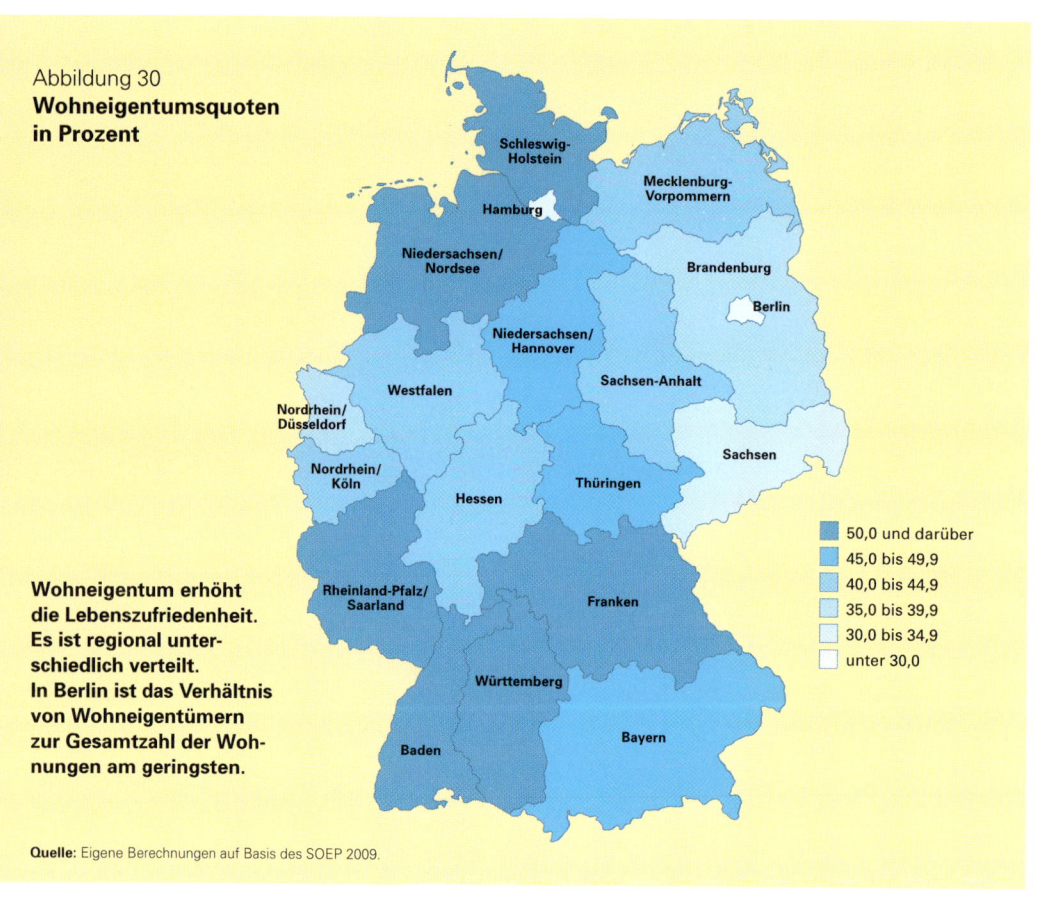

Abbildung 30
Wohneigentumsquoten in Prozent

Schleswig-Holstein
Mecklenburg-Vorpommern
Hamburg
Niedersachsen/ Nordsee
Brandenburg
Berlin
Niedersachsen/ Hannover
Westfalen
Sachsen-Anhalt
Nordrhein/ Düsseldorf
Nordrhein/ Köln
Hessen
Thüringen
Sachsen

50,0 und darüber
45,0 bis 49,9
40,0 bis 44,9
35,0 bis 39,9
30,0 bis 34,9
unter 30,0

Wohneigentum erhöht die Lebenszufriedenheit. Es ist regional unterschiedlich verteilt. In Berlin ist das Verhältnis von Wohneigentümern zur Gesamtzahl der Wohnungen am geringsten.

Rheinland-Pfalz/ Saarland
Franken
Württemberg
Baden
Bayern

Quelle: Eigene Berechnungen auf Basis des SOEP 2009.

Zusammenfassung

- Wer sein monatliches Einkommen um 250 Euro steigert, wird ausgehend von einem Nettoeinkommen von 1500 Euro um 0,05 Punkte glücklicher. Ein Gewöhnungseffekt tritt erst ab zirka 5000 Euro Nettoeinkommen auf. Bei Frauen verliert sich der Reiz des Geldes früher als bei Männern.
- Der langfristige Zuwachs des Bruttoinlandsprodukts hat kaum Auswirkungen auf die Lebenszufriedenheit der Deutschen. Das kurzfristige konjunkturelle Auf und Ab allerdings schon: Eine Rezession senkt das Glücksniveau, ein Aufschwung hebt es, weil damit Beschäftigung ab- bzw. aufgebaut wird.
- Nicht nur das absolute Einkommen ist wichtig, sondern auch das relative, also der Vergleich mit dem Arbeitskollegen oder Nachbarn. Insbesondere Männer vergleichen ihre Einkommensposition mit anderen. Gerade weil die relative Position entscheidend ist für Status und Wohlbefinden, haben Gehaltserhöhungen deutlich positive Effekte.
- Nimmt die Einkommensungleichheit zu, erleidet die Mehrheit einen Statusverlust und die durchschnittliche Lebenszufriedenheit sinkt. In Ostdeutschland ist die Vermögensungleichheit geringer als im Westen.
- Selbst genutztes Wohneigentum hat einen positiven Effekt von 0,1 Punkten auf die Lebenszufriedenheit.

Tabelle 5
Einflussgrößen auf die Lebenszufriedenheit im Bereich Einkommen und Vermögen

Variable	Effekt
Arbeitsnettoeinkommen	positiv
relative Einkommensposition	positiv
selbst genutzte Wohnimmobilie	positiv
Allgemeines Wirtschaftswachstum	positiv
Vermögens- und Einkommensungleichheit	negativ

Quelle: Eigene Schätzungen auf Basis des SOEP 1992 bis 2009.

Finanz- und Wirtschaftskrise 2008/2009

Wie wir gesehen haben, reagiert die allgemeine Lebenszufriedenheit der Deutschen relativ stark auf Schwankungen der Konjunktur, und zwar fast spiegelbildlich. Als die Wirtschaftskraft 2001 bis 2003 von 2,5 Prozent auf 1,0 Prozent zurückging, knickte auch die Lebenszufriedenheit ein, die im Jahr 2000 bei 7,2 stand und bis 2005, dem Höhepunkt der Arbeitslosigkeit, auf 6,6 absackte. Danach erholte sie sich wieder. Klar, kurz zuvor hatte auch die Wirtschaft wieder Tritt gefasst. Wie stark aber hat die Finanz- und Wirtschaftskrise von 2008/09 die Gemütslage verdüstert? Mit dem Bankencrash im Herbst 2008 stürzte die Wirtschaft in Deutschland nahezu im freien Fall ab. Die gesamtwirtschaftliche Leistung schrumpfte 2009 um unglaubliche 4,7 Prozent. Das hatte es in der deutschen Nachkriegsgeschichte noch nicht gegeben. Bayern, das exportstarke Land des Maschinenbaus, brach gar um mehr als 5 Prozent ein. Dieser tiefe Einschnitt wird sicherlich auch seine Spuren in der Lebenszufriedenheit der Deutschen hinterlassen haben.

Gemessen an der Wucht der Finanzkrise war es allenfalls eine kleine Delle: Gerade mal um 0,04 Punkte ging die Lebenszufriedenheit von 2007 bis 2009 zurück. Seither steigt sie wieder und steht 2011 bei 7,0. Offenbar stellte die Finanzkrise keine Rezession wie frühere Abschwünge in der Wirtschaft dar.

Zwar kam es zu einer tiefen Vertrauenskrise auf den Kapitalmärkten und einem drastischen Einbruch der Wirtschaftsleistung, aber die Soziale Marktwirtschaft bewährte sich: Weil die Unternehmen Entlassungen vermieden und die Kurzarbeiterregel eingeführt wurde, blieb der deutsche Arbeitsmarkt weitgehend von der Krise verschont.

Die besonnene Reaktion der Deutschen zeigte Wirkung: Die sehr gute Entwicklung der Jahre 2010 und 2011 ermöglichte sogar eine Fortsetzung des positiven Trends am Arbeitsmarkt und einen Rückgang der Arbeitslosigkeit auf unter drei Millionen. Der zuletzt gemessene Anstieg in der Lebenszufriedenheit ist auch darauf zurückzuführen.

Der regionale Vergleich zeigt, dass die beiden Stadtstaaten Hamburg und Berlin ebenso wie die ostdeutschen Flächenländer (mit Ausnahme Mecklenburg-Vorpommerns) besonders gut durch die Krise gekommen sind. Zurückgegangen ist die Zufriedenheit im Jahr 2009 vor allem in Baden und Franken, also im Süden Deutschlands. Diese Streuung stimmt in Grundzügen mit der konjunkturellen Betroffenheit überein, wobei im Süden vor allem die Investitions- und Exportgüterindustrien zu leiden hatten.

Seit 2009 zeigt der Trend für die meisten Regionen jedoch wieder nach oben (vgl. Tabelle 1; Seite 40). In 14 der 19 Regionen ist ein Anstieg der allgemeinen Lebenszufriedenheit zwischen 2009 und 2011 zu verzeichnen. Der glimpfliche Verlauf der Finanz- und Wirtschaftskrise der Jahre 2008 und 2009 bedeutet jedoch keineswegs, dass die heutige wirtschaftliche Lage frei von Risiken ist. Der Verlauf der aktuellen Schuldenkrise wird zeigen, ob Deutschland in der Lage ist, seinen Aufschwung fortzusetzen oder ein neuer Abschwung bevorsteht.

7. Arbeit

»Ein Beruf ist das Rückgrat des Lebens.«
Friedrich Nietzsche

Ob Erwerbsarbeit, freiwillige Arbeit oder Hausarbeit: Menschen verbringen täglich viele Stunden damit, ihren Lebensunterhalt zu sichern, zu verbessern oder anderen durch ihre Arbeit zu helfen. Forschungen haben sich über Jahrzehnte dabei vor allem auf den Lohn der Arbeit konzentriert: Löhne und Gehälter sind leicht zu erfassen und werden bis heute als zentraler Bewertungsmaßstab für die Leistung einer Person einerseits und die Qualität der Arbeit andererseits herangezogen. Je höher eine Tätigkeit bezahlt ist, desto besser muss folglich der Job sein. Dabei wurde nicht selten übersehen, dass Menschen nicht nur wegen des Lohns arbeiten, sondern auch aus anderen Motiven: Arbeit ist identitätsstiftend und bestimmt maßgeblich die gesellschaftliche Position einer Person. Ein Beruf stärkt in der Regel das Selbstvertrauen und treibt Menschen jeden Tag aufs Neue an. Arbeit ist essentiell für einen gesunden Lebensrhythmus. Ob eine bestimmte Arbeit förderlich für die Lebenszufriedenheit einer Person ist, hängt folglich auch von einer ganzen Reihe sogenannter nicht-pekuniärer Faktoren ab.

Wie wichtig eine Beschäftigung für das menschliche Wohlergehen ist, konnte man im Zuge der hohen Arbeitslosigkeit in der jüngeren deutschen Vergangenheit schmerzhaft erleben. Kaum ein anderes Thema hat seit den 1980er Jahren Politik und Öffentlichkeit mehr beschäftigt, wobei insbesondere auch die psychologischen Folgen der Arbeitslosigkeit und die damit verbundenen Glückseinbußen offen zutage getreten sind. Neben der Frage der Arbeitslosigkeit bestehen aber zahlreiche weitere Faktoren rund um den Arbeitsplatz, die sich maßgeblich auf die Zufriedenheit des Menschen auswirken. Darunter fallen u. a. das Ausmaß der Selbstbestimmtheit im Arbeitsalltag oder die Entfernung zwischen Wohnort und Arbeitsplatz. Die folgenden Abschnitte geben Aufschluss über die Arbeitszufriedenheit in Deutschland und diskutieren wesentliche Aspekte der Beziehung von Arbeit und Glück (siehe auch Teil III, Seite 139).

Arbeit und Arbeitslosigkeit

Die wenigsten Menschen in Deutschland würden sich über mehr Freizeit und weniger Arbeit beschweren. Im Gegenteil, Menschen schätzen frei verfügbare Zeit naturgemäß mehr als Arbeit. Der Mangel an sinnstiftender, bezahlter Arbeit stellt für das Glück einer modernen Gesellschaft dennoch eine der größten Bedrohungen dar. Fallen große Anteile der Erwerbsbevölkerung aus der Wertschöpfung heraus, hat dies zunächst messbare volkswirtschaftliche Kosten zur Folge. Die Arbeitslosigkeit belastet die öffentlichen Haushalte und führt dazu, dass der Gesellschaft weniger Einkommen und Konsummöglichkeiten zur Verfügung stehen. Den wesentlichsten Schaden richtet die Arbeitslosigkeit aber bei den Betroffenen selbst an: Ihre Lebenszufriedenheit wird unmittelbar beeinträchtigt. Das von der Politik häufig proklamierte Ziel, sichere Arbeitsplätze zu schaffen, lässt sich somit nicht nur mittels ökonomischer Argumente begründen, sondern vor allem auch anhand der psychologischen Folgen der Arbeitslosigkeit.

Die Glücksforschung liefert hierzu klare Ergebnisse. Arbeitslose Menschen geben in Befragungen deutlich geringere Zufriedenheitswerte an (vgl. Abbildung 31). Mit lediglich 5,7 Punkten erreichen Arbeitslose im Mittel einen um 1,3 Punkte niedrigeren Wert auf der Zufriedenheitsskala als Erwerbstätige (7,0). Bei den Männern ist der Unterschied mit 1,5 Punkten noch gravierender. Während erwerbstätige Männer im Durchschnitt eine Lebenszufriedenheit von 6,9 Punkten erreichen, liegt dieser bei den arbeitslosen Männern bei nur 5,4. Diese riesigen Unterschiede lassen sich zwar nicht allein durch den Faktor Arbeitslosigkeit erklären, da arbeitslose Personen häufig mit mehreren Problemen gleichzeitig konfrontiert sind. Zweifellos hat unfreiwillige Arbeitslosigkeit aber einen erheblichen negativen Effekt auf die Lebenszufriedenheit. Nach eigenen Berechnungen senkt die Arbeitslosigkeit als solche die Lebenszufriedenheit im Mittel um ca. 0.5 Punkte. Auf individueller Ebene scheint somit kaum ein anderer Lebensumstand die Lebenszufriedenheit stärker in Mitleidenschaft zu ziehen als unfreiwillige Arbeitslosigkeit.[57]

Die mit dem Verlust des Arbeitsplatzes einhergehenden Einkommenseinbußen sind dabei zunächst von vergleichsweise geringer Bedeutung. Gravierender erscheinen die Sorgen um die berufliche Zukunft. Tatsächlich lässt sich der Rückgang der Lebensqualität im Falle der Arbeitslosigkeit

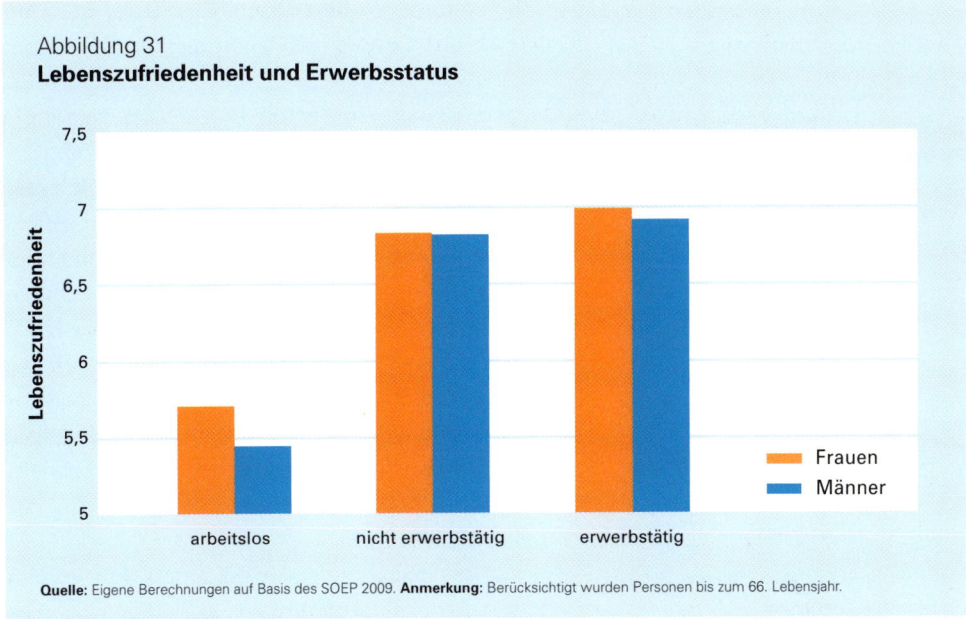

Abbildung 31
Lebenszufriedenheit und Erwerbsstatus

Quelle: Eigene Berechnungen auf Basis des SOEP 2009. **Anmerkung:** Berücksichtigt wurden Personen bis zum 66. Lebensjahr.

Wer einen Arbeitsplatz besitzt, ist mit seinem Leben deutlich zufriedener als ein Arbeitsloser. Männer leiden unter dem Jobverlust schwerer als Frauen.

zum größten Teil mit psychologischen Kosten erklären. Die plötzliche Unsicherheit, der Verlust des sozialen Ansehens, das Gefühl, auf die Allgemeinheit angewiesen zu sein, der fehlende zwischenmenschliche Austausch am Arbeitsplatz – all das macht die Arbeitslosigkeit zu einer in der Regel leidvollen Erfahrung.[58] Die hinzugewonnene freie Zeit mag zwar kurzfristig entlastend sein, eine Kompensation der glücksraubenden Elemente der Arbeitslosigkeit ist aber selten zu beobachten.

Bei genauerer Analyse lassen sich allerdings deutliche Unterschiede beobachten. Besonders schwer trifft die Arbeitslosigkeit Personen, die mitten im Erwerbsleben stehen. Männer im mittleren Alter und mit höherer Bildung erleiden den deutlichsten Rückgang ihrer Lebenszufriedenheit.[59] Männern fällt es im Mittel auch wesentlich schwerer, sich an die Situation andauernder Arbeitslosigkeit zu gewöhnen.[60] Frauen hingegen leiden zwar auch unter dem Verlust ihrer Arbeit, der Rückgang der Zufriedenheit fällt bei ihnen in der Regel jedoch geringer aus und schwächt sich über die Zeit etwas ab.

Die Arbeitslosigkeit beeinträchtigt jedoch nicht nur die Lebenszufriedenheit einzelner Personen, sie ist auch ein guter Indikator für das gesamtgesell-

Verhaltensökonomie (Prospect Theory)

Die Glücksökonomie geht davon aus, dass Menschen keineswegs nur ihren Nutzen maximieren wollen und damit glücklich sind. Vielmehr sind menschliche Entscheidungsregeln vielschichtig. So folgen wir oft einfachen intuitiven Daumenregeln, die durchaus effizienter sein können als komplexe logische Analysen, wie der Psychologe Gerd Gigerenzer gezeigt hat. Daniel Kahneman und Amos Tversky entwickelten die Prospect Theory, die die Grundannahmen der ökonomischen Nutzentheorie erweitert. Eine Erkenntnis ist: Menschen empfinden einen Verlust doppelt so stark, wie sie sich über einen gleich hohen Gewinn freuen.

Weitere Erkenntnisse sind: Menschen sind sich häufig nicht über ihre Präferenzen im Klaren. Der Besitz eines Gutes erhöht dessen Wertschätzung. Der Status quo wird tendenziell bevorzugt. Ob wir uns glücklich oder unglücklich fühlen, folgt ebenfalls solchen Verhaltensregeln und nicht dem Gebot der Nutzenmaximierung.

schaftliche Wohlbefinden.[61] Di Tella, MacCulloch und Oswald (2003) kommen im Zuge einer Analyse europäischer Länder etwa zu dem Ergebnis, dass ein Anstieg der Arbeitslosenquote um einen Prozentpunkt zu einem Rückgang der durchschnittlichen Lebenszufriedenheit eines Landes um 0,028 Punkte führt. Dieser Effekt lässt sich u. a. damit erklären, dass im Fall hoher Arbeitslosigkeit nicht nur diejenigen betroffen sind, die selbst arbeitslos werden. Je höher die Arbeitslosigkeit, desto größer fallen auch die Sorgen der Beschäftigten aus, selbst arbeitslos zu werden. Ein weiterer Aspekt ist die steigende Steuer- und Sozialabgabenbelastung, beispielsweise infolge der höheren Ausgaben für das Arbeitslosengeld.

Tatsächlich zeigt ein Blick auf den Verlauf von Arbeitslosenquote und subjektiver Lebenszufriedenheit, wie stark sich die Entwicklungen entsprechen (vgl. Abbildung 32). Stieg die Arbeitslosigkeit in der Vergangenheit an, sanken die Zufriedenheitswerte ab. Erholte sich der Arbeitsmarkt, ging dies in der Regel auch mit einem Anstieg des Glücksempfindens einher. Deutschland hat sich den »Virus« der Arbeitslosigkeit in den 1970er und 1980er Jahren eingefangen. In den 1990er Jahren weitete sich die Arbeitslosigkeit dann - nicht zuletzt aufgrund der Wiedervereinigung - zu einem chronischen Leiden aus. Dass die gefühlte Lebenszufriedenheit im Mittel seit den 1980er Jahren nicht nur stagnierte, sondern sogar rückläufig war, dürfte zu einem erheblichen Teil mit dem schwierigen Arbeitsmarkt zusammenhängen.[62]

Dies macht deutlich, dass das Glücksempfinden nach wie vor auch von der wirtschaftlichen Dynamik geprägt wird. Zwar verspricht eine weitere Zunahme des materiellen Wohlstands selbst keinen bedeutsamen Anstieg der Zufriedenheit mehr, bleibt das wirtschaftliche Wachstum aber aus, entstehen keine neuen Beschäftigungsfelder und alte Arbeitsplätze verschwinden. Die Folge: steigende Arbeitslosigkeit und sinkende Zufriedenheits-

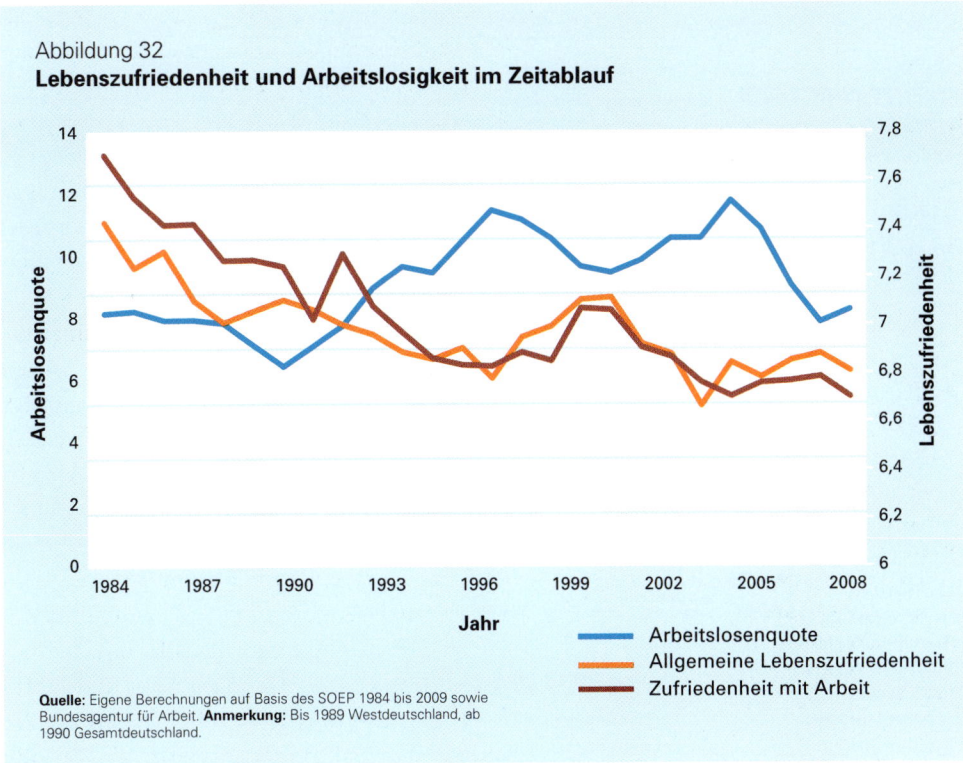

Abbildung 32
Lebenszufriedenheit und Arbeitslosigkeit im Zeitablauf

Legende:
— Arbeitslosenquote
— Allgemeine Lebenszufriedenheit
— Zufriedenheit mit Arbeit

X-Achse: Jahr (1984, 1987, 1990, 1993, 1996, 1999, 2002, 2005, 2008)
Linke Y-Achse: Arbeitslosenquote (0–14)
Rechte Y-Achse: Lebenszufriedenheit (6–7,8)

Quelle: Eigene Berechnungen auf Basis des SOEP 1984 bis 2009 sowie Bundesagentur für Arbeit. **Anmerkung:** Bis 1989 Westdeutschland, ab 1990 Gesamtdeutschland.

Die Höhe der Arbeitslosenquote hat großen Einfluss auf die allgemeine Lebenszufriedenheit. Je höher sie ist, desto größer ist die Unzufriedenheit in der Gesellschaft.

werte. Die häufig diskutierte Frage nach den Grenzen des Wachstums ist gesellschaftspolitisch somit eng mit der Frage nach Arbeit verbunden. Inwiefern sich sinnstiftende und ausreichend bezahlte Beschäftigung auch ohne umfangreiches Wirtschaftswachstum organisieren lässt, bleibt somit eine wesentliche Zukunftsfrage.

Das Ausmaß der Arbeitslosigkeit erklärt nicht nur das Auf und Ab der Lebenszufriedenheit in den vergangenen Jahren, es erklärt auch die Unterschiede in den Regionen. Allein das erhebliche Glücksgefälle zwischen West- und Ostdeutschland kann in Teilen auf die nach wie vor deutlich auseinanderklaffenden Arbeitslosenquoten zurückgeführt werden (vgl. Abbildung 33). Auch das vergleichsweise gute Abschneiden Bayerns oder Badens lässt sich leicht mit der günstigen Arbeitsmarktsituation in diesen Regionen in Einklang bringen. Hingegen stehen die hohen Zufriedenheitswerte im Norden der Republik auf den ersten Blick im Widerspruch zur

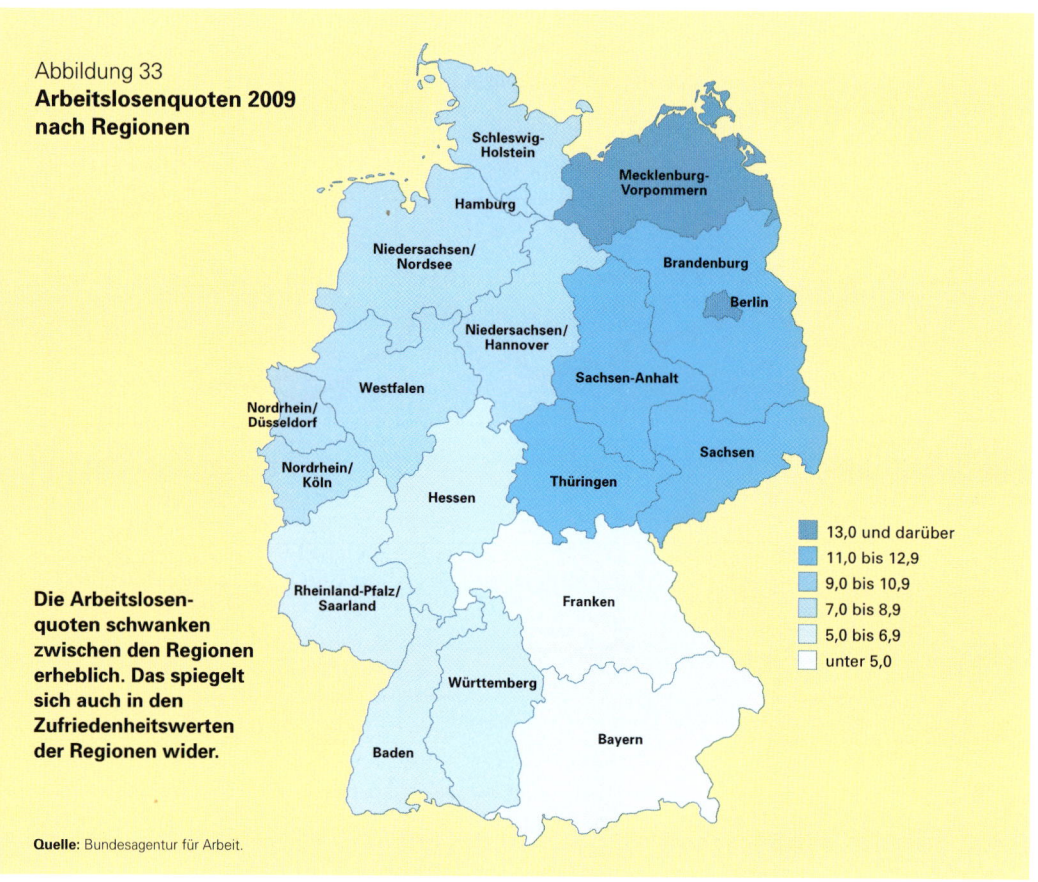

Abbildung 33
**Arbeitslosenquoten 2009
nach Regionen**

Schleswig-Holstein

Mecklenburg-Vorpommern

Hamburg

Niedersachsen/
Nordsee

Brandenburg

Berlin

Niedersachsen/
Hannover

Westfalen

Sachsen-Anhalt

Nordrhein/
Düsseldorf

Nordrhein/
Köln

Sachsen

Thüringen

Hessen

13,0 und darüber
11,0 bis 12,9
9,0 bis 10,9
7,0 bis 8,9
5,0 bis 6,9
unter 5,0

**Die Arbeitslosen-
quoten schwanken
zwischen den Regionen
erheblich. Das spiegelt
sich auch in den
Zufriedenheitswerten
der Regionen wider.**

Rheinland-Pfalz/
Saarland

Franken

Württemberg

Bayern

Baden

Quelle: Bundesagentur für Arbeit.

dortigen Lage am Arbeitsmarkt. Denn weder Schleswig-Holstein noch der nördliche Teil Niedersachsens zeichnen sich durch eine besonders niedrige Arbeitslosigkeit aus.

Die Arbeitslosigkeit der einzelnen Regionen ist aber nicht nur unterschiedlich hoch, auch deren Bedeutung für die Lebenszufriedenheit geht regional deutlich auseinander. Je höher die Arbeitslosenquote, desto schmerzlicher trifft es die Menschen. Demnach wirkt sich die Arbeitslosigkeit in den neuen Bundesländern mehr als eineinhalbmal so stark auf die Betroffenen aus wie im Süden der Republik. In Nord- und Westdeutschland fallen die Effekte mit 0,38 und 0,46 ebenfalls höher aus als in Süddeutschland (vgl. Tabelle 6). Dieser Zusammenhang lässt sich u. a. dadurch erklären, dass die Aussichten, eine neue Arbeit zu finden, wesentlich von der Höhe der allgemeinen Arbeitslosigkeit abhängen. Während der

Verlust der Arbeit in Teilen Süddeutschlands in der Regel keine längere Phase der Arbeitslosigkeit nach sich zieht, sind große Teile Ost- und Mitteldeutschlands seit der Einheit geprägt von einer strukturellen Arbeitslosigkeit, die häufig über Jahre andauerte und sich damit im Mittel drastischer auf die Lebenszufriedenheit auswirken konnte.

Von der aktuellen Dynamik am Arbeitsmarkt können aber auch deshalb positive Effekte auf die Zufriedenheit der Menschen erwartet werden. Der für das Jahr 2011 erhobene Wert von 7,0 ist zumindest ein Indiz dafür, dass die Zufriedenheit zuletzt tatsächlich wieder zugenommen hat. Auch zeigt die Lebenszufriedenheit - mit Ausnahme des Einbruchs während der Finanz- und Wirtschaftskrise - bereits seit 2005 einen leicht ansteigenden Verlauf.

Tabelle 6

Effekt von Arbeitslosigkeit auf die allgemeine Lebenszufriedenheit

	Effektstärke
Gesamtdeutschland	−0,46
Männer	−0,50
Frauen	−0,42
Norddeutschland	−0,38
Westdeutschland	−0,46
Süddeutschland	−0,30
Ostdeutschland	−0,51

Quelle: Eigene Schätzung auf Basis des SOEP 1992 bis 2009. **Anmerkungen:** Fixed-effect-OLS,mit Jahresdummies. Kontrollvariablen: u. a. Gesundheitszustand, Familienstand, Arbeitslosigkeit, Einkommen und Alter. R2 (overall): 8,4 Prozent, N=31.099.

Arbeitslosigkeit führt zu einem erheblichen Verlust an Lebensqualität. Insgesamt ergibt sich ein Effekt von fast minus 0,5 Punkten. Auf regionaler Ebene weicht die Stärke des Effekts jedoch deutlich voneinander ab.

Dennoch hätte sich der kräftige Rückgang der Arbeitslosigkeit von fast zwölf Prozent im Jahr 2005 auf unter acht Prozent im Jahr 2008 stärker auf die Lebenszufriedenheit auswirken müssen - immerhin ist die empfundene Lebenszufriedenheit in Phasen des wirtschaftlichen Aufschwungs bislang stets deutlich angestiegen (vgl. Abbildung 20 auf Seite 73). Eine mögliche Erklärung liegt sicherlich in der Veränderung des Arbeitsmarktes hin zu mehr flexiblen Beschäftigungsformen. Mit dem Rückgang der Arbeitslosigkeit waren in den vergangenen Jahren sowohl große Zuwächse bei den Zeit- als auch bei Leiharbeitsverhältnissen zu verzeichnen. Ebenfalls drastisch vermehrt haben sich Arbeitsverhältnisse, bei denen der Lohn im Rahmen der Neuregelung des Arbeitslosengeldes aufgestockt wird. Dabei ist naheliegend, dass nicht jede Form der Beschäftigung in ihrer Qualität vergleichbar ist mit einem sozialversicherungspflichtigen Arbeitsverhältnis.

In einer aktuellen Studie zeigt Wulfgramm (2011), dass die Lebenszufriedenheit von Personen, die etwa einem Ein-Euro-Job nachgehen, zwar über der von Arbeitslosen, bei gleichem Gesamteinkommen nach wie vor aber deutlich unterhalb der Zufriedenheit von Personen in normalen Beschäftigungsformen liegt.[63] Führen bezuschusste Arbeitsplätze oder Leiharbeitsverhältnisse mittelfristig nicht zu einer regulären Anstellung, tritt für die Betroffenen meist nur eine begrenzte Verbesserung gegenüber der Situation der Arbeitslosigkeit ein. Und auch Personen in Leiharbeit oder einem stark befristeten Dienstleistungsverhältnis geben gegenüber Vergleichsgruppen mit gleicher Bezahlung signifikant geringere Zufriedenheitswerte an. Auch diese Beschäftigungsformen liegen somit in ihrer Qualität zwischen dem Zustand der Arbeitslosigkeit und einer regulären Beschäftigung.[64] Sinn und Zweck dieser flexiblen Arbeitsmarktelemente ist jedoch primär, Problemgruppen überhaupt einen Zugang zum Arbeitsmarkt zu verschaffen, in der Hoffnung, dass mittelfristig ein erheblicher Anteil auch in reguläre Beschäftigung kommt. Glücksökonomisch ist die Bilanz daher klar: Ein Verbleib in Arbeitslosigkeit stellt in der Regel immer die schlechteste aller Alternativen dar.

Erwerbstätigkeit und Arbeitszufriedenheit

Unfreiwillige Arbeitslosigkeit ist also ein äußerst großes Glückshemmnis. Je nach Qualität der Arbeit, bestehen allerdings auch innerhalb des Erwerbslebens erhebliche Unterschiede. Die individuelle Bewertung der Arbeitsqualität lässt sich beispielsweise daran sichtbar machen, wie zufrieden die Menschen mit ihrer Arbeit sind.[65] Ehe eine Analyse der einzelnen Glücksfaktoren im Bereich Arbeit erfolgt, lohnt es sich, die Arbeitszufriedenheit selbst in Augenschein zu nehmen (vgl. Abbildung 34).

In einer regionalen Aufgliederung zeigt sich auf den ersten Blick ein ähnliches Muster wie im Fall der allgemeinen Lebenszufriedenheit. Auch hier ist ein Ost-West-Gefälle zu beobachten, wobei der Abstand bei der Arbeitszufriedenheit zwischen den alten und den neuen Bundesländern sehr viel geringer ist. Relativ hoch fallen die Zufriedenheitswerte wiederum für die nördlichen Regionen aus. In Schleswig-Holstein und Mecklenburg-Vorpommern gaben die Erwerbstätigen dabei die höchsten Zufriedenheitswerte an. Hingegen weist der Süden Deutschlands trotz der günstigen Arbeitsmarktlage nur vergleichsweise moderate Werte aus. Das kann nicht zuletzt auch durch die stärkere Betroffenheit durch die Wirtschaftskrise bedingt sein, die zu besonders heftigen Einbrüchen bei der Exportwirtschaft im Süden Deutschlands und einer starken Zunahme der Kurzarbeit geführt hat. Insbesondere die Württemberger scheinen, verglichen mit ihren südlichen Nachbarregionen, mit ihrer Arbeit weniger zufrieden zu sein.

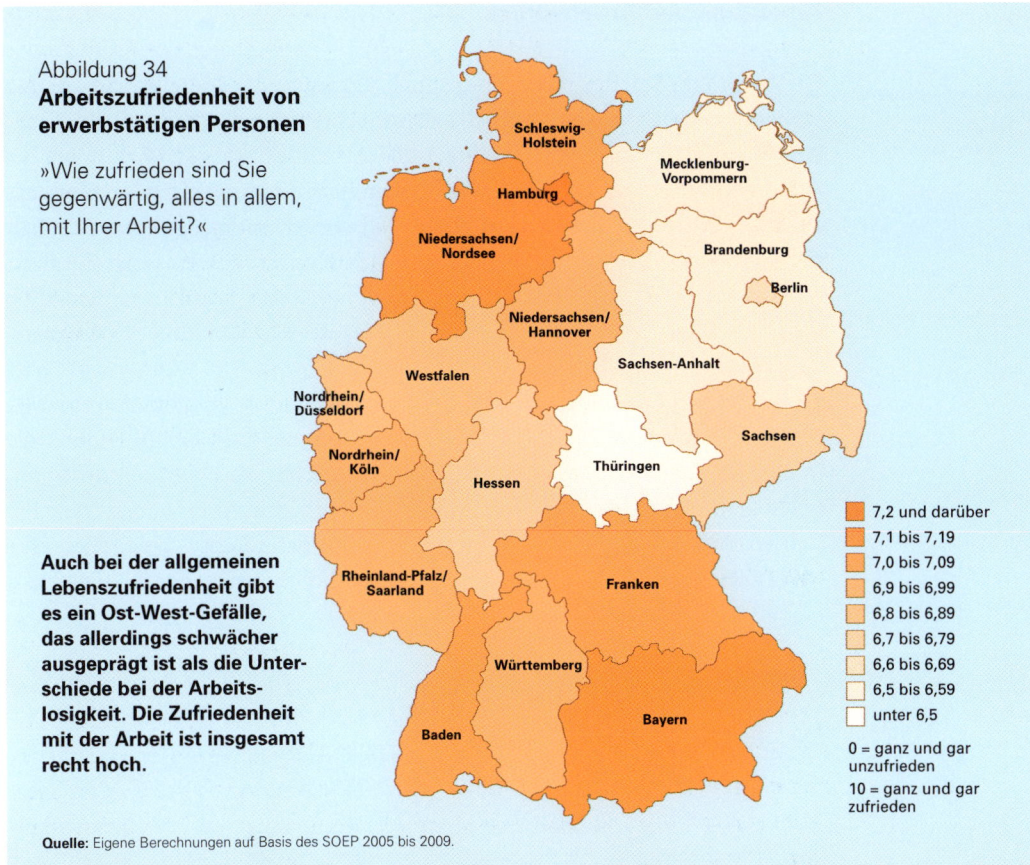

Abbildung 34
Arbeitszufriedenheit von erwerbstätigen Personen

»Wie zufrieden sind Sie gegenwärtig, alles in allem, mit Ihrer Arbeit?«

Auch bei der allgemeinen **Lebenszufriedenheit gibt es ein Ost-West-Gefälle, das allerdings schwächer ausgeprägt ist als die Unterschiede bei der Arbeitslosigkeit. Die Zufriedenheit mit der Arbeit ist insgesamt recht hoch.**

Schleswig-Holstein
Mecklenburg-Vorpommern
Hamburg
Niedersachsen/Nordsee
Brandenburg
Berlin
Niedersachsen/Hannover
Sachsen-Anhalt
Westfalen
Nordrhein/Düsseldorf
Nordrhein/Köln
Thüringen
Sachsen
Hessen
Rheinland-Pfalz/Saarland
Franken
Württemberg
Baden
Bayern

7,2 und darüber
7,1 bis 7,19
7,0 bis 7,09
6,9 bis 6,99
6,8 bis 6,89
6,7 bis 6,79
6,6 bis 6,69
6,5 bis 6,59
unter 6,5

0 = ganz und gar unzufrieden
10 = ganz und gar zufrieden

Quelle: Eigene Berechnungen auf Basis des SOEP 2005 bis 2009.

Ein besonders deutlicher Unterschied besteht weiterhin zwischen der Rheinregion um Düsseldorf mit einem Wert von rund 6,4 und der Region um Köln mit 6,9 Punkten. Die besonders hohe Arbeitszufriedenheit im Südwesten Nordrhein-Westfalens ist auf die deutlich abweichende Industrie- und Arbeitsmarktstruktur zurückzuführen. So bestehen im Großraum Köln/Bonn sowohl zahlreiche Arbeitsplätze im Bereich moderner Service- und Mediendienstleister als auch in der öffentlichen Verwaltung. Dies deutet bereits darauf hin, dass nicht allein die Form der Beschäftigung, sondern auch der Inhalt von maßgeblicher Bedeutung für die Arbeits- und Lebenszufriedenheit der Menschen ist.

Arbeitszeit und Arbeitsdruck

Ob Work-Life-Balance, Workaholismus, Burnout oder Dauerstress – in den vergangenen Jahren hat sich die Gesellschaft zunehmend an die Fachbegriffe der psychischen Gefahren des Arbeitsalltags gewöhnt. Welcher Arbeitsumfang und vor allem welche Arbeitsbedingungen sind einem dauerhaft zufriedenen Leben zuträglich? Neben den nichtregulären Beschäftigungsverhältnissen könnte auch der allgemeine Arbeitsstress für die rückläufige Arbeitszufriedenheit der vergangenen zehn Jahre verantwortlich sein und damit auch Aufschluss geben über die Entwicklung der allgemeinen Lebenszufriedenheit.

Ein Blick in die Statistik der gesetzlichen Krankenkassen lässt vermuten, dass Letzteres der Fall ist. So ist insbesondere die Zahl der Burnout-Fälle in den vergangenen Jahren drastisch angewachsen. Ausgedrückt in Krankheitstagen pro 1000 Mitglieder im erwerbsfähigen Alter haben sich die Zahlen zwischen 2004 und 2009 mehr als verzehnfacht – zweifellos eine besorgniserregende Entwicklung mit der Folge einer häufig dauerhaft

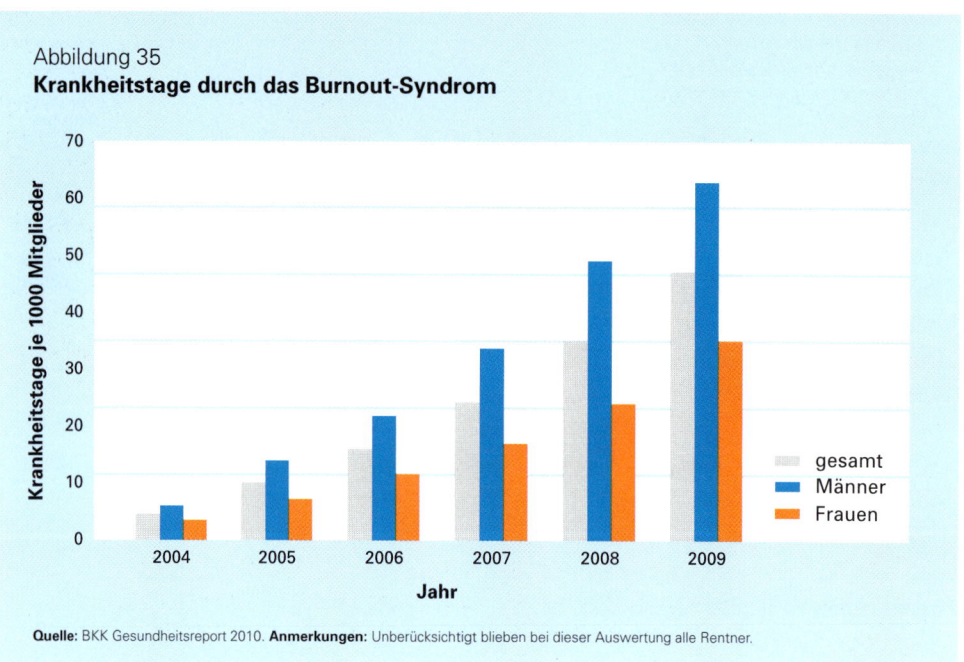

Abbildung 35
Krankheitstage durch das Burnout-Syndrom

Quelle: BKK Gesundheitsreport 2010. **Anmerkungen:** Unberücksichtigt blieben bei dieser Auswertung alle Rentner.

Leistungsdruck und Arbeitsstress in der Wirtschaft nehmen zu. Die Krankheitstage durch Burnout haben sich seit 2004 verzehnfacht.

niedrigeren Lebensqualität der Betroffenen (vgl. Abbildung 35). Arbeiten die Menschen in Deutschland also zu viel? Befragungen der Betroffenen lassen eher darauf schließen, dass nicht die zeitliche Arbeitsbelastung, sondern ein zunehmendes Missverhältnis zwischen den vorgegebenen oder selbst gesteckten Zielen und den tatsächlich erreichbaren Arbeitsergebnissen ausschlaggebend ist. Diese Einschätzung deckt sich mit der Tatsache, dass die Arbeitszeit voll erwerbstätiger Personen seit den 1980er Jahren im Durchschnitt zurückgegangen ist. Hinzu kommt, dass diejenigen, die mehr arbeiten wollen, als sie es gegenwärtig tun, offenbar stärkere Nutzeneinbußen verspüren gegenüber denen, die sich kürzere Arbeitszeiten wünschen.[66] Manche Studien stellen sogar insgesamt einen positiven Zusammenhang zwischen Arbeitszeit und Lebenszufriedenheit fest.[67]

Unabhängig von der zeitlichen Arbeitsbelastung und den expliziten Erschöpfungserscheinungen der modernen Arbeitswelt spielt aber auch der inzwischen für viele ganz gewöhnliche Alltagsstress eine zentrale Rolle. Auf die Frage, wie häufig man sich in den vergangenen vier Wochen gehetzt oder unter Zeitdruck gefühlt habe, antworteten im Jahr 2008 nur 5,3 Prozent der Erwerbstätigen »nie«. Immerhin 16,4 Prozent gaben an, »fast nie« in einer stressigen Situation gewesen zu sein. 39,8

Positive Psychologie

Lange beschäftigte sich die wissenschaftliche Psychologie nur mit den Ängsten und psychischen Störungen der Menschen, ihrem Unglücklichsein. Die amerikanische »Positive Psychologie« möchte dagegen die emotionalen Ressourcen stärken und durch positives Denken Ängste reduzieren und Handlungsblockaden aufbrechen. Die Idee dabei ist, dass Menschen zufriedener sind, wenn sie häufig positive Gefühle empfinden, in ihrer Arbeit und Partnerschaft aufgehen und Teil einer größeren Gemeinschaft sind. Man müsse also nur diese Komponenten trainieren, um absolut glücklich zu werden – Glück ist machbar. Genau dieses Versprechen wird jedoch als zusätzlicher Leistungsdruck kritisiert: Jetzt müssen wir auch noch perfekt glücklich sein. Jeder hat es schließlich in der Hand. Wie einst nach der Sünde suchen wir heute danach, ob sich nicht irgendwo ein schlechtes Gefühl verbirgt, das es zu beseitigen gilt. Wer nicht lächelt, zeigt schon äußerlich, dass er im Glücks-Wettbewerb versagt.

Der Erfinder der Positiven Psychologie, Martin Seligman, Psychologe an der University of Pennsylvania, wendet sich neuerdings von den positiven Gefühlen ab und betont die Wichtigkeit von Sinn und Beziehungen für das Lebensglück.

Prozent antworteten mit »manchmal«, 33,1 Prozent gaben an, »oft« in Eile und Zeitdruck zu sein, und 5,4 Prozent sahen sich selbst sogar im Dauerstress (vgl. Abbildung 36).

Zwar ist bekannt, dass sich Stress je nach Ursache und Person sehr unterschiedlich auswirken kann und dementsprechend auch unterschiedlich problematisch ist. Die Werte der subjektiven Lebenszufriedenheit sind jedoch eindeutig: Während Erwerbstätige, die sich nie in Zeitdruck befinden, eine weit überdurchschnittliche Lebenszufriedenheit von 7,8 errei-

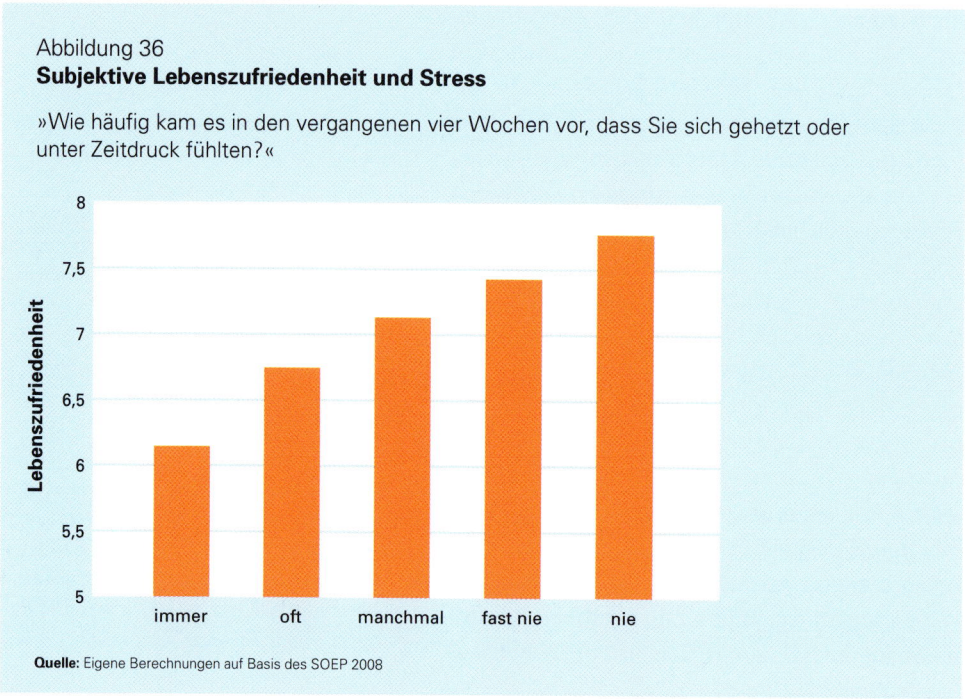

Abbildung 36
Subjektive Lebenszufriedenheit und Stress

»Wie häufig kam es in den vergangenen vier Wochen vor, dass Sie sich gehetzt oder unter Zeitdruck fühlten?«

Quelle: Eigene Berechnungen auf Basis des SOEP 2008

Befragte, die angeben, »immer« unter Stress zu stehen, äußern im Schnitt eine Lebenszufriedenheit von nur 6,1. Wer völlig entspannt ist, hat mit 7,8 auch eine hohe Lebenszufriedenheit.

chen, liegt der Wert von Personen im Dauerstress bei lediglich 6,1 (vgl. Abbildung 36). Stress darf somit als wesentliches Glückshemmnis eingestuft werden.

Wie groß der genaue Effekt von Stress auf die Zufriedenheit ist, kann an dieser Stelle nicht ermittelt werden, da hierfür zu wenig Daten vorliegen.[68] Eine regionale Analyse ist jedoch in jedem Fall von Interesse: Ein Blick auf die Stressverteilung zeigt, dass naheliegenderweise vor allem Erwerbstätige Stress ausgesetzt sind. Hier liegt der Anteil der häufig oder immer gestressten Personen bundesweit in den meisten Regionen bei 30 Prozent und höher. Bemerkenswert ist jedoch, dass die nördlichen Regionen inklusive Brandenburg mit Anteilen von deutlich unter 30 Prozent offenbar geringerem Stress ausgesetzt sind, am geringsten in Mecklenburg-Vorpommern. Besonders unter Zeitdruck sind hingegen die Menschen in Württemberg, Franken und dem südlichen Teil Niedersachsens (vgl. Abbildung 37).

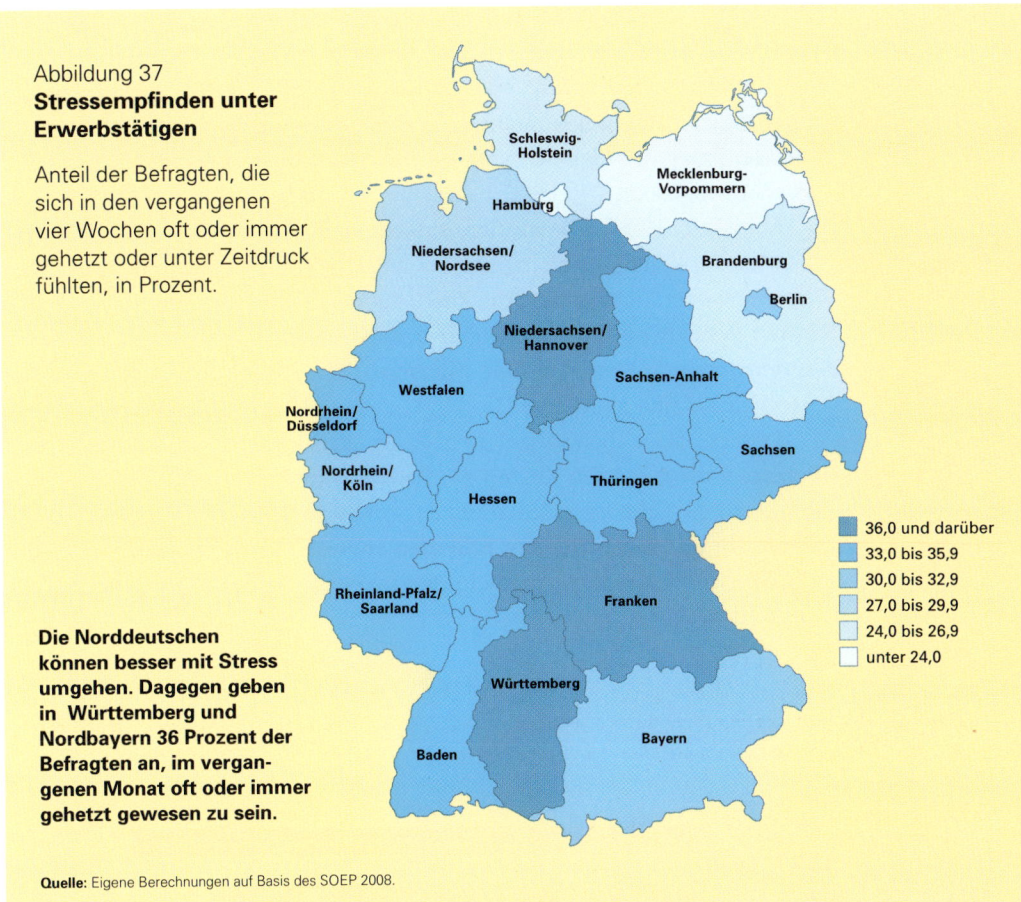

Abbildung 37
**Stressempfinden unter
Erwerbstätigen**

Anteil der Befragten, die
sich in den vergangenen
vier Wochen oft oder immer
gehetzt oder unter Zeitdruck
fühlten, in Prozent.

**Die Norddeutschen
können besser mit Stress
umgehen. Dagegen geben
in Württemberg und
Nordbayern 36 Prozent der
Befragten an, im vergan-
genen Monat oft oder immer
gehetzt gewesen zu sein.**

Schleswig-Holstein
Mecklenburg-Vorpommern
Hamburg
Niedersachsen/Nordsee
Brandenburg
Berlin
Niedersachsen/Hannover
Sachsen-Anhalt
Westfalen
Nordrhein/Düsseldorf
Sachsen
Nordrhein/Köln
Thüringen
Hessen
Rheinland-Pfalz/Saarland
Franken
Württemberg
Baden
Bayern

- 36,0 und darüber
- 33,0 bis 35,9
- 30,0 bis 32,9
- 27,0 bis 29,9
- 24,0 bis 26,9
- unter 24,0

Quelle: Eigene Berechnungen auf Basis des SOEP 2008.

Pendeln

Die tägliche Fahrt zur Arbeit gehört mit Sicherheit nicht zu den Lieblings-
beschäftigungen der Deutschen. Kaum etwas vermag mehr zu stressen als
das Stop-and-Go zwischen Arbeitsplatz und Wohnort.[69] Sind die Anfahrten
besonders weit, entfallen viele Stunden im Monat auf die Überwindung der
immer gleichen Strecke. Das Pendeln droht daher nicht nur monoton und
ermüdend zu sein, sondern raubt in der Regel auch wertvolle Zeit, die für
andere Dinge wie die Familie oder Freunde fehlt. Selbstverständlich, so
möchte man meinen, muss es sich im Falle des Pendelns um einen wahren
Glückskiller handeln.

Trotzdem lässt sich der tägliche Anfahrtsweg zur Arbeit aus verschiedenen Gründen rechtfertigen. Menschen pendeln selten ohne Grund. Lässt sich der Lebensmittelpunkt etwa aufgrund der familiären Situation oder anderer sozialer Bindungen nicht ohne Weiteres in die Nähe der Arbeitsstätte verlegen, mag der tägliche oder wöchentliche Aufwand unter Umständen gerechtfertigt sein.

Abbildung 38 gibt die mittlere subjektive Lebenszufriedenheit von pendelnden Personen in Abhängigkeit von der zu überbrückenden Distanz pro Woche wieder.[70] Dabei liegt die Zufriedenheit bei der Gruppe mit dem kürzesten Pendelweg signifikant über derjenigen von Personen mit längeren Anfahrtswegen. Begehen viele Menschen also einen Fehler, derart lange Strecken auf sich zu nehmen?

Es gibt tatsächlich Anzeichen dafür, dass zahlreiche Haushalte und Personen die gesamten Kosten des Pendelns unterschätzen. Gemessen am Effekt auf die Lebenszufriedenheit entspricht ein täglicher Weg von 10 Kilometer hin und zurück einem Einkommensverlust von immerhin 160 Euro pro Monat.[71] Andere Untersuchungen weisen für Personen, die im wö-

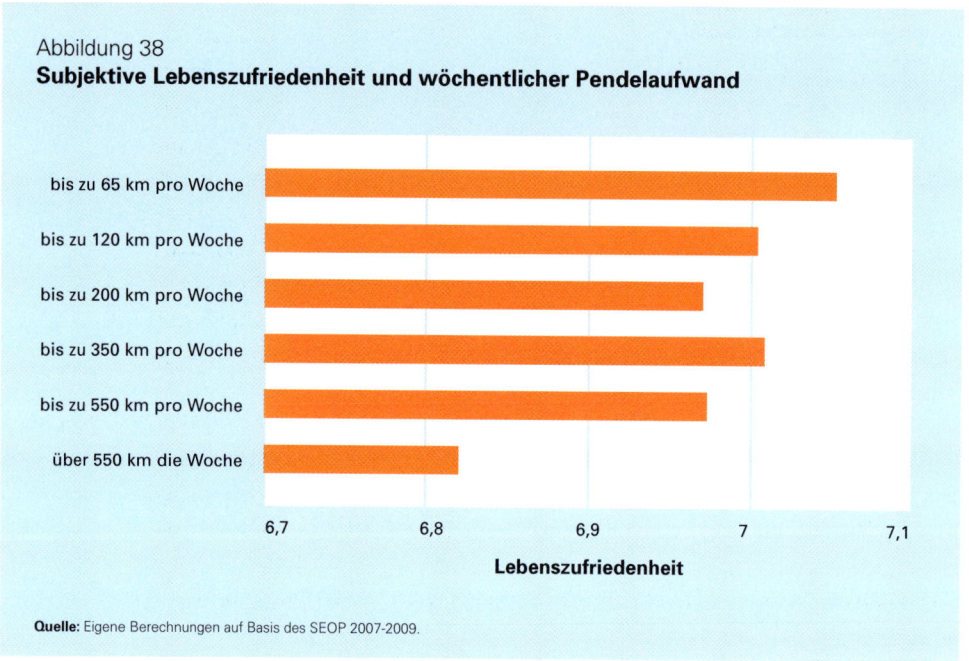

Abbildung 38
Subjektive Lebenszufriedenheit und wöchentlicher Pendelaufwand

Quelle: Eigene Berechnungen auf Basis des SEOP 2007-2009.

Pendeln schadet der Lebenszufriedenheit. Besonders deutlich wird der Effekt ab einer wöchentlichen Fahrtstrecke zur Arbeit von über 550 km.

chentlichen Rhythmus pendeln, auf die erhebliche Bedeutung der Isolation von der eigenen Familie und dem sozialen Umfeld hin.[72] Allerdings darf an dieser Stelle nicht übersehen werden, dass Pendeln zum Teil auch eine Lösung auf Zeit darstellt. Nicht selten nehmen Paare oder Familien bewusst eine Zeit des Pendelns in Kauf, um ggf. auch zukünftige Vorteile daraus zu ziehen.

Autonomie und Selbstbestimmtheit

Der klassische Arbeitsplatz in Form einer monotonen Beschäftigung, die unter strikter Anweisung von Vorgesetzten abläuft, hat in den vergangenen Jahrzehnten stark an Bedeutung verloren. Die weitgehend unselbstständige Arbeit, die auch mit dem Begriff »Taylorismus« beschrieben wird, wurde weitgehend abgelöst von Arbeitsverhältnissen, die Wert auf eine eigenständige Arbeitsweise legen und den Mitarbeitern ein höheres Maß an Verantwortung übertragen. Aber ist ein höherer Grad an Autonomie am Arbeitsplatz immer auch mit einer höheren Zufriedenheit verbunden? Oder ist die hinzugewonnene Freiheit wiederum verknüpft mit höherem Arbeitsdruck, Stress und Überforderung?

Leider lässt sich der Grad der Selbstbestimmung bei normalen Beschäftigungsverhältnissen nur begrenzt messen. Daher prüfen wir, inwiefern Selbstständige sowie führende Angestellte neben ihren höheren Gehältern auch einen weiteren Nutzen aus ihrem beruflichen Gestaltungsspielraum ziehen. Die Beobachtungen im SOEP sprechen eine deutliche Sprache: Ein höherer Grad an Autonomie führt in der Regel tatsächlich zu einer höheren Zufriedenheit mit der Arbeit selbst und letztlich auch zu mehr Lebensqualität insgesamt. Flachere Hierarchien und ein Mehr an Eigen- und Fremdverantwortung steigern die Qualität von Arbeitsplätzen signifikant. Bei einer fünfstufigen Skala zeigt sich, dass eine um eine Stufe höhere Selbstständigkeit im Beruf die allgemeine Lebenszufriedenheit im Mittel um immerhin 0,03 Punkte erhöht. Zwar liegt die subjektive Lebenszufriedenheit dieser Gruppen im Mittel ohnehin höher - schließlich beziehen Selbstständige und Führungskräfte auch ein überdurchschnittliches Einkommen -, einen erheblichen Teil ihrer Lebensqualität gewinnen sie dabei jedoch auch aus der Selbstbestimmtheit und beruflichen Freiheit. Unterscheidet man allein zwischen Selbstständigen und abhängig Beschäftigten, kommt man zu ähnlichen Ergebnissen.[73]

Regional betrachtet besteht ein relativ hohes Maß an Autonomie vor allem in Ballungszentren mit modernen Dienstleistungsbranchen. Am höchs-

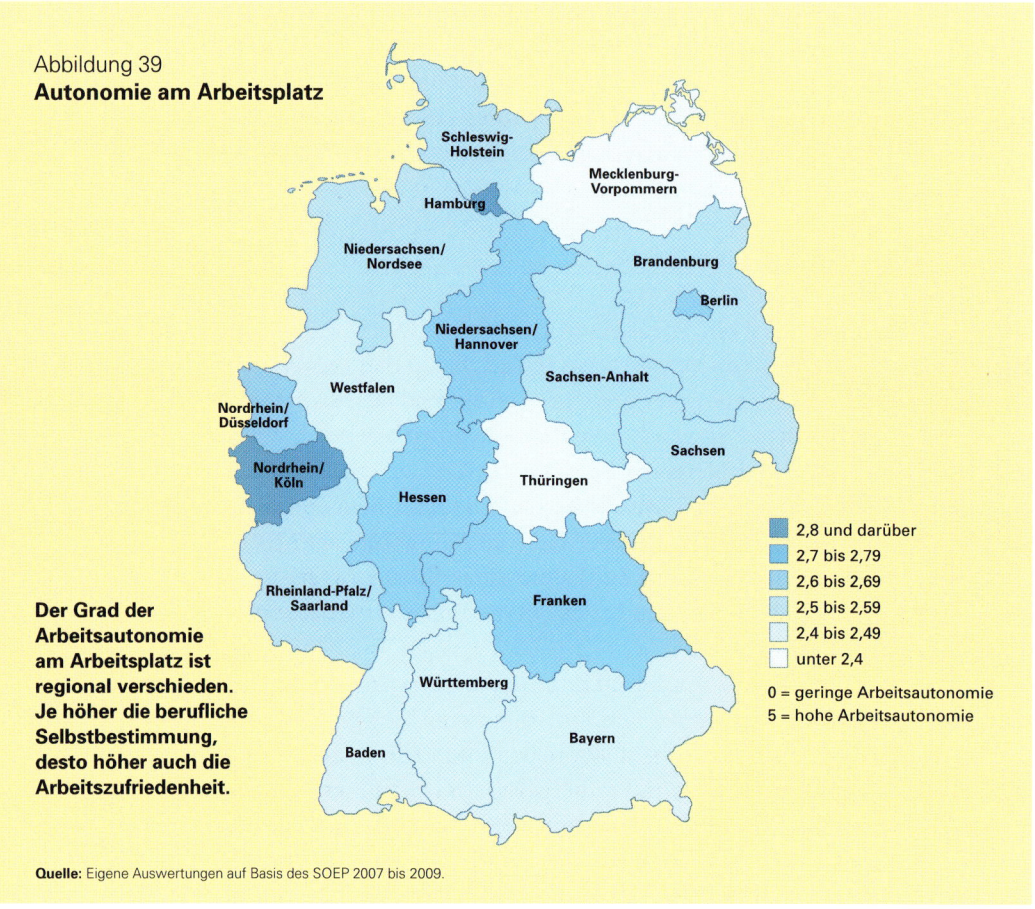

Abbildung 39
Autonomie am Arbeitsplatz

Schleswig-
Holstein

Mecklenburg-
Vorpommern

Hamburg

Niedersachsen/
Nordsee

Brandenburg

Berlin

Niedersachsen/
Hannover

Westfalen

Sachsen-Anhalt

Nordrhein/
Düsseldorf

Nordrhein/
Köln

Sachsen

Hessen

Thüringen

Der Grad der
Arbeitsautonomie
am Arbeitsplatz ist
regional verschieden.
Je höher die berufliche
Selbstbestimmung,
desto höher auch die
Arbeitszufriedenheit.

Rheinland-Pfalz/
Saarland

Franken

Württemberg

Baden

Bayern

- 2,8 und darüber
- 2,7 bis 2,79
- 2,6 bis 2,69
- 2,5 bis 2,59
- 2,4 bis 2,49
- unter 2,4

0 = geringe Arbeitsautonomie
5 = hohe Arbeitsautonomie

Quelle: Eigene Auswertungen auf Basis des SOEP 2007 bis 2009.

ten ist der Anteil der Selbstständigen und anderer weitgehend selbstbe-
stimmter Arbeitsplätze in Hamburg und der Region um Köln. Besonders
schwach ausgeprägt ist die Arbeitsautonomie in Thüringen, was mit dazu
beitragen dürfte, dass die Arbeitszufriedenheit dort relativ gering ist (vgl.
Abbildung 39).

Betriebszugehörigkeit und Betriebsgröße

Prägend für die Zufriedenheit am Arbeitsplatz sind zudem die Beschäf-
tigungsdauer sowie die Größe des Unternehmens bzw. der Institution, in
der man berufstätig ist. Zwei verschiedene Überlegungen liegen nahe: Eine
bereits lang andauernde Beschäftigung ist ein Zeichen von Erfahrung und

sozialer Etablierung am Arbeitsplatz. Und: Menschen, die in kleineren Einheiten arbeiten, sind zufriedener, da diese ein persönlicheres Betriebsklima und weniger Bürokratie mit sich bringen.

Analysiert man die Datenlage, zeigt sich jedoch, dass beide Überlegungen nicht ausschlaggebend sind. Tatsächlich sind Beschäftigte, die eine Stelle erst über eine relativ kurze Zeit bekleiden und in größeren Unternehmen oder Einrichtungen tätig sind, signifikant zufriedener als langjährige Mitarbeiter in kleineren Organisationseinheiten. Allerdings ist unklar, wodurch dieses Ergebnis genau zustande kommt. Unter Umständen ist eine neue Arbeitsstelle häufig mit positiven Erwartungen und einer höheren Motivation verbunden, während langjährig Beschäftigte eher über eine durchschnittliche Motivation verfügen. Ebenso denkbar ist es, dass Personen, die glücklicher sind, eher dazu tendieren, sich eine neue Stelle zu suchen. Eine Empfehlung, häufiger den Arbeitsplatz zu wechseln, lässt sich pauschal jedenfalls nicht geben, zumal der Effekt nicht sonderlich stark ausgeprägt ist.

Im Hinblick auf die Betriebsgröße ist zu beachten, dass Beschäftigte von Klein- und Kleinstunternehmen im Mittel etwas geringere Einkommen ausweisen. Dies könnte eine Erklärung für die ebenfalls geringere Arbeitszufriedenheit sein. Aufgrund des überproportionalen Anteils von Handwerksbetrieben kann aber auch die durchschnittlich stärkere körperliche Belastung von Beschäftigen zu einer etwas geringeren Lebens- und Arbeitszufriedenheit in kleineren Betrieben beitragen. Schließlich kommt hinzu, dass größere Organisationen und Unternehmen mehr Flexibilität hinsichtlich der personellen Zusammenarbeit bieten, sodass Konflikte und Reibungen zwischen Beschäftigten leichter vermieden werden können.[74]

Zusammenfassung

- Arbeitslosigkeit senkt die Lebenszufriedenheit stark, im Durchschnitt um 0,5 Punkte. Männer mittleren Alters und mit guter Ausbildung leiden am stärksten. Die allgemeine Lebenszufriedenheit ist eng an die Arbeitslosenquote gekoppelt. Erholt sich der Arbeitsmarkt, steigen auch die Zufriedenheitswerte.
- Die Arbeitslosigkeit trifft die Ostdeutschen mit 0,51 Punkten viel härter als die Betroffenen in Süddeutschland mit 0,3 Punkten. Dort sind die Aussichten, einen neuen Job zu finden, wesentlich größer.

- Der Arbeitsdruck hat im vergangenen Jahrzehnt zugenommen. Insbesondere der Süden der Republik scheint damit stark zu kämpfen zu haben. Zeitaufwendiges Pendeln wirkt sich negativ auf die Zufriedenheit aus, gut für die Lebenszufriedenheit ist ein hoher Grad an Selbstständigkeit im Beruf. So sind Freiberufler oder leitende Angestellte nicht nur wegen ihrer höheren Gehälter zufriedener als andere Erwerbstätige.

Tabelle 7
Einflussgrößen auf die Lebenszufriedenheit im Bereich Arbeit

Variable	Effekt
Arbeitslosigkeit	stark negativ
Erwerbstätigkeit	positiv
Zeitdruck	negativ
Pendeln	negativ
Arbeitsautonomie	positiv
Dauer der Betriebszugehörigkeit	negativ
Betriebsgröße	positiv
Arbeitszeit pro Woche	kein Gesamteffekt

Quelle: Eigene Schätzungen auf Basis des SOEP 1992 bis 2009.

8. Gesundheit

»Reich ist, wer keine Schulden hat, glücklich, wer ohne Krankheit lebt.«
Mongolisches Sprichwort

D ass Gesundheit förderlich ist für die Zufriedenheit im Leben, steht außer Frage. Aber wie entscheidend ist Gesundheit wirklich? Ist ohne Gesundheit alles andere nichts? Oder können Menschen lernen, mit gesundheitlichen Einschränkungen zu leben, sodass ihr Glücksniveau gar nicht so sehr darunter leidet? Diesen Fragen wird in den folgenden Abschnitten auf den Grund gegangen.

Gesundheitszustand und Lebenszufriedenheit

Um die Bedeutung der Gesundheit für das Glück genau zu ermitteln, muss man zunächst definieren, wann genau jemand gesund ist. Je nach Alter würden die meisten Menschen wahrscheinlich einen unterschiedlichen Maßstab anlegen. Hinzu kommt, dass im Laufe der Zeit immer wieder neue Krankheitsbilder auftauchen, während andere Leiden an Bedeutung verlieren. Wo also ist die Grenze zwischen gesund und krank? Einen deutlich einfacheren Weg gegenüber aufwendigen Diagnosen stellt auch hier die Selbsteinschätzung des Gesundheitszustands dar.

Fragt man die Deutschen direkt, äußert sich die Mehrheit der Befragten positiv über ihren Gesundheitszustand: Gut ein Drittel ist mit der eigenen Gesundheit zufrieden, 37 Prozent sehen sich in guter Gesundheit. Knapp zehn Prozent der Befragten geben an, in sehr guter gesundheitlicher Verfassung zu sein. 15 Prozent sagen hingegen aus, über keinen zufriedenstellenden Gesundheitszustand zu verfügen, und immerhin vier Prozent sehen ihren eigenen Gesundheitszustand als schlecht an (vgl. Abbildung 40). Verwendet man diese subjektiven Einschätzungen als Indikator und stellt man die Antworten zur Gesundheit der subjektiven Lebenszufriedenheit gegen-

Abbildung 40 a) und b)
Gesundheit und subjektive Lebenszufriedenheit

a) »Wie zufrieden sind Sie mit Ihrem Gesundheitszustand?«

b) Häufigkeiten der Antworten

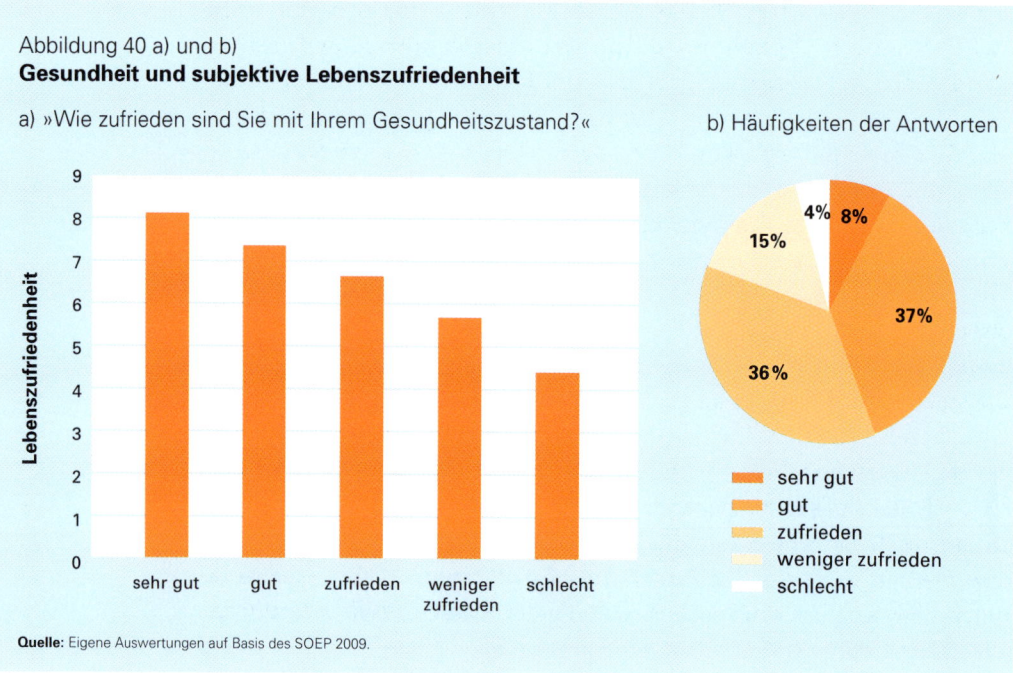

Quelle: Eigene Auswertungen auf Basis des SOEP 2009.

Großen Einfluss auf die Lebenszufriedenheit hat der Gesundheitszustand. Wer die eigene Gesundheit als schlecht bezeichnet, hat mit 4,3 Punkten einen extrem niedrigen Zufriedenheitswert.

über, ergibt sich ein klarer Zusammenhang: Wer sich gesund fühlt, ist tendenziell auch glücklich und umgekehrt.

Die Lebenszufriedenheit derjenigen, die ihren eigenen Gesundheitszustand als sehr gut einschätzen, liegt im Mittel bei einem Wert von 8,1 Punkten. Wer hingegen zu den vier Prozent der Befragten gehört, die die eigene Gesundheit als schlecht beschreiben, ist mit einer durchschnittlichen Lebenszufriedenheit von lediglich 4,4 auch erheblich unzufriedener - ein Wert, der noch einmal deutlich unterhalb des Mittelwertes von arbeitslosen Personen liegt. Aber auch zwischen Personen, die ihre Gesundheit als gut bezeichnen, und jenen, die schlicht zufrieden sind mit ihrer Gesundheit, weicht die durchschnittliche subjektive Lebenszufriedenheit mit Werten von 7,4 und 6,7 stark voneinander ab. Die Gruppe derjenigen, die weniger mit ihrer Gesundheit zufrieden sind, weist mit einem Mittelwert von 5,7 zwar eine noch deutlich höhere Zufriedenheit aus als die mit schlechter Gesundheit, liegt jedoch gleichzeitig signifikant unterhalb des gesellschaftlichen Durchschnitts.

Ausgehend von diesen Durchschnittswerten können jedoch noch keine Rückschlüsse darauf gezogen werden, wie sehr sich die gesundheitliche Situation auf die Lebenszufriedenheit auswirkt, schließlich korreliert die Gesundheit einer Person sehr stark und vielschichtig mit anderen Variablen: Wer etwa häufiger krank ist, muss oftmals auch Einkommenseinbußen hinnehmen oder hat es schwerer, eine Familie zu gründen. Ob Einkommen, Arbeit oder Familie - in der Regel stehen die Variablen, die zur Lebenszufriedenheit beitragen, in einer relativ engen Beziehung zur Gesundheit.[75] Berücksichtigt man sie, ergeben sich entsprechende Effektstärken (vgl. Tabelle 8).

Die Werte zeigen jeweils den Effekt gegenüber der »normalen« (zufriedenstellenden) gesundheitlichen Situation. Personen, die ihre Gesundheit als gut bezeichnen, sind demnach um 0,4 Punkte zufriedener, Personen mit sehr guter Gesundheit sogar um 0,7 Punkte. Wird die eigene Gesundheit hingegen als weniger zufriedenstellend bezeichnet, folgt daraus eine um 0,5 Punkte geringere Lebenszufriedenheit. Besonders gravierend scheint jedoch der gesundheitliche Effekt auf die Lebenszufriedenheit zu sein, sobald wirkliche Beschwerden vorliegen. In diesem Fall, d. h. wenn der Gesundheitszustand als schlecht eingestuft wird, geht dies einher mit einer um 1,4 Punkte niedrigeren subjektiven Lebenszufriedenheit - ein Effekt, der den der Arbeitslosigkeit noch einmal deutlich übersteigt. Da sich die Lebenszufriedenheit jedoch selbst wiederum auf den Gesundheitsstand auswirken kann, ist es denkbar, dass die tatsächlichen Effekte etwas geringer ausfallen.[76] Die grundsätzlich bestehende Wechselwirkung zwischen Gesundheit und Glück ändert jedoch nichts an der grundlegenden Größenordnung der Einflussfaktoren.

Gewichtiger für die Interpretation der Schätzergebnisse ist jedoch die Subjektivität der Angaben zum Gesundheitszustand. Schließlich hängt das subjektive Gesundheitsempfinden nicht allein von der tatsächlichen, objek-

Tabelle 8
Subjektiver Gesundheitszustand und Lebenszufriedenheit

Gesundheitszustand (subjektiv)	Effektstärke
sehr gut	0,72
gut	0,40
weniger zufrieden	−0,51
schlecht	−1,43

Quelle: Eigene Schätzung auf Basis des SOEP 1992 bis 2009.
Anmerkungen: Fixed-effect-OLS, mit Jahresdummies. Kontrollvariablen: u. a. Familienstand, Arbeitslosigkeit, Immobilienbesitz, Haushaltseinkommen, Alter. R2 (overall): 12,7 Prozent, N=29.576.

Weicht die subjektive Einschätzung bezüglich des eigenen Gesundheitszustandes ab von einem mittleren Niveau, steht dies auch in enger Verbindung zur Lebenszufriedenheit. Ist jemand nur noch wenig zufrieden mit der eigenen Gesundheit, geht damit auch eine um rund 0,5 geringere allgemeine Lebenszufriedenheit einher. Eine als schlecht wahrgenommene Gesundheit reduziert das Glücksempfinden sogar um 1,43 Punkte.

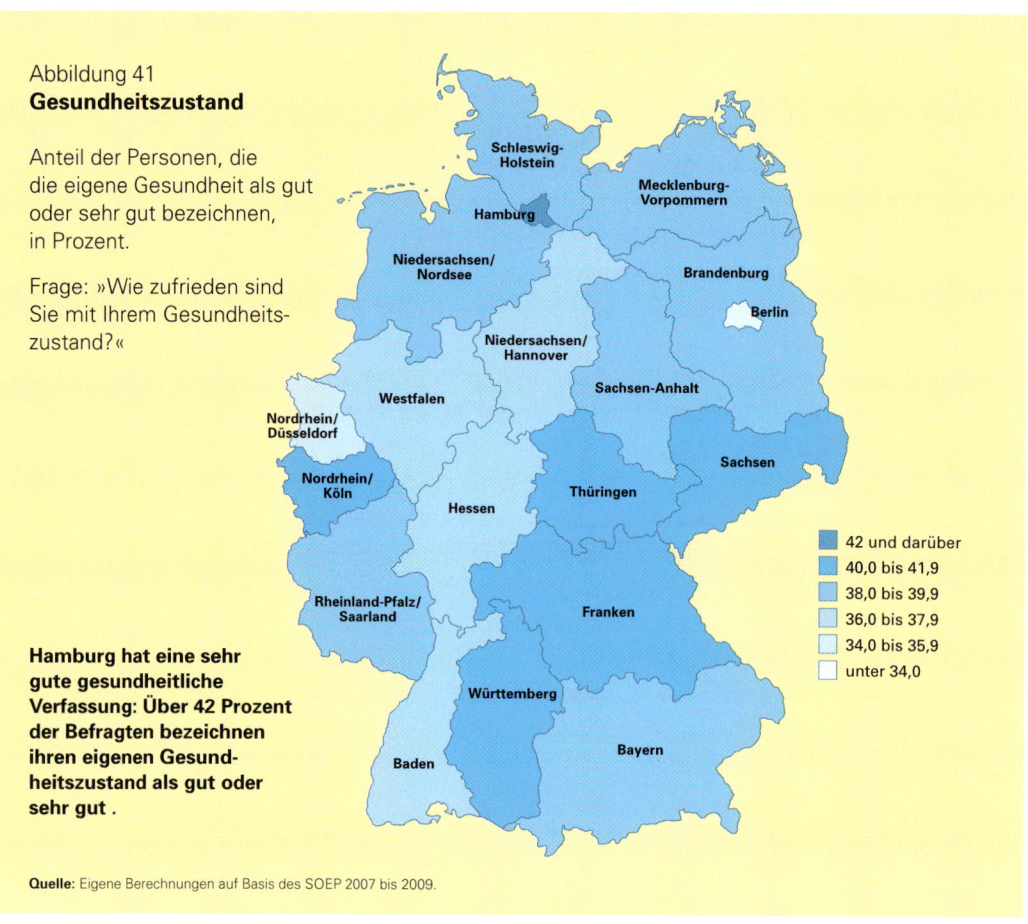

Abbildung 41
Gesundheitszustand

Anteil der Personen, die
die eigene Gesundheit als gut
oder sehr gut bezeichnen,
in Prozent.

Frage: »Wie zufrieden sind
Sie mit Ihrem Gesundheitszustand?«

**Hamburg hat eine sehr
gute gesundheitliche
Verfassung: Über 42 Prozent
der Befragten bezeichnen
ihren eigenen Gesund-
heitszustand als gut oder
sehr gut .**

Schleswig-Holstein
Mecklenburg-Vorpommern
Hamburg
Niedersachsen/Nordsee
Brandenburg
Berlin
Niedersachsen/Hannover
Sachsen-Anhalt
Westfalen
Nordrhein/Düsseldorf
Sachsen
Nordrhein/Köln
Hessen
Thüringen
Rheinland-Pfalz/Saarland
Franken
Württemberg
Baden
Bayern

- 42 und darüber
- 40,0 bis 41,9
- 38,0 bis 39,9
- 36,0 bis 37,9
- 34,0 bis 35,9
- unter 34,0

Quelle: Eigene Berechnungen auf Basis des SOEP 2007 bis 2009.

tiven gesundheitlichen Lage, sondern – ähnlich wie die geäußerte Lebenszufriedenheit – auch von den Persönlichkeitseigenschaften ab.[77] Wer neu-
rotisch veranlagt ist, stuft die eigene gesundheitliche Situation schlechter
ein als nicht neurotische Personen, wer optimistisch eingestellt ist, neigt
auch zu einer günstigeren Bewertung der eigenen Gesundheit usw.[78] Dies
führt dazu, dass die Ergebnisse einen Teil der Persönlichkeitsmerkmale und
deren Auswirkungen auf die Lebenszufriedenheit miteinbeziehen.

Würde man lediglich objektive Gesundheitswerte heranziehen – z.B.
Blutwerte –, wären die Effekte etwas geringer. Tatsächlich werden die Fol-
gen gesundheitlicher Probleme auf die Lebenszufriedenheit von gesunden
Personen tendenziell eher überschätzt.[79] Dies mag mit der beachtlichen
Fähigkeit vieler Menschen zusammenhängen, sich an gesundheitliche

Mängel zu gewöhnen bzw. an die dafür erforderliche Lebensweise anzupassen.[80] Geringe Adaptionseffekte stellen sich allerdings im Hinblick auf psychische Erkrankungen und chronische Schmerzen ein.[81]

Eine objektive Erfassung des Gesundheitszustands findet im Rahmen des SOEP jedoch praktisch nicht statt. Die regionale Betrachtung erfolgt hier somit ebenfalls anhand der subjektiven Gesundheitseinschätzung. Es zeigt sich, dass die regionalen Unterschiede, verglichen etwa mit der Diskrepanz beim Arbeitsmarkt oder der Bruttowertschöpfung, etwas geringer ausfallen. Dennoch treten zum Teil signifikante Unterschiede und einige Besonderheiten auf.

Dabei sticht zunächst die Bundeshauptstadt ins Auge – allerdings in negativer Hinsicht. In Berlin ist der Anteil der Befragten, die ihre Gesundheit als gut oder sehr gut bezeichnen, mit 35 Prozent am geringsten. Dass dieser vergleichsweise niedrige Wert jedoch nicht allein mit dem Großstadtcharakter zu erklären ist, zeigt der sehr hohe Wert für Hamburg. Hier gaben mehr als 42 Prozent der Befragten an, einen guten oder sehr guten Gesundheitszustand zu haben. Damit stellt die Gesundheit eine Schlüsselvariable für die unterschiedliche Lebensqualität der beiden Stadtstaaten dar. Ebenfalls relativ hoch ist der Anteil gesunder Menschen in Württemberg, Franken sowie in der Region rund um Köln. Bemerkenswert ist dabei insbesondere der Unterschied zwischen den beiden Nordrheinregionen. Die Tatsache, dass die Werte im Nordwesten von Nordrhein-Westfalen signifikant geringer ausfallen als im Raum Köln/Bonn, deutet möglicherweise auch auf die gesundheitlichen Folgen der Industriestruktur sowie der Siedlungsdichte innerhalb des Ruhrgebiets hin.

Behinderung

Von besonderem Interesse innerhalb der Glücksforschung sind die Effekte einer Behinderung auf die Lebenszufriedenheit. Daran kann man ablesen, inwieweit Menschen in der Lage sind, sich an neue Lebensumstände anzupassen und Einschränkungen hinzunehmen. Eine Adaption ist insbesondere dann möglich, wenn die Behinderung äußerlicher Natur ist, also etwa in einer eingeschränkten Sinneswahrnehmung oder einer beschränkten Beweglichkeit besteht, etwa bei Schwerhörigkeit oder Beinamputation. In diesen Fällen ist es zwar häufig so, dass die Behinderung von Außenstehenden als sehr einschränkend und beklemmend wahrgenommen wird. Der tatsächliche Effekt auf die Zufriedenheit ist aber bei den Betroffenen im Durchschnitt eher gering.

Für die hier durchgeführte Berechnung wurde zunächst lediglich berücksichtigt, ob eine Person offiziell einen Behindertenstatus besitzt oder nicht. Die Art und der Umfang der Behinderung blieben hingegen unberücksichtigt. Während Personen ohne Behinderung im Jahr 2009 eine durchschnittliche subjektive Lebenszufriedenheit von rund 6,9 verbuchten, belief sich der Durchschnittswert in der Gruppe der Personen mit Behinderung auf lediglich 6,0 - eine deutliche Abweichung. Der direkte Effekt, der aus der Behinderung auf die Zufriedenheit zurückgeht, liegt dabei etwa zwischen 0,1 und 0,3 - je nachdem, ob man zusätzlich um den Gesundheitszustand korrigiert oder nicht.[82] Dies zeigt: Fühlt sich eine Person mit Behinderung gesund, fallen die Effekte vergleichsweise gering aus. Folgt aus der Behinderung jedoch nicht nur eine bestimmte Einschränkung, sondern auch eine gesundheitliche Beeinträchtigung, sind die Effekte durchaus erheblich.

Weniger entscheidend ist hingegen der Grad der Behinderung. Zumindest weisen die Mittelwerte der subjektiven Lebenszufriedenheit bis zu einem Behinderungsgrad von 75 Prozent nur geringe Abweichungen auf. Signifikant erscheint jedoch der Einfluss der Behinderung, sobald der Grad nahe der 100 Prozent liegt (vgl. Tabelle 9).

Tabelle 9
Behinderungsgrad und subjektive Lebenszufriedenheit

Grad der Behinderung	Lebenszufriedenheit
bis 25 %	6,38
bis 50 %	6,37
bis 75 %	6,23
bis 100 %	5,75

Quelle: Eigene Berechnungen auf Basis des SOEP 2009.

Personen mit Behinderungen haben im Mittel geringere Zufriedenheitswerte. Dabei liegen die mittleren Werte bis zu einem Behinderungsgrad von 50 Prozent mit Werten von knapp 6,4 um ca. 0,4 Punkte unter dem gesamtgesellschaftlichen Durchschnitt. Erst bei einem vergleichsweise hohen Grad der Behinderung weitet sich der Unterschied aus. Wird das allgemeine Gesundheitsempfinden jedoch durch die Behinderung nicht beeinträchtigt, fällt der direkte Effekt einer Behinderung auf die Lebenszufriedenheit mit rund 0,1 verhältnismäßig gering aus.

Sport

Eine Variable, die positiv mit der Gesundheit in Verbindung steht, ist die sportliche Aktivität. Wer gesund ist, neigt eher dazu, Sport zu treiben, und wer Sport treibt, fördert die eigene Gesundheit.[83] Spannend ist dabei die Frage, inwiefern Sport unabhängig von den gesundheitlichen Vorteilen, die aus der Bewegung resultieren, einen signifikanten Effekt auf das Wohlbefinden von Menschen besitzt.

Tabelle 10 zeigt den Einfluss regelmäßiger sportlicher Aktivität auf die subjektive Lebenszufriedenheit. Wer jede Woche Sport treibt, ist somit um rund 0,1 Punkte glücklicher als jemand, der nie aktiv Sport betreibt. Nahezu gleich groß ist der Effekt einer monatlichen Sportaktivität. Wer dagegen seltener Sport treibt, vermag das eigene Wohlbefinden nur unwesentlich zu erhöhen.

Tabelle 10
Sportliche Aktivität und subjektive Lebenszufriedenheit

sportliche Aktivität	relative Häufigkeit 2009	Effektstärke
jede Woche	35,1	0,11
jeden Monat	7,7	0,09
seltener	17,8	0,03
nie (Vergleichsgruppe)	39,5	0

Quelle: Eigene Schätzung auf Basis des SOEP 1992 bis 2009. **Anmerkungen:** Fixed-effects-Schätzung unter Verwendung zahlreicher Kontrollvariablen: u. a. Alter, Haushaltseinkommen, Familienstand, Gesundheit; N=38878, R2= 0,139.

In der regionalen Betrachtung zeigt sich, dass die meisten Menschen in Deutschland relativ selten Sport treiben, was in erster Linie mit der Altersstruktur zusammenhängt. Mehr als die Hälfte aller Erwachsenen macht demzufolge nie oder seltener als einmal im Monat Sport. Diejenigen, die Sport treiben, tun dies jedoch mehrheitlich mindestens einmal pro Woche.

Abbildung 42 stellt die Anteile der Befragten dar, die einmal monatlich oder häufiger sportlich aktiv sind. Als besonders sportlich können somit die Regionen Hamburg, Württemberg und der Raum Köln/Bonn gelten, was u. a. daran liegen dürfte, dass diese Regionen, allen voran Hamburg, über eine relativ junge Bevölkerung verfügen. Als Sportmuffel präsentieren sich hingegen die Thüringer und die Sachsen-Anhaltiner.

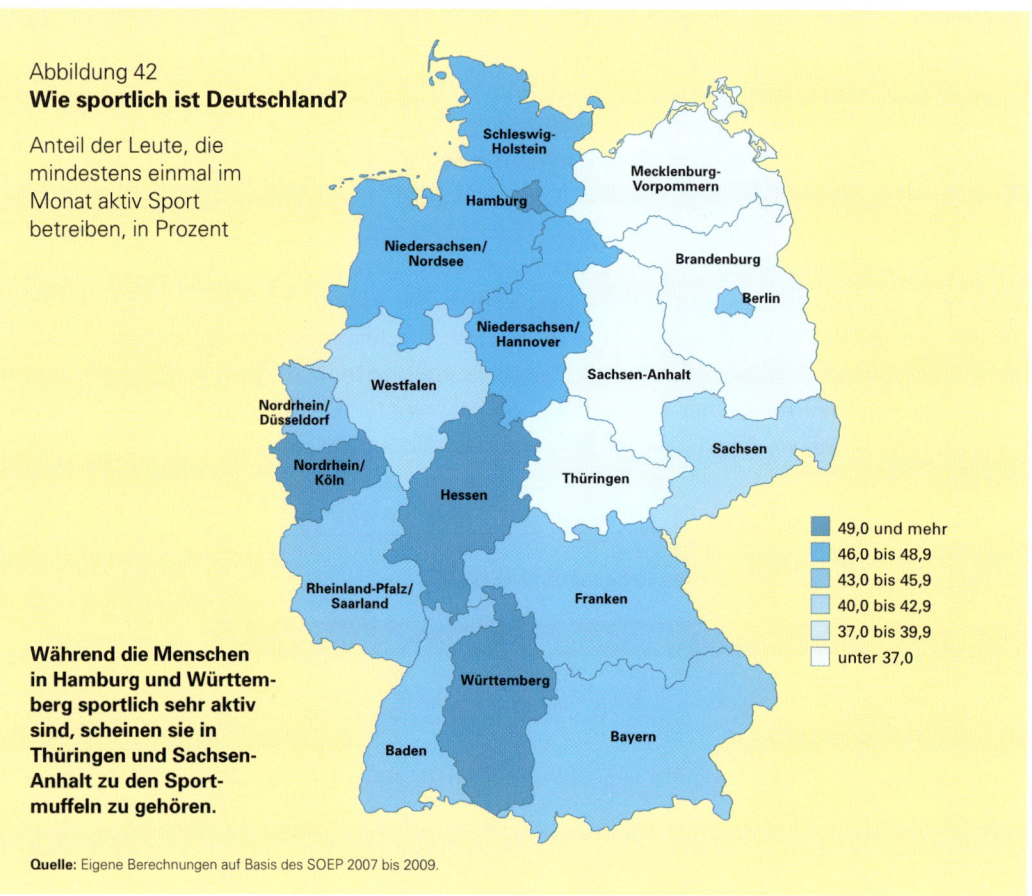

Abbildung 42
Wie sportlich ist Deutschland?

Anteil der Leute, die
mindestens einmal im
Monat aktiv Sport
betreiben, in Prozent

Schleswig-Holstein
Mecklenburg-Vorpommern
Hamburg
Niedersachsen/Nordsee
Brandenburg
Berlin
Niedersachsen/Hannover
Westfalen
Sachsen-Anhalt
Nordrhein/Düsseldorf
Nordrhein/Köln
Hessen
Thüringen
Sachsen
Rheinland-Pfalz/Saarland
Franken
Württemberg
Baden
Bayern

- 49,0 und mehr
- 46,0 bis 48,9
- 43,0 bis 45,9
- 40,0 bis 42,9
- 37,0 bis 39,9
- unter 37,0

**Während die Menschen
in Hamburg und Württem-
berg sportlich sehr aktiv
sind, scheinen sie in
Thüringen und Sachsen-
Anhalt zu den Sport-
muffeln zu gehören.**

Quelle: Eigene Berechnungen auf Basis des SOEP 2007 bis 2009.

Alkoholkonsum

In nahezu allen Kulturen und Ländern ist der Konsum einzelner Sucht-
mittel üblich. Für die mitteleuropäische und auch die deutsche Kultur ist
Alkohol sicherlich die bedeutendste Droge. Ob bei festlichen Anlässen, in
Restaurants oder zu Hause nach einem langen Arbeitstag - der Genuss von
Alkohol ist für einen Großteil der Bevölkerung in Deutschland alltäglich.
Wie bei vielen Drogen nimmt der Alkohol dabei eine äußerst ambivalente
Rolle ein. Einerseits genießen die Menschen Alkohol, um sich zu entspan-
nen oder in eine aufgemunterte Stimmung zu geraten, andererseits lassen
sich bei einem nicht unerheblichen Teil der Gesellschaft schwere Sucht-
erscheinungen feststellen.

Diese Ambivalenz zeigt sich entsprechend auch im Zusammenhang von Alkoholkonsum und Lebenszufriedenheit (vgl. Abbildung 43). Menschen, die gelegentlich Alkohol konsumieren, sind im Durchschnitt zufriedener als solche, die überhaupt keinen Alkohol zu sich nehmen oder dies nur sehr selten tun. Noch höhere Zufriedenheitswerte geben diejenigen an, die regelmäßig Alkohol trinken. Übersteigt der Alkoholkonsum allerdings ein gewisses Maß, verkehrt sich der positive Zusammenhang ins Gegenteil. Menschen, die angeben, sehr häufig Alkohol zu trinken, weisen darüber hinaus niedrigere Zufriedenheitswerte auf als diejenigen, die gar keinen Alkohol konsumieren.

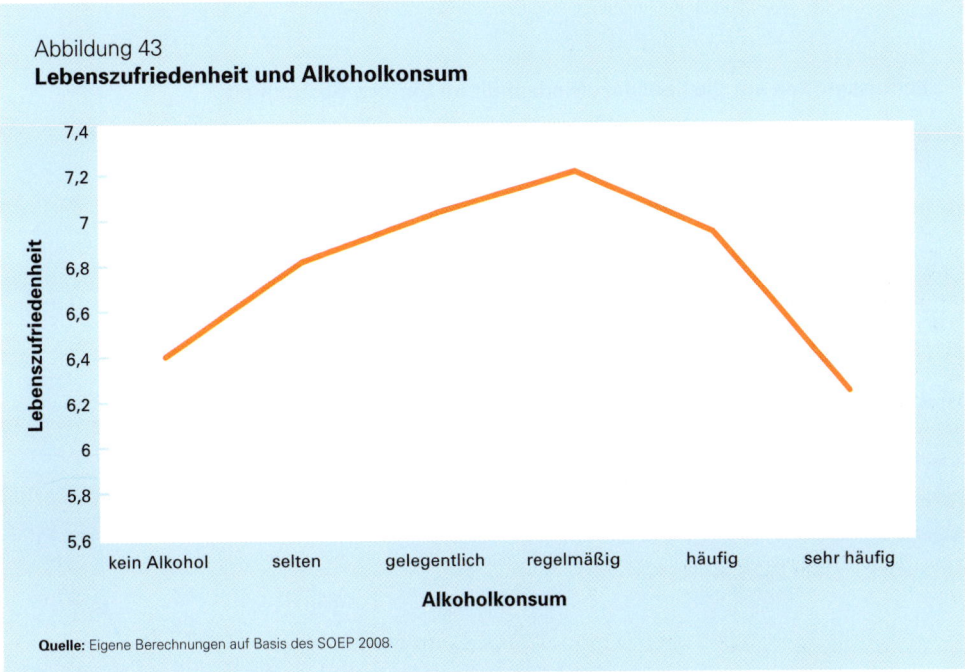

Abbildung 43
Lebenszufriedenheit und Alkoholkonsum

Quelle: Eigene Berechnungen auf Basis des SOEP 2008.

Ein mittlerer Grad von Alkoholkonsum steigert die Lebenszufriedenheit. Unzufrieden sind die Abstinenzler und diejenigen, die sehr häufig Alkohol zu sich nehmen.

Zusammenfassung

- Wer seine Gesundheit als gut bezeichnet, ist um 0,4 Punkte zufriedener als eine Person mit »zufriedenstellender« Gesundheit. Personen mit sehr guter Gesundheit gewinnen sogar 0,7 Punkte dazu. Wird die eigene Gesundheit hingegen als weniger zufriedenstellend bezeichnet, folgt daraus eine um 0,5 Punkte geringere Lebenszufriedenheit. Gesundheitliche Probleme können sich deshalb gravierender auswirken als Arbeitslosigkeit.
- Sport ist ein Glücksfaktor, auch unabhängig von den Folgen auf die Gesundheit.
- Der gelegentliche Genuss von Alkohol fördert die Lebenszufriedenheit. Der intensive Konsum senkt die Lebenszufriedenheit.

Tabelle 11
Einflussgrößen auf die Lebenszufriedenheit im Bereich Gesundheit

Variable	Effekt
Gesundheitszustand (subjektiv)	stark positiv
Behinderung	negativ
sportliche Aktivität	positiv
Alkoholkonsum	diskontinuierlich

Quelle: Eigene Schätzungen auf Basis des SOEP 1992 bis 2009.

9. Bildung und Kultur

»Ja, renn nur nach dem Glück,
doch renne nicht zu sehr!
Denn alle rennen nach dem Glück,
das Glück rennt hinterher.«
Bertolt Brecht

Folgt man den bisherigen Analysen, dann ist glücklich, wer gesund ist, einer Arbeit nachgeht und in einer funktionierenden Partnerschaft oder Ehe lebt. Wer dann noch eine gesellige und optimistische Natur besitzt, dem ist das Lebensglück fast sicher. Bislang unberücksichtigt blieben jedoch die kulturellen Dimensionen unseres Lebens. Welche Zusammenhänge bestehen etwa zwischen dem Bildungsniveau und der Lebenszufriedenheit? Sind kulturell aktive Menschen zufriedener? Welchen Einfluss hat Religiosität? Diese Fragen werden in den folgenden Abschnitten behandelt.

Bildung

Welchen Einfluss hat Bildung? Sind akademische Würden dem Glück zuträglicher, oder nützt es eher, ein naives Gemüt zu besitzen? Nun, zunächst sind Bildung und Ausbildung ähnlich wie die Gesundheit Faktoren, welche die Mehrzahl der bislang dargestellten Glücksvariablen beeinflussen. Bildung bestimmt zu wesentlichen Teilen über den beruflichen Werdegang, Bildung begünstigt die soziale Integration, und es gibt einen statistisch erwiesenen Zusammenhang zwischen Bildung und Gesundheit.[84] Aber welchen Einfluss hat die Bildung für sich genommen? Gehen gut gebildete Menschen auch unabhängig von den Vorteilen am Arbeitsmarkt und ihrem höheren sozialen Status zufriedener durchs Leben? Können gebildete Menschen ihr Leben vielleicht mehr genießen, stehen ihnen wegen ihres erweiterten geistigen Horizonts mehr Wege offen, sich erfolgreich in ihrer Umgebung zu bewegen und ihr Leben in glücklichere Bahnen zu lenken?[85]

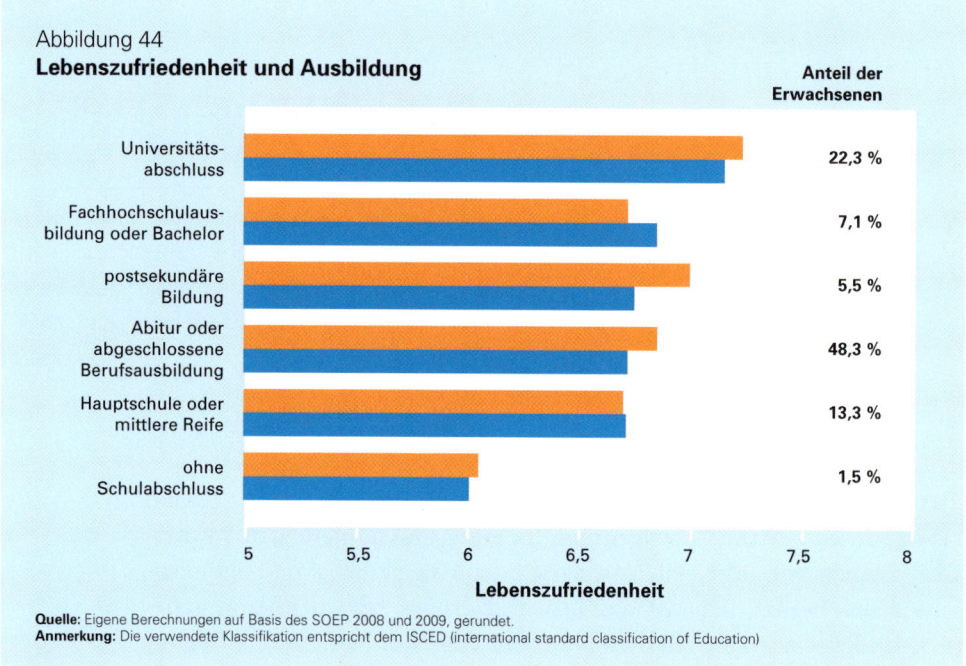

Abbildung 44
Lebenszufriedenheit und Ausbildung

Anteil der
Erwachsenen

Universitäts-abschluss	22,3 %
Fachhochschulaus-bildung oder Bachelor	7,1 %
postsekundäre Bildung	5,5 %
Abitur oder abgeschlossene Berufsausbildung	48,3 %
Hauptschule oder mittlere Reife	13,3 %
ohne Schulabschluss	1,5 %

5   5,5   6   6,5   7   7,5   8

Lebenszufriedenheit

Quelle: Eigene Berechnungen auf Basis des SOEP 2008 und 2009, gerundet.
Anmerkung: Die verwendete Klassifikation entspricht dem ISCED (international standard classification of Education)

Ein hoher Bildungsabschluss ist eng mit einer höheren Lebenszufriedenheit verbunden. Die Effekte sind jedoch mehr indirekt, weil eine gute Ausbildung auch ein gutes Einkommen ermöglicht.

Das haben wir überprüft: Abbildung 44 stellt die durchschnittliche Lebenszufriedenheit in Abhängigkeit vom höchsten Bildungsabschluss dar. Dabei ergibt sich ein »Glücksgefälle« von rund 0,5 Punkten zwischen Akademikern, die rund ein Fünftel der Befragten ausmachen, und den Personen ohne eine weitgehende tertiäre Qualifikation. Darunter fallen mit knapp 50 Prozent Personen mit einer Berufsausbildung oder Abitur. Ihre Zufriedenheit liegt nur knapp unter dem gesamtgesellschaftlichen Durchschnitt. Am unzufriedensten sind die rund 1,5 Prozent der Befragten ohne Schul- oder Ausbildungsabschluss: Mit einem Durchschnittswert von rund 6,0 liegen sie fast einen gesamten Punkt unter dem gesellschaftlichen Mittel. Allerdings ist die Gruppe noch immer zufriedener als die Gruppe der Arbeitslosen.

Die verhältnismäßig geringe Spannweite der Mittelwerte sowie die Verteilung der Anteile zeigen bereits, dass von den unterschiedlichen Bildungsabschlüssen im Vergleich mit Glücksfaktoren wie Gesundheit oder Familie eher ein geringer Einfluss auf die Zufriedenheit ausgeht. Hinzu kommt, dass die Qualität der Ausbildung wesentlich den Einkommensvorsprung und das niedrigere Arbeitsmarktrisiko erklärt. Unter Berücksichtigung dieser und weiterer Kontrollvariablen löst sich die Beziehung zwischen Bildung und Glück auf.[86] Dies mag daran liegen, dass mit ansteigendem Bildungsstand auch höhere Ansprüche etwa gegenüber dem Arbeitsplatz einher gehen, die, wenn sie nicht befriedigt werden, wiederum zu einem niedrigeren Zufriedenheitsempfinden führen können.[87] Zusammenfassend lässt sich sagen, dass unter Verwendung offizieller Ausbildungsabschlüsse als Bildungsindikator kein direkter positiver Effekt auf die Lebenszufriedenheit festzustellen ist. Der indirekte Wert von Bildung ist jedoch erheblich und unbestritten.

Kultur und Religiosität

Musik, Literatur und Kunst stehen in hohem Ansehen. Das mag auch daran liegen, dass uns Kultur anregt und erfreut. Die Ergebnisse des Glücksatlas kann man als Bestätigung dieser Begründung lesen.

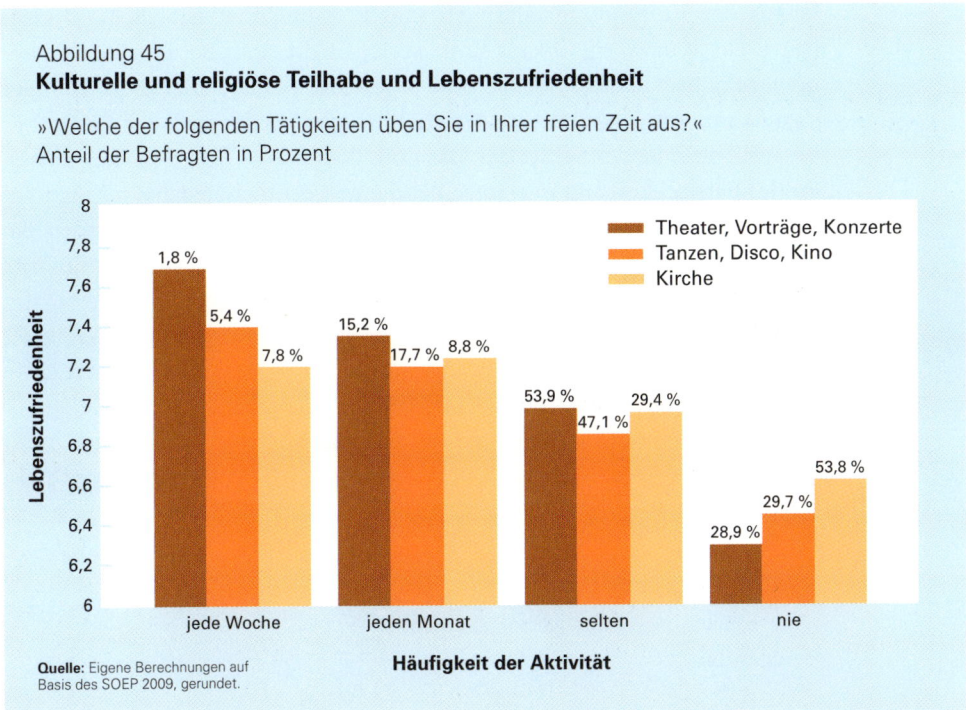

Abbildung 45
Kulturelle und religiöse Teilhabe und Lebenszufriedenheit

»Welche der folgenden Tätigkeiten üben Sie in Ihrer freien Zeit aus?«
Anteil der Befragten in Prozent

Legende:
- Theater, Vorträge, Konzerte
- Tanzen, Disco, Kino
- Kirche

Y-Achse: Lebenszufriedenheit (6 bis 8)
X-Achse: Häufigkeit der Aktivität (jede Woche, jeden Monat, selten, nie)

jede Woche: 1,8 %, 5,4 %, 7,8 %
jeden Monat: 15,2 %, 17,7 %, 8,8 %
selten: 53,9 %, 47,1 %, 29,4 %
nie: 28,9 %, 29,7 %, 53,8 %

Quelle: Eigene Berechnungen auf Basis des SOEP 2009, gerundet.

Kulturbegeisterte sind mit ihrem Leben deutlich zufriedener als an Kultur nicht Interessierte, die nie zu Konzerten, ins Kino oder zum Tanzen gehen. Weniger ausgeprägt ist der Effekt bei Kirchgängern.

Nahezu jede Form kultureller Aktivität geht einher mit höheren Zufriedenheitswerten. Abbildung 45 weist die entsprechenden Durchschnittswerte inklusive der Häufigkeit der Nennungen aus. Grundsätzlich ist der Verlauf dabei sehr ähnlich. Ob klassische Kulturveranstaltungen (Theater, klassische Konzerte usw.), Populärkultur (Disco, Kino) oder Religiosität – je häufiger die Menschen kulturelle oder spirituelle Erlebnisse suchen, desto höher sind auch die durchschnittlichen Zufriedenheitswerte. Wer hingegen nie ein Theater, ein Kino oder eine Kirche von innen sieht, ist nicht selten weniger glücklich als andere Menschen.

Auch hier gilt natürlich, dass diese Unterschiede wie bei der Bildung auch Nebeneffekte anderer Faktoren sein können. Wer beispielsweise häufig die Oper besucht, bezieht nicht selten auch ein überdurchschnittliches Einkommen. Berücksichtigt man jeweils, ob eine Aktivität jeden Monat oder häufiger erfolgt, bleiben trotzdem signifikante Effekte bestehen. Tabelle 12 zeigt die Schätzergebnisse auf Basis des SOEP. Unabhängig von der Art der kulturellen Teilhabe ergibt sich ein Zufriedenheitseffekt in der Größenordnung von 0,05 Punkten. Während die Effekte von Besuchern klassischer Kulturveranstaltungen und Konsumenten alltäglicher Kultur (Kino, Disco usw.) signifikant sind, ist der Effekt eines Besuchs kirchlicher oder religiöser Gottesdienste zwar ebenfalls positiv, allerdings weniger signifikant. Als Unkultur stellt sich hingegen tendenziell der Fernseher heraus. So stellte der Schweizer Ökonom Bruno Frey fest, dass lang andauernder Fernsehkonsum in Deutschland einen deutlich negativen Effekt auf die Lebenszufriedenheit hat. Bei Personen, die mehr als 2,5 Stunden am Tag fernsehen, vermindert sich demnach die Lebenszufriedenheit um 0,18 Punkte.[88]

Tabelle 12
Kultur und subjektive Lebenszufriedenheit

Variable (Aktivität mindestens einmal pro Monat)	Effektstärke
Klassische Kultur (Konzerte, Theater, Vorträge usw.)	0,043
Populärkultur (Kinobesuch, Besuch von Popkonzerten, Discos, Tanzveranstaltungen, Sportveranstaltungen)	0,052
Religiosität (Kirchgang, religiöse Veranstaltung)	0,041

Quelle: Eigene Schätzung auf Basis des SOEP 1992 bis 2009. **Anmerkungen:** Fixed-effects-Schätzung unter Verwendung zahlreicher Kontrollvariablen: u. a. Alter, Haushaltseinkommen, Familienstand.

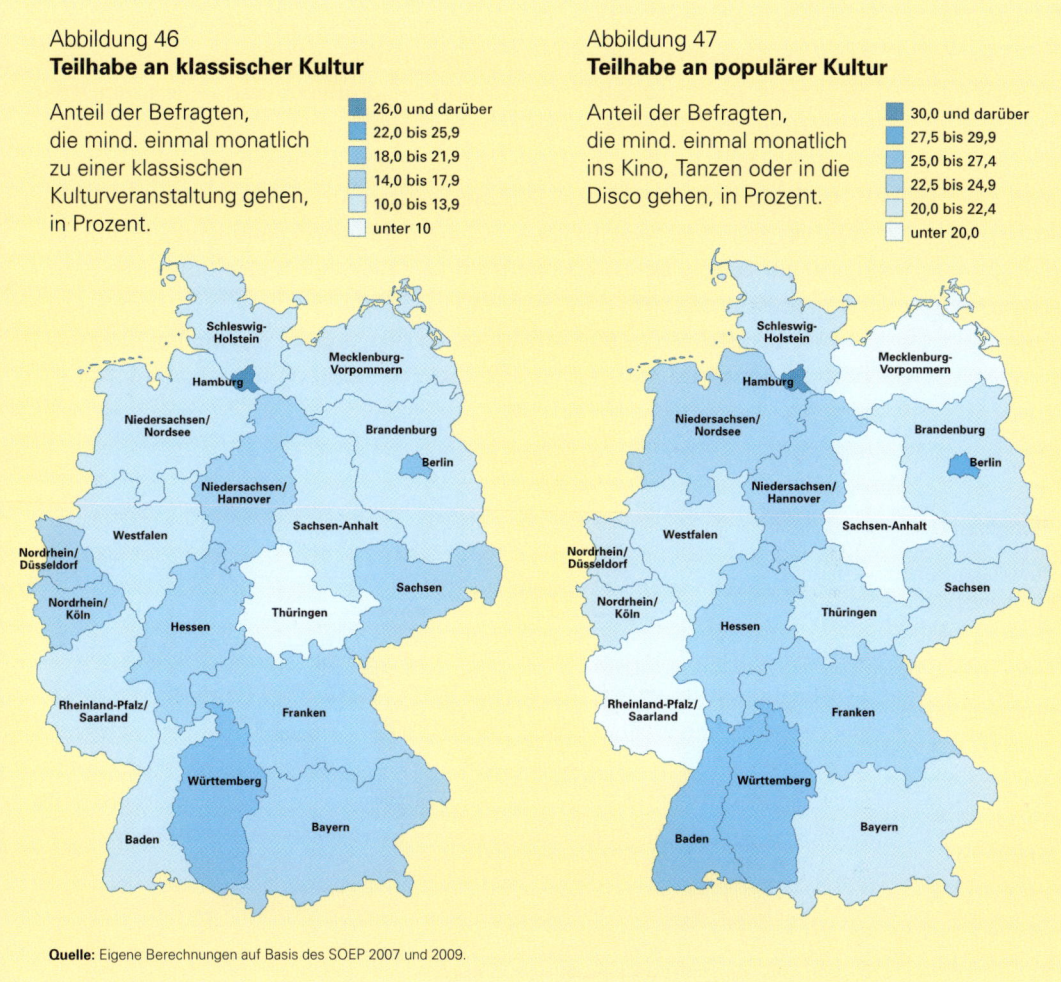

Abbildung 46
Teilhabe an klassischer Kultur

Anteil der Befragten,
die mind. einmal monatlich
zu einer klassischen
Kulturveranstaltung gehen,
in Prozent.

26,0 und darüber
22,0 bis 25,9
18,0 bis 21,9
14,0 bis 17,9
10,0 bis 13,9
unter 10

Abbildung 47
Teilhabe an populärer Kultur

Anteil der Befragten,
die mind. einmal monatlich
ins Kino, Tanzen oder in die
Disco gehen, in Prozent.

30,0 und darüber
27,5 bis 29,9
25,0 bis 27,4
22,5 bis 24,9
20,0 bis 22,4
unter 20,0

Quelle: Eigene Berechnungen auf Basis des SOEP 2007 und 2009.

In Anbetracht der Bedeutung, die ein kulturell aktives Leben für die Lebenszufriedenheit besitzt, bleibt die Frage, wo die Deutschen am meisten Kultur in Anspruch nehmen bzw. sich regelmäßig bei kulturellen Ereignissen aufhalten. Die Abbildung 46 stellt die Anteile der Befragten dar, die mindestens einmal pro Monat eine kulturelle Veranstaltung besuchen. Erwartungsgemäß hoch ist die kulturelle Betätigung dabei in den beiden Stadtstaaten Hamburg und Berlin. Aber auch Württemberg, das nördliche Rheinland, Hessen, Bayern und Sachsen dürfen sich als überdurchschnittlich kultiviert ansehen.

Abbildung 47 stellt analog den jeweiligen Anteil der Befragten dar, der mindestens einmal im Monat ein Kino, eine Diskothek oder ein Tanzlokal besucht. Abgesehen davon, dass der Populärkultur mehr Menschen zugeneigt sind, bleibt das Bild jedoch weitgehend unverändert. Auch hier stechen Berlin und Hamburg als Kulturzentren hervor, Baden-Württemberg folgt als Flächenland nach. Vergleichsweise selten gehen hingegen die Menschen in Mecklenburg-Vorpommern, Sachsen-Anhalt und Rheinland-Pfalz aus, was zu einem wesentlichen Teil mit dem vorwiegend ländlich geprägten Raum zu erklären ist: Sie müssen zu solchen Veranstaltungen weitere Wege in Kauf nehmen.

Wie bereits in Abbildung 45 zu sehen war, weisen Menschen, die mindestens einmal im Monat eine religiöse Veranstaltung besuchen, im Mittel

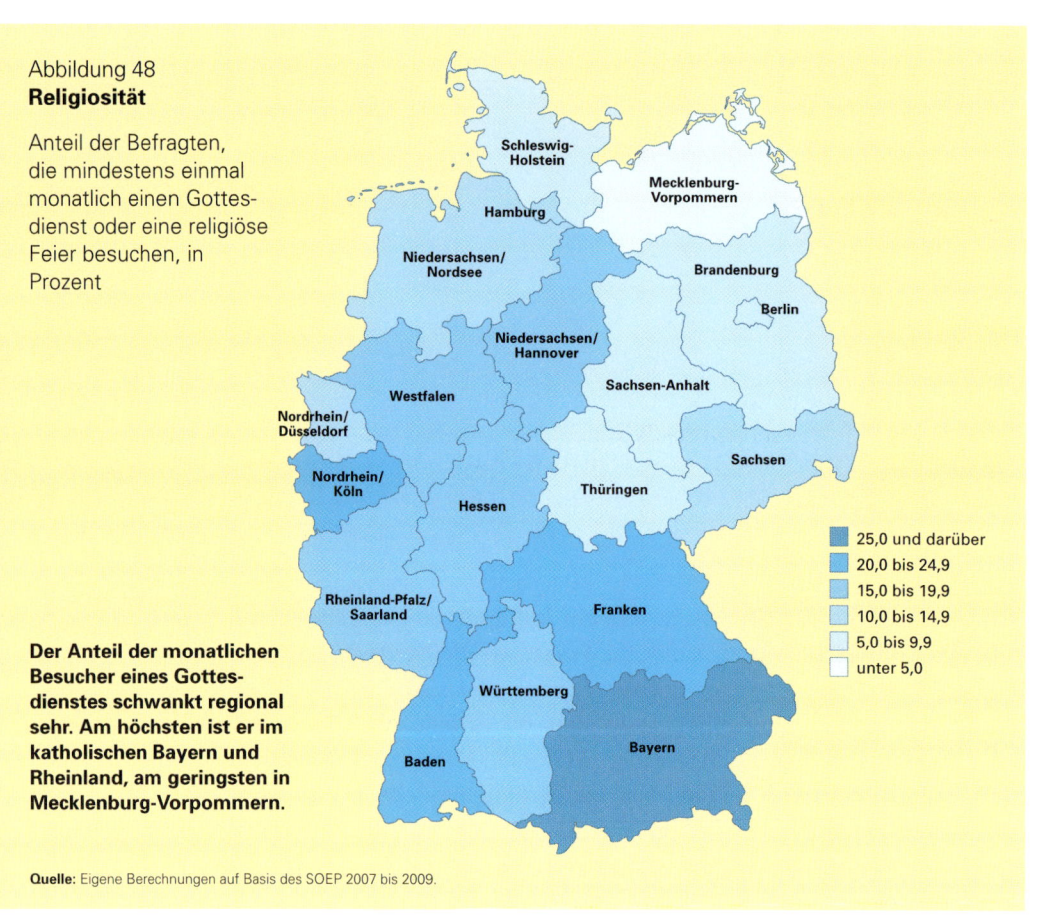

Abbildung 48
Religiosität

Anteil der Befragten, die mindestens einmal monatlich einen Gottesdienst oder eine religiöse Feier besuchen, in Prozent

Schleswig-Holstein
Mecklenburg-Vorpommern
Hamburg
Niedersachsen/Nordsee
Brandenburg
Berlin
Niedersachsen/Hannover
Sachsen-Anhalt
Westfalen
Nordrhein/Düsseldorf
Sachsen
Nordrhein/Köln
Thüringen
Hessen
Rheinland-Pfalz/Saarland
Franken
Württemberg
Baden
Bayern

25,0 und darüber
20,0 bis 24,9
15,0 bis 19,9
10,0 bis 14,9
5,0 bis 9,9
unter 5,0

Der Anteil der monatlichen Besucher eines Gottesdienstes schwankt regional sehr. Am höchsten ist er im katholischen Bayern und Rheinland, am geringsten in Mecklenburg-Vorpommern.

Quelle: Eigene Berechnungen auf Basis des SOEP 2007 bis 2009.

auch etwas höhere Zufriedenheitswerte auf. Allerdings ist der Zusammenhang etwas schwächer als bei den kulturellen Variablen. Der kausale Effekt ist dementsprechend ebenfalls etwas kleiner und zudem nicht eindeutig signifikant. Von einem gewissen, wenngleich begrenzten Einfluss der Religiosität auf die Lebenszufriedenheit ist jedoch auszugehen. Dies bestätigen auch zahlreiche internationale Studien.[89]

Am stärksten ist die Religion nach wie vor im süddeutschen Raum ausgeprägt, insbesondere im katholischen Bayern und in Baden. Bis zu 30 Prozent der erwachsenen Bevölkerung geht hier noch mindestens einmal monatlich zu einem Gottesdienst (vgl. Abbildung 48). Das eher protestantische Württemberg liegt hier etwas zurück. Im Westen der Republik ist es traditionsgemäß die katholische Region rund um die Großstadt Köln. Auch hier gehen über 20 Prozent der Erwachsenen noch regelmäßig zu Gottesdiensten. Ansonsten ist die Religiosität in West- und Mitteldeutschland eher durchschnittlich ausgeprägt. Als wenig religiös lassen sich die Nord- und Ostdeutschen charakterisieren: Hier liegt der Anteil der Kirchgänger weitgehend bei unter zehn Prozent. Die geringste Bedeutung besitzt die Religion in Mecklenburg-Vorpommern, wo weniger als fünf Prozent regelmäßig an religiösen Veranstaltungen teilnehmen.

Zusammenfassung

- Bildung bestimmt über den beruflichen Werdegang, über das Einkommen und den sozialen Status und wirkt dadurch indirekt auf die Lebenszufriedenheit. Ein direkter Effekt von Bildung auf das Glück ist jedoch schwer festzustellen.
- Dagegen weisen kulturell aktive Menschen ebenso wie religiöse Menschen höhere Zufriedenheitswerte auf. Wenig zuträglich für die Zufriedenheit ist hingegen das ausgiebige Fernsehen.

Tabelle 13
Einflussgrößen auf die Lebenszufriedenheit im Bereich Kultur

Variable	Effekt
Höhe des Bildungsabschlusses	(nur indirekt)
Hochkultur (Kunst, Theater, Oper usw.)	leicht positiv
Populärkultur (Kino, Disco, usw.)	leicht positiv
Religiosität	leicht positiv

Quelle: Eigene Schätzungen auf Basis des SOEP 1992 bis 2009.

10. Was erklärt die regionalen Unterschiede?

D ie Ursachen der Lebenszufriedenheit sind vielfältig. Wer guter Gesundheit ist, ein intaktes soziales Umfeld besitzt und einen ordentlich bezahlten Beruf ausübt, dessen Chancen auf eine hohe Lebenszufriedenheit stehen gut. Aber wie viel Erklärungsgehalt liegt in den verschiedenen Indikatoren? Lassen sich die regionalen Glücksunterschiede allein durch objektive Kriterien begründen?

Tabelle 14 gibt einen Überblick über die verschiedenen Themenbereiche und zeigt an, in welchen Gebieten einzelne Regionen gegenüber dem Bundesdurchschnitt punkten und wo vergleichsweise ungünstige Bedingungen für das Wohlbefinden bestehen. Dabei sind alle Bereiche relevant, angefangen bei den Indikatoren für Sozialkapital bis hin zur Kultur. Auch wenn Geld auf der individuellen Ebene bei Weitem nicht so entscheidend ist wie etwa Gesundheit, so ist das allgemeine Einkommensgefälle zwischen den einzelnen Regionen für die Erklärung der regionalen Unterschiede wichtig. Aber auch das Ausmaß der Arbeitslosigkeit spielt eine beträchtliche Rolle. Vollständig lassen sich die Abweichungen in der Lebenszufriedenheit durch die analysierten Kriterien jedoch nicht erklären. Zum einen gibt es noch zahlreiche weitere Einflussfaktoren, für die hier die Datenlage nicht ausreichte - angefangen bei Umwelteinflüssen bis hin zur regionalen Mentalität. Zum anderen besteht auf etlichen Feldern noch einiger Forschungsbedarf, um die Lebenszufriedenheit weitestgehend zu erklären. Vollständig wird sich das Glück ohnehin nie erfassen lassen.

Gut begründen lässt sich die Spitzenposition Hamburgs. Die Bevölkerung der Hansestadt verfügt im regionalen Vergleich mit Abstand über das höchste Pro-Kopf-Einkommen, ist überdurchschnittlich gesund, und die Stadt besitzt ein dichtes Netz von kulturellen Angeboten. Die überdurchschnittliche Anzahl von Ein-Personen-Haushalten - eigentlich eher ein Glückshemmnis - ist der Altersstruktur und dem Großstadtstatus zuzuschreiben. Manches deutet darauf hin, dass Hamburg sowie Schleswig-

Holstein und das nördliche Niedersachsen eine für die Zufriedenheit durchaus förderliche Mentalität besitzen. Insbesondere mit Blick auf die Erwerbstätigen hat es den Anschein, als wären die Menschen der nördlichen Regionen deutlich weniger Zeitdruck ausgesetzt.

Nach den aktuellsten Glückswerten steht Bayern dem Norden jedoch in nichts nach. Dies kann kaum erstaunen, schließlich sind die bayerischen Regionen bei zentralen Faktoren wie etwa dem Arbeitsmarkt führend. Gleichzeitig zählen sowohl Franken als auch der südliche Teil des Freistaats zu den wohlhabendsten Regionen Deutschlands.

Noch im Jahr 2009 lag der Südwesten auf einem ähnlich hohen Niveau, wobei die Rheinländer und die Badener vergleichsweise zufriedener waren als die Württemberger, und dies, obwohl die Württemberger hinsichtlich der Wohlstandsindikatoren grundsätzlich bessere Werte aufweisen als ihre westlichen Nachbarn - ein Indiz für einen deutlichen Mentalitätsunterschied. Allerdings zeigt der Trend für 2011 auch für Württemberg klar nach oben. Rheinland-Pfalz und das Saarland haben ihre sehr gute Platzierung aus dem Jahr 2009 hingegen verloren. Und auch Hessen scheint nicht so gut aus der Krise zu kommen wie andere Länder: Trotz eines vergleichsweise hohen Durchschnittseinkommens bleibt Hessen im Mittelfeld der Glücksverteilung und liegt nach den neuesten Zahlen in etwa auf einem Niveau mit Teilen Ostdeutschlands.

In Ostdeutschland entfaltet sich derzeit die stärkste Dynamik. Zwar klafft auch heute noch ein deutlicher Einkommensunterschied zwischen Ost und West. Hinzu kommen die strukturell höhere Arbeitslosigkeit, ein etwas geringeres Gesundheitsniveau sowie eine im Mittel niedrigere kulturelle Aktivität. Dennoch lässt sich seit einigen Jahren wieder verstärkt eine Annäherung der Zufriedenheit zwischen Ost und West registrieren. Seit 2009 steigt die Lebenszufriedenheit gerade in Ostdeutschland besonders stark an: Vor allem Brandenburg und Mecklenburg-Vorpommern weisen einen deutlichen Trend nach oben auf. Hält die Entwicklung an, dürfte Sachsen in Kürze als erste ostdeutsche Region den Bundesdurchschnitt erreichen.

Ein Blick in den tiefen Westen der Republik lässt ebenfalls eine positive - wenngleich schwächere - Entwicklung erkennen. Westfalen ebenso wie die Region um Düsseldorf liegen bezüglich der Glücksindikatoren auf einem mittleren Niveau, aber auch hier deutet sich gegenwärtig ein leichter Anstieg der Lebenszufriedenheit an. Etwas besser sind die Indikatoren für den Großraum Köln, wobei insbesondere die Gesundheit der Einwohner zuletzt überdurchschnittlich ausfiel.

Tabelle 14
Stärken und Schwächen der Regionen

Region	Lebenszufriedenheit 2009	Sozialkapital Familienstand und Kontakt mit Freunden
Baden	6,90	● (orange)
Bayern	6,89	● (grün)
Berlin	6,70	● (orange)
Brandenburg	6,34	● (orange)
Franken	6,87	● (grün)
Hamburg	7,35	● (orange)
Hessen	6,86	
Mecklenburg-Vorpommern	6,42	● (grün)
Niedersachsen/Hannover	6,80	● (grün)
Niedersachsen/Nordsee	6,99	● (grün)
Nordrhein/Düsseldorf	6,80	
Nordrhein/Köln	6,92	● (grün)
Rheinland-Pfalz/Saarland	6,98	● (orange)
Sachsen	6,57	● (orange)
Sachsen-Anhalt	6,49	● (orange)
Schleswig-Holstein	6,88	
Thüringen	6,35	● (orange)
Westfalen	6,81	●● (grün)
Württemberg	6,85	● (grün)

Quelle: Eigene Darstellung auf Basis der Indikatoren

Geld Einkommen, Wohn- eigentum	Arbeit Arbeitslosigkeit, Stress, Selbstständigkeit	Gesundheit Gesundheit und Sport	Kultur Kulturelle Aktivität und Religion	Sonstiges Andere Faktoren wie Umwelt, Mentalität
●● (grün)	●● (grün)	● (grün)	● (grün)	
●● (grün)	● (grün)	● (grün)	● (grün)	
●● (orange)	● (orange)	●●● (grün)	●● (grün)	● (grün)
●● (orange)	●● (orange)	● (orange)	● (orange)	●●● (orange)
●● (grün)	● (grün)	● (grün)	● (grün)	● (orange)
●●● (grün)	● (grün)	●● (grün)	●● (grün)	●● (grün)
●● (grün)	● (grün)		● (grün)	● (orange)
●●● (orange)	● (orange)	●● (grün)	● (orange)	●● (orange)
	● (grün)	● (orange)		
● (grün)	●● (grün)			●● (grün)
● (grün)			● (orange)	
		●● (grün)		● (orange)
● (grün)		● (grün)		●●● (grün)
●● (orange)	● (orange)	● (orange)	● (grün)	● (orange)
●●● (orange)	●● (orange)	●● (orange)		
	● (grün)	●● (grün)	● (grün)	●● (grün)
●●● (orange)	● (orange)	● (orange)	● (grün)	● (orange)
●● (grün)	● (grün)	●● (grün)	●● (grün)	●●● (orange)

● = überdurchschnittlich   ● = unterdurchschnittlich

Was erklärt die regionalen Unterschiede?   **129**

11. Glücksbringer und Glückshemmnisse: die wichtigsten im Überblick

Viele Faktoren bestimmen unsere Zufriedenheit, und natürlich tun sie das unterschiedlich stark. Die Effektstärke zeigt an, wie stark sich der jeweilige Faktor im Durchschnitt auf die subjektive Lebenszufriedenheit auswirkt. Das Plus kennzeichnet die Glücksbringer, das Minus die Glückshemmnisse.

Blicken wir zunächst auf die Faktoren, die einen positiven Einfluss auf die Zufriedenheit besitzen. Als dominante Variable hat sich hier das subjektive Gesundheitsempfinden herausgestellt: Wer die eigene Gesundheit als sehr gut einstuft, ist demnach um mehr als 0,7 Punkte zufriedener mit dem eigenen Leben als bei einem lediglich zufriedenstellenden Gesundheitszustand. Auch wenn Persönlichkeitseigenschaften für die Selbsteinschätzung hier eine wichtige Rolle spielen, weist dieser Wert auf die zentrale Bedeutung der körperlichen und seelischen Gesundheit für unser Wohlbefinden hin.

Auf Platz zwei der Glücksbringer steht die Partnerschaft. Wer in einer festen Beziehung steht oder verheiratet ist, kann sich demnach ebenfalls glücklich schätzen. Im Mittel wirkt sich eine feste Partnerschaft mit zirka 0,3, eine Ehe sogar mit 0,4 Punkten aus.

Dass neben der Gesundheit das Soziale die wesentlichste Bedingung für das Glück darstellt, unterstreicht der starke Einfluss des sozialen Umgangs mit Freunden und Bekannten. Wer sich in seiner Freizeit wöchentlich mit anderen trifft, ist allein deshalb um mehr als 0,2 Punkte zufriedener als Menschen, die nur selten sozialen Kontakt pflegen.

Weniger bedeutsam, aber dennoch signifikant ist der Effekt einer regelmäßigen sportlichen Aktivität, und auch das eigene Zuhause hat einen messbaren Effekt: Beides erhöht die Lebenszufriedenheit um rund 0,1 Punkte. Geld leistet ebenso einen wesentlichen Beitrag zu unserem Wohlbefinden: einerseits indirekt, denn man kann sich Gesundheitsleistungen

Tabelle 15
Zehn Glücksbringer im Überblick

	Variable	Effektstärke
1	**sehr gute Gesundheit** (gegenüber zufriedenstellend)	+0,72
2	**Ehe/Partnerschaft** (gegenüber Singles)	+0,42 / +0,31
3	**Treffen mit Freunden und Bekannten** (wöchentlich gegenüber selten oder nie)	+0,23
4	**regelmäßiger Sport** (wöchentlich gegenüber nie)	+0,11
5	**Eigenheim** (gegenüber Situation ohne selbst genutzte Immobilie)	+0,10
6	**Autonomie am Arbeitsplatz** (Führungsverantwortung bzw. Selbstständigkeit gegenüber normalem Beschäftigungsverhältnis)	+0,06
7	**Gehaltserhöhung** (plus 250 Euro ausgehend von einem monatlichen Nettolohn von 1500 Euro)	+0,05
8	**Freizeitaktivität** (mindestens einmal pro Monat Kino, Disco usw.)	+0,05
9	**klassische Kultur** (mindestens einmal pro Monat Konzert, Theater, Oper usw.)	+0,04
10	**Religiosität** (mindestens einmal pro Monat Kirchgang bzw. Besuch religiöser Veranstaltungen)	+0,04

Quelle: Eigene Regressionsanalysen auf Basis des SOEP 1992 bis 2009.

oder das Eigenheim kaufen - und kauft damit Glück. Andererseits gibt es auch den direkten Effekt, wenngleich eine Gehaltserhöhung um 250 Euro netto im Schnitt mit lediglich 0,05 Punkten vergleichsweise gering zu Buche schlägt.

Ähnlich viel Zufriedenheit stiftet eine selbstbestimmte Tätigkeit in Form einer Selbstständigkeit oder einer Führungsposition. Schließlich trägt auch die Beschäftigung mit kulturellen oder religiösen Inhalten zur Zufriedenheit bei: Wer regelmäßig kulturelle oder religiöse Veranstaltungen besucht, darf sich hierdurch einen gewissen Zufriedenheitseffekt erhoffen, wenngleich dieser mit jeweils 0,04 Punkten relativ gering ausfällt.

Den Glücksbringern haben wir zehn Glückshemmnisse gegenübergestellt. Analog zu den positiven Effekten einer besonders guten Gesundheit steht Krankheit an erster Stelle der Faktoren, die unsere Zufriedenheit senken. Wer sich selbst eine schlechte Gesundheit zuschreibt, ist allein aus diesem Grund um mehr als 1,4 Punkte unzufriedener.

An zweiter Stelle steht der Tod des Partners. Bleibt eine verwitwete Person alleinstehend, mindert der Verlust des Partners die eigene Zufriedenheit im Mittel um 0,6 Punkte, wobei der Effekt unmittelbar nach dem Tod am stärksten ausfällt und im Zeitablauf langsam abnimmt. Ähnlich drastisch, wenn auch etwas schwächer wirkt sich Arbeitslosigkeit aus: Knapp 0,5 Zufriedenheitspunkte büßen Personen durchschnittlich ein, sollte der Arbeitsplatz verloren gehen, und dies ohne Berücksichtigung der damit einhergehenden Einkommenseinbußen.

Damit erscheint die Arbeitslosigkeit auf individueller Ebene schwerwiegender zu sein als etwa eine Scheidung, die ebenfalls zu deutlichen Glückseinbußen führt. Die Trennung vom Partner senkt die Lebenszufriedenheit gegenüber einer intakten Partnerschaft um immerhin knapp 0,3 Punkte – ein Effekt, der in etwa vergleichbar ist mit einer sozial und kulturell zurückgezogenen Lebensführung: Wer sich selten oder nie mit Freunden und Bekannten trifft und auch sonst nicht am kulturellen Leben teilnimmt, ist aufgrund dessen sogar um etwas mehr als 0,3 Punkte unzufriedener.

Eine erstaunliche Wirkung besitzt auch das Alter. Ein hohes Alter strahlt grundsätzlich positiv auf die Zufriedenheit aus, am unzufriedensten sind Menschen in den mittleren Jahren. Zwischen 40 und 50 Jahre alt zu sein ist gleichbedeutend mit einer um rund 0,2 Punkte niedrigeren Lebenszufriedenheit gegenüber der Altersphase zwischen 20 und 30. Auch eine Behinderung senkt erwartungsgemäß die Lebenszufriedenheit. Wirkt sich die Einschränkung jedoch nicht auf das allgemeine Gesundheitsempfinden aus, fällt der Effekt mit 0,1 Punkten relativ gering aus.

Blickt man weiterhin auf die potenziellen ökonomischen Glückshemmnisse, zeigt sich, dass der Verlust von Geld die Zufriedenheit stärker senkt, als der Zuwachs von Einkommen die Zufriedenheit erhöht. Aber auch wenn das eigene Einkommen auf Dauer konstant bleibt, kann dies mittelfristig zu einer deutlich geringeren Lebenszufriedenheit führen, nämlich dann, wenn das allgemeine Einkommensniveau weiter ansteigt. Wächst die Kaufkraft aller anderen um fünf Prozent, führt dies im Mittel zu einer Reduktion der eigenen Zufriedenheit um immerhin 0,03 Punkte.

Schließlich hat auch der tägliche Weg zum Arbeitsplatz eine glückshemmende Wirkung: Eine um zehn Kilometer längere Wegstrecke lässt die Lebenszufriedenheit um etwa 0,03 Punkte sinken.

Tabelle 16
Zehn Glückshemmnisse im Überblick

	Variable	Effektstärke
1	**schlechte Gesundheit** (gegenüber zufriedenstellender Gesundheit)	−1,43
2	**Tod des Partners** (verwitwet und nicht neu liiert gegenüber verheirateten Personen)	−0,60
3	**Arbeitslosigkeit** (arbeitssuchend)	−0,46
4	**soziale und kulturelle Isolation** (seltener oder kein Kontakt zu Freunden und seltene oder keine kulturelle Aktivität)	−0,32
5	**Scheidung** (geschieden und nicht wieder liiert gegenüber verheirateten Personen)	−0,28
6	**Alter** (zwischen 40 und 50 Jahre gegenüber 20 bis 30 Jahre)	−0,23
7	**Behinderung** (bei ansonsten guter Gesundheit)	−0,10
8	**Kaufkraftverlust** (allgemeiner Preisanstieg um 10 Prozent)	−0,04
9	**Relativer Einkommensverlust** (alle anderen Einkommen steigen um fünf Prozent)	−0,03
10	**Pendeln** (zehn Kilometer und mehr bis zum Arbeitsplatz)	−0,03

Anmerkungen

1 Für einen Überblick über Entstehung und Inhalt des SOEP siehe Wagner et al. (2007) und Bundesministerium für Bildung und Forschung (2008). Zur Zufriedenheitsmessung im Rahmen des SOEP vgl. Schimmack (2009). Ein Dank an dieser Stelle an Natalie Laub, Michael Huch und Martin Benedix sowie dem gesamten Hilfskräfte-Team für die vielfältige Unterstützung.

2 Vgl. die World Economic Outlook Database (April 2011) sowie die Volkswirtschaftliche Gesamtrechnung der Länder (VGRdL).

3 Glück ist ein Lebensziel vieler Menschen, allerdings keineswegs das einzige und auch nicht das dominierende. Menschen streben nach Sicherheit, Erregung und Autonomie. Diese bedingen einander: Steigt der Autonomieanspruch etwa in der Adoleszenz, erhöht sich auch die Unternehmungslust, aber die Abhängigkeit nimmt ab. Das ökonomische Modell der Nutzenmaximierung wird dieser motivationalen Realität nicht gerecht (vgl. Bischof (2008)).

4 Von letzterem gehen Easterlin und Plagnol (2008) aus.

5 Zur Konvergenz der subjektiven Zufriedenheit s. Maddison und Rehdanz (2007). In ihrer Analyse erklären sie die sich abzeichnende Konvergenz anhand von SOEP-Daten u. a. auch mit Preis- und Mieteffekten.

6 Glückliche Menschen sind auch optimistischer und sozialer eingestellt, was letztlich auch zu größeren Erfolgen sowohl privat als auch beruflich führt (vgl. Frey [2008]).

7 Zur Beziehung von Lebenszufriedenheit und Optimismus vgl. etwa Scheier und Carver (1985); zu Extrovertiertheit siehe beispielsweise Lucas und Diener (1999).

8 Vgl. etwa Lykken (1999) sowie Plomin et al. (2001).

9 Vgl. De Neve et al. (2010).

10 Vgl. Lykken und Tellegen (1996).

11 Ein U-förmiger Verlauf der subjektiven Lebenszufriedenheit im Zuge des Lebenszyklus wurde bereits von Clark und Oswald (1994) beschrieben. Neuere Studien zeigen ebenfalls unter Verwendung der Daten aus dem SOEP den beschriebenen S-förmigen Verlauf, selbst unter Kontrolle wesentlicher Variablen (vgl. Wunder et al. [2009] sowie Van Landeghem [2009]).

12 Vgl. Campbell, Converse und Rogers (1976).

13 Vgl. Carstensen (1995) und Lawton (1996).

14 Ob dies mit einer grundsätzlichen Konvergenz im Hinblick auf die Lebenszufriedenheit oder aber mit einer besonders intensive Binnenwanderung jüngerer Bundesbürger zu tun hat, kann an dieser Stelle nicht beantwortet werden. Möglicherweise spielen jedoch beide Effekte eine gewisse Rolle.

15 Dies geht sowohl aus den SOEP-Daten als auch aus der offiziellen Bevölkerungsstatistik hervor.

16 Trotz des weitgehend stabilen Zusammenhangs zwischen dem Alter und der subjektiven Lebenszufriedenheit sind Zukunftsprognosen jedoch mit Vorsicht zu genießen. Ein berühmtes Beispiel hierfür ist die Intelligenz. Im Querschnitt lässt sich regelmäßig ein Absinken des IQs ab Mitte 20 beobachten, im Längsschnitt ließen sich in den letzten Jahrzehnten jedoch Anstiege bis zu einem Alter von 40 beobachten.

17 Nach eigenen Berechnungen auf Basis der 12. Koordinierten Bevölkerungsvorausberechnung des Statistischen Bundesamtes wird der Anteil der heute 35- bis 65-Jährigen an der Bevölkerung von heute 53 Prozent bis zum Jahr 2030 auf nur noch 46 Prozent zurückgehen.

18 Studien zur zeitlichen Entwicklung der Lebenszufriedenheit von Männern und Frauen existieren lediglich für den Zeitraum des letzten Drittels des 20. Jahrhunderts. So zeigen z. B. Blanchflower und Oswald (2004) für die USA und Großbritannien, dass die subjektive

Lebenszufriedenheit von Frauen seit den frühen 1970er Jahren rückläufig war gegenüber der von Männern. Dieses Ergebnis macht deutlich, dass neben dem fortschreitenden Abbau von Diskriminierungstatbeständen andere Faktoren womöglich einen gewichtigeren Einfluss ausüben. Nicht zuletzt dürften sich die Ansprüche und Anforderungen der Frauen im Zuge ihrer gesellschaftlichen Besserstellung ebenfalls nach oben angepasst haben.

19 Vgl. z. B. Nolen-Hoeksema und Rusting (1999), aber auch Inglehart (1990).

20 Vgl. als Überblick Stutzer (2003).

21 Eigene Auswertungen auf Basis des SOEP 2009.

22 Vgl. u. a. die Querschnittsanalysen von Blanchflower und Oswald (2004) sowie Frey und Stutzer (2006). Für einen internationalen Vergleich siehe u. a. Diener et al. (2000).

23 Vgl. Frey und Stutzer (2006).

24 Vgl. u. a. Clark et al. (2003) sowie Easterlin (1995).

25 Vgl. Easterlin und Zimmermann (2006).

26 Frey (2008) zeigt u. a., dass Ehen insbesondere dann glücksbringend sind, wenn das Ausbildungsniveau beider Partner gleich hoch ist. Headey et al. (2010) zeigen ebenfalls anhand des SOEP, dass auch die Prioritäten des Partners bezüglich Beruf, Familie und anderer Aspekte mit über die Qualität einer Beziehung entscheiden können. Eine generelle Diskussion hierzu führt Waite (1995).

27 Für England kommen Gardner und Oswald (2006) zu einem ähnlichen Befund.

28 Vgl. Layard (2005).

29 Vgl. beispielsweise Oerter und Montada (2002).

30 Die Zukunft wird zeigen, ob der Effekt erhalten bleibt.

31 Vgl. Clark und Oswald (1994), Di Tella et al. (2003). Die ersten Studien, die einen negativen Effekt festgestellt haben, gehen sogar bis in die 1970er Jahre zurück.

Vgl. Andrews und Withey (1976), Glenn und McLanahan (1981) und Glenn und Weaver (1981). Eine aktuelle Untersuchung für Deutschland kommt zu etwas differenzierteren Ergebnissen. Hierbei wurde unter Berücksichtigung gesonderter Unsicherheitsfaktoren eine positive Auswirkung von Kindern auf die Zufriedenheit ihrer Eltern beschrieben (vgl. Humpert [2009]).

32 Vgl. Trzcinski und Holst (2005).

33 Vgl. Diener (2000).

34 Vgl. Schmid (2007).

35 So zeigen etwa Shields und Wooden (2003) für Australien, dass Kinder, sofern sie erst einmal im Erwachsenenalter sind, durchaus einen begünstigenden Effekt für das Glück der Eltern besitzen.

36 Vgl. Putnam (1995) und Putnam (2000).

37 S. Helliwell (2003), Bjornskov (2003) sowie Helliwell und Putnam (2005).

38 Vgl. etwa Easterlin (1995).

39 Vgl. van Suntum und Uhde (2009).

40 Vgl. etwa Miegel (2010).

41 Die Effektstärke von Einkommen variiert in der Literatur in der Regel je nach Entwicklungsstand eines Landes. Vgl. hierzu u. a. Blanchflower und Oswald (2004) und Graham und Pettinato (2002).

42 Vgl. Clark et al. (2008).

43 Vgl. etwa Layard et al. (2008).

44 Vgl. etwa Winkelmann und Winkelmann (1998) sowie Clark et al. (2008).

45 Einen kausalen Effekt belegen u. a. Gardner und Oswald (2007) sowie Frijters et al. (2004).

46 Zu ähnlichen Effekten für Deutschland kommen auch Knabe et al. (2009); Layard et al. (2008) und Headey et al. (2008) finden - ebenfalls auf Basis des SOEP - einen deutlich stärkeren Zusammenhang. Dies kann jedoch zu großen Teilen durch eine begrenztere Auswahl an Kontrollvariablen erklärt werden.

47 Vgl. Knabe et al. (2009).

48 Vgl. Clark et al. (2008). Erste Studien zur Adaption: Vgl. Brickman und Campbell (1971).

49 Vgl. Di Tella et al. (2003) sowie Helliwell (2003).

50 Vgl. Solnick und Hemenway (1998).

51 Vgl. Ferrer-i-Carbonell (2005).

52 Vgl. Hayek (2011).

53 Vgl. Pugno (2009).

54 Vgl. Alesina et al. (2004).

55 Im europäischen Vergleich sind es regelmäßig die Dänen, die auf die höchsten Zufriedenheitswerte kommen.

56 Vgl. Headey und Wooden (2005).

57 Jüngere Schätzungen für Deutschland kommen auf ähnlich hohe Effektstärken (vgl. u. a. Knabe et al. [2009]). Für Großbritannien finden Clark und Oswald (1994) sogar einen noch stärkeren negativen Effekt.

58 Eine zentrale Studie für Deutschland hierzu geht auf Winkelmann und Winkelmann (1995) zurück. Danach können mehr als 75 Prozent des Rückgangs der Lebenszufriedenheit auf nicht-pekuniäre Aspekte zurückgeführt werden.

59 Vgl. Gerlach und Stephan (1996).

60 Vgl. Clark et al. (2010).

61 Die Arbeitslosigkeit spielt auch eine entsprechend große Rolle in den verschiedenen aktuellen Bemühungen, einen Gesamtindikator der Lebenszufriedenheit zu entwerfen. Zuletzt wurde u. a. von van Suntum und Uhde (2009) versucht, all jene Glücksfaktoren, die mehr oder weniger unter direktem politischem Einfluss stehen, in einem Index zu bündeln, wobei die Arbeitslosenquote als einer der zentralen Teilindikatoren Verwendung fand.

62 Hierbei ist zusätzlich zu beachten, dass die Arbeitslosigkeit auch die Beschäftigten hinsichtlich ihrer Lebenszufriedenheit beeinträchtigt, indem das Risiko ansteigt, arbeitslos zu werden. Dieser Unterschied lässt sich etwa zeigen, wenn man Angestellte des privaten Sektors mit Beamten vergleicht (vgl. Luechinger et al. [2010]).

63 Vgl. Wulfgramm (2011) sowie Chadi (2011).

64 Vgl. auch Knabe und Rätzel (2008). Im Fall der Leiharbeit spielen nach Ansicht der Autoren wahrscheinlich vor allem die hohe Flexibilität sowie der erhöhte Leistungsdruck eine wichtige Rolle.

65 Die Frage dabei lautet: »Wie zufrieden sind Sie mit Ihrer Arbeit?«, wobei eine zehnstufige Antwortskala vorgegeben wird mit 10 = ganz und gar zufrieden und 0 = ganz und gar unzufrieden.

66 Vgl. Headey et al. (2010).

67 Vgl. etwa Meier und Stutzer (2008) oder Rätzel (2009).

68 Als eine Möglichkeit zur Analyse des Zusammenhangs von Stress und Zufriedenheit bietet sich eine Querschnittsbetrachtung an. Hierbei ergibt sich ein Effekt von immerhin -0,5 Punkten für den Fall, dass jemand häufig unter Stress leidet, gegenüber seltenem Stress. Unter Verwendung von Panel-Daten dürfte dieser Effekt jedoch etwas niedriger ausfallen.

69 Kahnemann et al. (2004) zeigen anhand von Befragungen sogar, dass Pendeln die am wenigsten zufriedenstellende Tätigkeit im Tagesablauf darstellt.

70 Aus dem SOEP können hierzu zwei Informationen bezogen werden: wie häufig eine Person pendelt (täglich, wöchentlich oder seltener) und wie lang die Pendelstrecke in Kilometern ist. Zur Schätzung der wöchentlichen Kilometerzahl wurde die Streckenlänge bei täglichem Pendeln entsprechend mit 10 multipliziert, bei wöchentlichem Pendeln mit 2, und bei seltenem Pendeln wurde angenommen, dass die Strecke lediglich etwa zweimal in zwei Wochen bewältigt wird.

71 Stutzer und Frey (2008) finden heraus, dass die Menschen in Deutschland durch das Pendeln letztlich draufzahlen und die Personen, die viele Stunden wöchentlich mit Pendeln zubringen, signifikant unglücklicher sind als solche, die näher am Arbeitsplatz wohnen.

72 Knabe et al. (2009) zeigen ebenfalls anhand des SOEP, dass neben der Dauer bzw. der Strecke des wöchentlichen Pendelns auch die Unterscheidung zwischen täglichem und wöchentlichem

Pendeln von zentraler Bedeutung ist. Demnach ist mit dem wöchentlichen Pendeln in der Regel der Effekt der Abgeschiedenheit von Familie und Freunden verbunden, was zu einem deutlich stärkeren Effekt auf die Lebenszufriedenheit beiträgt. Für das tägliche Pendeln kommen die Autoren hingegen zu keinen signifikanten Ergebnissen.

73 Frey (2008) schätzt den positiven Effekt der Selbstständigkeit auf die Arbeitszufriedenheit sogar auf 0,11 Punkte. Und auch Blanchflower und Oswald (1998) haben bereits Ende der 1990er Jahre für Großbritannien gezeigt, dass Selbstständige mehr Freude bei der Arbeit empfinden. Blanchflower et al. (2001) und Blanchflower (2000) bestätigen dies.

74 Vgl. Beck und Lendhardt (2009). Die Autoren gehen davon aus, dass diese Aspekte mögliche Vorteile im Rahmen des Betriebsklimas kleinerer Unternehmen überkompensieren.

75 Vgl. z. B. Saunders (1996).

76 Zufriedenheit wirkt jedoch ebenfalls auf die Gesundheit: Vgl. Kiecolt-Glaser et al. (2002).

77 Vgl. Junowitz (2000).

78 Vgl. etwa Larsen (1992).

79 Vgl. Loewenstein und Schadke (1999).

80 Vgl. Riis et al. (2005) sowie Fujita und Diener (1997).

81 Vgl. Frederick und Löwenstein (1999).

82 Eigene Berechnungen auf Basis des SOEP.

83 Während die positiven Folgen sportlicher Aktivität auf die Gesundheit grundsätzlich unbestritten sind, ist der Zusammenhang mit der subjektiven Gesundheitslage weniger ersichtlich. Manz et al. (1999) finden nur einen geringfügigen Zusammenhang zwischen sportlicher Aktivität und der gesundheitlichen Selbsteinschätzung.

84 Vgl. Gerdtham und Johannesson (2001).

85 Vgl. auch Knabe et al. (2009).

86 Vgl. u. a. Theodossiou (1998), Clark und Oswald (1994) und Witter et al. (1984).

87 Vgl. Clark und Oswald (1994).

88 Vgl. Frey und Marti (2010).

89 Eine frühe Überblicksarbeit stammt von Witter et al. (1985).

Teil III

WIE ZUFRIEDEN SIND DIE DEUTSCHEN MIT IHRER ARBEIT?

von Renate Köcher

1. Der subjektive Wert der Arbeit

Deutschland sei ein kollektiver Freizeitpark – dies war einmal das zornige Verdikt eines deutschen Kanzlers. Die Freizeit ist der großen Mehrheit der Bevölkerung zweifelsohne wichtig; dies bedeutet jedoch keine Absage an Leistungsbereitschaft und die Identifikation mit der beruflichen Tätigkeit. Beruf und Freizeit stehen für die erwerbstätige Bevölkerung fast gleichwertig nebeneinander: Für 88 Prozent der Berufstätigen ist die Freizeit wichtig oder sehr wichtig, für 90 Prozent die eigene berufliche Tätigkeit.

Die überwältigende Mehrheit hegt auch keinerlei Zweifel, dass ein Beruf eine wesentliche Voraussetzung für ein erfülltes Leben ist. Allerdings machen viele hier einen Unterschied zwischen Männern und Frauen: Während 68 Prozent der Bevölkerung überzeugt sind, dass Männer für ein erfülltes Leben eine berufliche Tätigkeit brauchen, übertragen dies nur 43 Prozent auf Frauen. Männer differenzieren hier weitaus stärker, als die Frauen dies selbst tun: 50 Prozent der Frauen, aber nur 35 Prozent der Männer sehen in einer beruflichen Tätigkeit eine wesentliche Voraussetzung für ein erfülltes Frauenleben.

Wie stark hier kulturelle Prägungen zum Tragen kommen, zeigen nicht nur die Unterschiede zwischen den Generationen, sondern besonders eindrucksvoll die zwischen West- und Ostdeutschland. Während die westdeutsche Bevölkerung die Bedeutung einer beruflichen Tätigkeit für Männer und Frauen völlig unterschiedlich ansetzt, macht die ostdeutsche Bevölkerung keinerlei Unterschiede: 67 Prozent der ostdeutschen Bevölkerung halten eine berufliche Tätigkeit für eine wesentliche Voraussetzung für ein erfülltes Leben von Männern wie Frauen. Von der westdeutschen Bevölkerung schließen sich 68 Prozent dem ostdeutschen Votum in Bezug auf Männer an, aber nur 37 Prozent in Bezug auf Frauen. Auch nach zwanzig Jahren Einheit wirken hier die unterschiedlichen historischen Erfahrungen nach, nämlich die Vertrautheit der ostdeutschen Bevölkerung mit hohen Erwerbsquoten bei Frauen, an die sich die westdeutsche Bevölkerung erst allmählich gewöhnt.

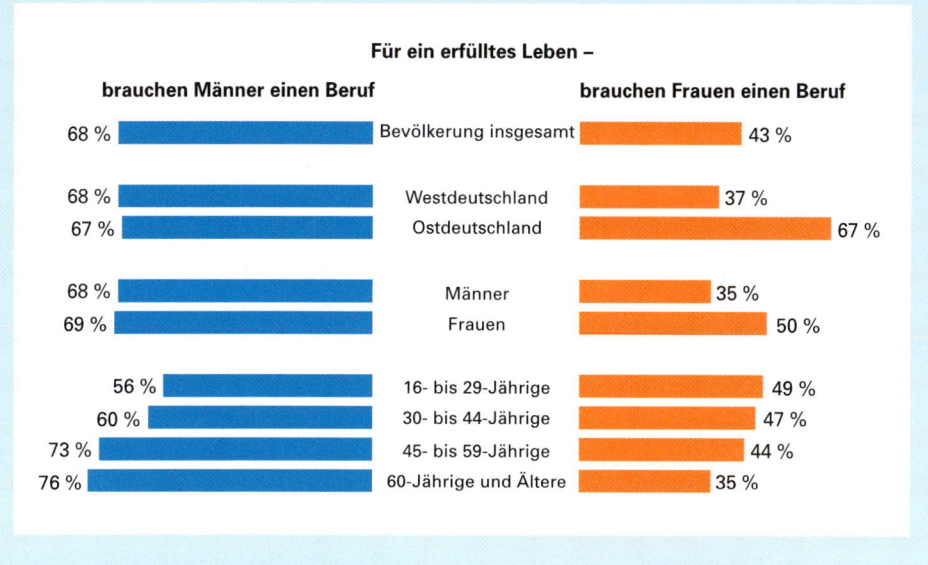

Abbildung 1
Erwerbstätigkeit – Voraussetzung für ein erfülltes Leben?

»Glauben Sie, dass Männer/Frauen berufstätig sein müssen, um ein erfülltes Leben zu haben, oder glauben Sie das nicht?«

Für ein erfülltes Leben –

brauchen Männer einen Beruf | | brauchen Frauen einen Beruf

68 %	Bevölkerung insgesamt	43 %
68 %	Westdeutschland	37 %
67 %	Ostdeutschland	67 %
68 %	Männer	35 %
69 %	Frauen	50 %
56 %	16- bis 29-Jährige	49 %
60 %	30- bis 44-Jährige	47 %
73 %	45- bis 59-Jährige	44 %
76 %	60-Jährige und Ältere	35 %

Quelle: Allensbacher Archiv, IfD-Umfrage 10072. **Basis:** Bundesrepublik Deutschland, Bevölkerung ab 16 Jahre.

Die Unterschiede zwischen den Generationen zeigen den sozialen Wandel. Die 60-Jährigen und Älteren differenzieren extrem zwischen Männern und Frauen, die Unter-30-Jährigen dagegen nur noch wenig. Interessanterweise veranschlagen die Jüngeren nicht nur die Bedeutung einer beruflichen Tätigkeit für Frauen höher als die Älteren, sondern gleichzeitig die Bedeutung für Männer geringer: 35 Prozent der 60-Jährigen und Älteren, aber 49 Prozent der Unter-30-Jährigen sind überzeugt, dass Frauen für ein erfülltes Leben eine berufliche Tätigkeit brauchen; umgekehrt gehen 76 Prozent der 60-Jährigen und Älteren, aber nur 56 Prozent der Unter-30-Jährigen davon aus, dass dies für Männer gilt (vgl. Abbildung 1).

Prüft man den subjektiven Stellenwert der eigenen Arbeit, so zeigen sich nur marginale Unterschiede zwischen Männern und Frauen. 92 Prozent der berufstätigen Männer ist die eigene Tätigkeit sehr oder ziemlich wichtig, 88 Prozent aller berufstätigen Frauen, 90 Prozent der in Vollzeit berufstätigen Frauen. Gerade die Haltung in Vollzeit berufstätiger Frauen zu

Der subjektive Wert der Arbeit

Die Bedeutung, welche die Arbeit für den Einzelnen hat, hängt in hohem Maße von den materiellen und insbesondere von den immateriellen Gratifikationen ab. 90 Prozent der Berufstätigen ist ihr Beruf sehr bzw. ziemlich wichtig. 57 Prozent der berufstätigen Männer wie Frauen bemühen sich bei ihrer Arbeit, immer ihr Bestes zu geben, lediglich zwölf Prozent arbeiten nur, um Geld zu verdienen.

Beruf und Freizeit stehen für die erwerbstätige Bevölkerung fast gleichwertig nebeneinander: Für 88 Prozent der Berufstätigen ist die Freizeit wichtig oder sehr wichtig, für 90 Prozent die eigene berufliche Tätigkeit.

Die Lebenszufriedenheit von Arbeitslosen liegt mit 4,7 Punkten aktuell weit unter der von Erwerbstätigen mit 7,1. Besonders schwer wiegt für Arbeitslose die Unsicherheit über die eigene Zukunft und die Verschlechterung ihrer materiellen Situation. 42 Prozent der Arbeitslosen haben das Gefühl, nicht mehr viel wert zu sein. Die Bereitschaft, eine Tätigkeit unterhalb des eigenen Qualifikationsniveaus anzunehmen, hat sich seit Mitte der 90er Jahre von 49 auf 67 Prozent erhöht.

ihrem Beruf deckt sich nahezu vollständig mit der Haltung berufstätiger Männer: Jeweils 47 Prozent ist die eigene berufliche Tätigkeit sehr wichtig, 45 Prozent der berufstätigen Männer, 43 Prozent der in Vollzeit berufstätigen Frauen ziemlich wichtig.

Berufstätige Männer und Frauen können sich auch in ähnlichem Maße ein Leben ohne Arbeit nur schwer vorstellen. 62 Prozent der Männer und 58 Prozent der Frauen würde persönlich ohne Arbeit etwas fehlen. Auch die Identifikation mit der Arbeit ist nahezu völlig identisch: Jeweils 57 Prozent der berufstätigen Männer wie Frauen bemühen sich bei ihrer Arbeit, immer mit vollem Einsatz zu arbeiten und ihr Bestes zu geben. Umgekehrt arbeitet nur eine kleine Minderheit ausschließlich aus materiellen Gründen: Elf Prozent der Männer, 13 Prozent der Frauen »arbeiten nur, um Geld zu verdienen«. Der Anteil, der am liebsten gar nicht arbeiten würde, macht knapp sieben Prozent der berufstätigen Männer und knapp neun Prozent der berufstätigen Frauen aus (vgl. Tabelle 1).

Tabelle 1

Das trifft auch auf mich zu (Auszug)	Berufstätige		
	insgesamt	Männer	Frauen
Ich arbeite nur, um Geld zu verdienen, ansonsten bedeutet mir die Arbeit nicht viel.	12 %	11 %	13 %
Ich würde am liebsten gar nicht arbeiten.	8 %	7 %	9 %
Ohne Arbeit würde mir persönlich etwas fehlen.	60 %	62 %	58 %
Ich gebe bei der Arbeit immer mein Bestes, arbeite immer mit vollem Einsatz.	57 %	57 %	57 %

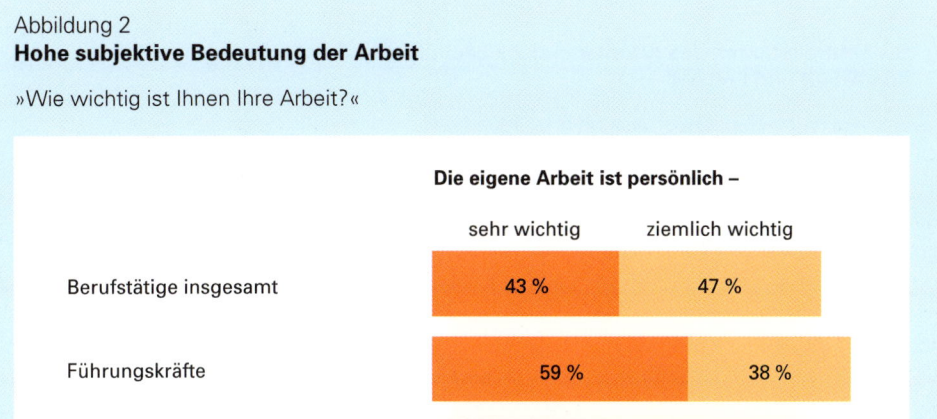

Abbildung 2
Hohe subjektive Bedeutung der Arbeit

»Wie wichtig ist Ihnen Ihre Arbeit?«

Die eigene Arbeit ist persönlich –

	sehr wichtig	ziemlich wichtig
Berufstätige insgesamt	43 %	47 %
Führungskräfte	59 %	38 %
Berufstätige ohne Führungsposition	38 %	50 %

Quelle: Allensbacher Archiv, IfD-Umfrage 10072. **Basis:** Bundesrepublik Deutschland, Bevölkerung ab 16 Jahre.

Die subjektive Bedeutung der Arbeit hängt dagegen in hohem Maße von den materiellen und insbesondere immateriellen Gratifikationen der eigenen Tätigkeit ab. Führungskräfte messen ihrer beruflichen Tätigkeit weitaus mehr Bedeutung bei als Arbeitnehmer ohne Führungsposition, Berufstätige, die mit ihrer beruflichen Tätigkeit und den Bedingungen ihres Arbeitsplatzes sehr zufrieden sind, weitaus mehr als unzufriedene Berufstätige. Für 59 Prozent der Führungskräfte ist der berufliche Bereich »sehr wichtig«, für weitere 38 Prozent »ziemlich wichtig«. Von den Berufstätigen ohne Führungsposition messen dagegen 38 Prozent ihrer Tätigkeit sehr große Bedeutung bei, weitere 50 Prozent große Bedeutung (vgl. Abbildung 2).

Die Gratifikationen der Arbeit beeinflussen auch die Beziehung von Arbeit und Freizeit. Je größer die Zufriedenheit mit der eigenen beruflichen Tätigkeit, desto mehr Bedeutung wird ihr auch im Verhältnis zur Freizeit beigemessen. Umgekehrt spielt die Freizeit für Personen mit niedriger Arbeitszufriedenheit eine weitaus größere Rolle als der Arbeitsbereich. So messen nur 26 Prozent der mit ihrer Arbeit Unzufriedenen dem Arbeitsbereich eine sehr große Bedeutung bei, dagegen 52 Prozent ihrer Freizeit (vgl. Abbildung 3).

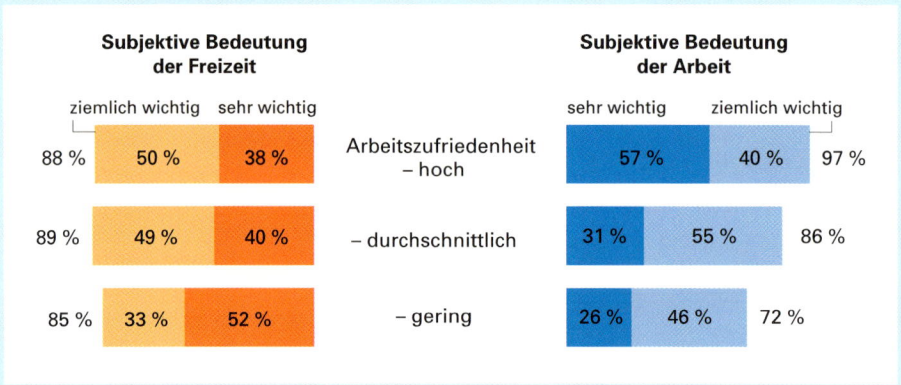

Abbildung 3

Die Gratifikationen des Arbeitsbereichs beeinflussen den Stellenwert von Arbeit und Freizeit

»Ich möchte Ihnen zunächst verschiedene Bereiche vorlesen und Sie fragen, wie wichtig sie in Ihrem Leben sind. Bitte sagen Sie mir für jeden Bereich, ob er Ihnen sehr wichtig, ziemlich wichtig, nicht sehr wichtig oder überhaupt nicht wichtig ist.«

Subjektive Bedeutung der Freizeit				Subjektive Bedeutung der Arbeit		
ziemlich wichtig	sehr wichtig			sehr wichtig	ziemlich wichtig	
88 %	50 %	38 %	Arbeitszufriedenheit – hoch	57 %	40 %	97 %
89 %	49 %	40 %	– durchschnittlich	31 %	55 %	86 %
85 %	33 %	52 %	– gering	26 %	46 %	72 %

Quelle: Allensbacher Archiv, IfD-Umfrage 10072. **Basis:** Bundesrepublik Deutschland, Bevölkerung ab 16 Jahre.

Welche Bedeutung Arbeit für den Einzelnen und seine Lebenszufriedenheit hat, zeigt besonders eindrucksvoll der Vergleich von Erwerbstätigen und Erwerbslosen. Die Lebenszufriedenheit von Arbeitslosen liegt weit unter der des Bevölkerungsdurchschnitts und der von Erwerbstätigen. Gebeten, die eigene Lebenszufriedenheit anhand einer Skala von 0 (völlig unzufrieden) bis 10 (völlig zufrieden) zu beschreiben, wählen Berufstätige im Durchschnitt die Skalenstufe 7,1, Arbeitslose dagegen die extrem niedrige Stufe 4,7. Schon der drohende Verlust des Arbeitsplatzes beeinträchtigt die Lebenszufriedenheit nachhaltig: Arbeitnehmer, die ihren Arbeitsplatz für unsicher halten, beschreiben ihre Lebenszufriedenheit im Durchschnitt mit der Skalenstufe 6,0 (vgl. Abbildung 4).

Der Verlust des Arbeitsplatzes beeinträchtigt die Lebenszufriedenheit und teilweise auch das Selbstwertgefühl gravierend. Besonders schwer wiegt für Arbeitslose die Unsicherheit über die eigene Zukunft und die Verschlechterung ihrer materiellen Situation. Während die Bevölkerung davon ausgeht, dass das Schlimmste an Arbeitslosigkeit die Sorge ist, sich bzw. die eigene Familie nicht mehr versorgen zu können, nennen Arbeitslose selbst diesen Aspekt erst an dritter Stelle. Das staatliche soziale Netz mildert die

Sorge vieler Arbeitsloser erkennbar, die eigene Existenz und die Existenz der Familie nicht mehr sichern zu können. Die materiellen Einschränkungen empfinden die meisten dagegen als gravierend. 59 Prozent der Arbeitslosen empfinden als das Schlimmste an ihrer Situation die Unsicherheit über die eigene Zukunft, 56 Prozent das geringe Einkommen; die Sorge, die eigene Existenz nicht mehr ausreichend sichern zu können, bewegt 44 Prozent.

Eine große Rolle spielt das Empfinden, durch den Verlust des Arbeitsplatzes gesellschaftlich abgewertet zu sein – ein Aspekt, dem die Bevölkerung nicht dieselbe Bedeutung beimisst wie die Betroffenen selbst: 33 Prozent der Bevölkerung, 42 Prozent der Arbeitslosen halten es für eine besonders gravierende Folge von Arbeitslosigkeit, nicht mehr viel wert zu sein in der Gesellschaft. Auch die erzwungene Untätigkeit betonen Arbeitslose mehr, als die Bevölkerung wahrnimmt. Die privaten sozialen Kontakte werden durch Arbeitslosigkeit offenbar nur wenig gefährdet. Nur zwölf Prozent der Bevölkerung wie der Arbeitslosen verbinden mit Arbeitslosig-

Abbildung 4
Arbeitslose weit unterdurchschnittlich mit ihrem Leben zufrieden

»Wenn Sie einmal alles in allem nehmen, wie zufrieden sind Sie insgesamt zurzeit mit Ihrem Leben? Sagen Sie es mir doch bitte nach dieser Skala hier. Null bedeutet ›überhaupt nicht zufrieden‹ und zehn ›völlig zufrieden‹.«

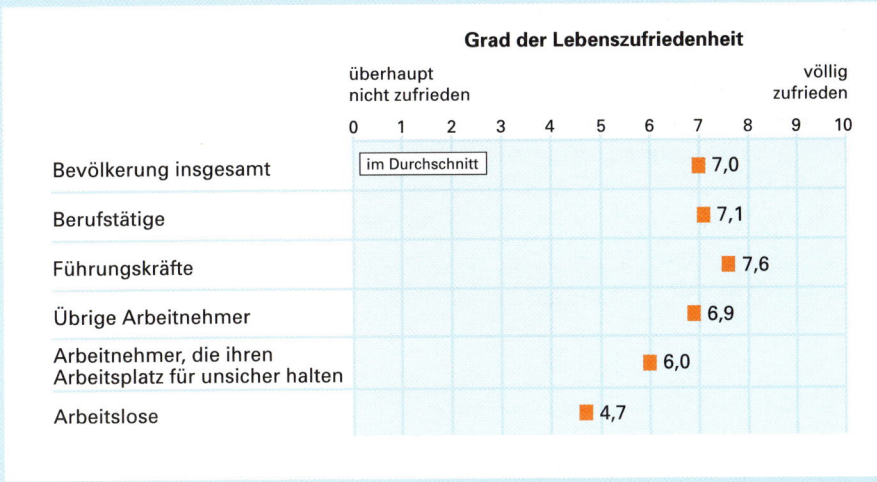

	Grad der Lebenszufriedenheit	

| überhaupt nicht zufrieden | | völlig zufrieden |

0 1 2 3 4 5 6 7 8 9 10

Bevölkerung insgesamt	7,0
Berufstätige	7,1
Führungskräfte	7,6
Übrige Arbeitnehmer	6,9
Arbeitnehmer, die ihren Arbeitsplatz für unsicher halten	6,0
Arbeitslose	4,7

im Durchschnitt

Quelle: Allensbacher Archiv, IfD-Umfrage 10072. **Basis:** Bundesrepublik Deutschland, Bevölkerung ab 16 Jahre.

Abbildung 5
Was ist das Schlimmste an Arbeitslosigkeit?

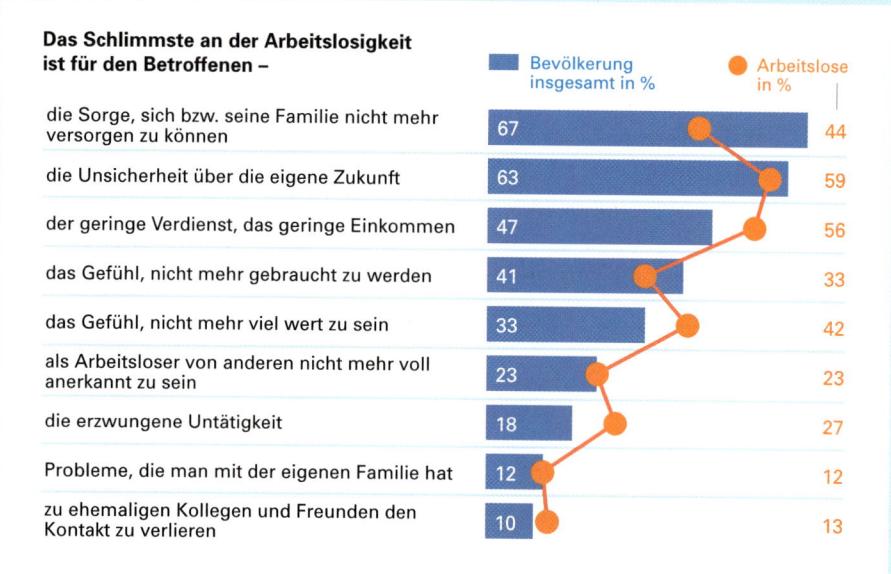

Das Schlimmste an der Arbeitslosigkeit ist für den Betroffenen –

	Bevölkerung insgesamt in %	Arbeitslose in %
die Sorge, sich bzw. seine Familie nicht mehr versorgen zu können	67	44
die Unsicherheit über die eigene Zukunft	63	59
der geringe Verdienst, das geringe Einkommen	47	56
das Gefühl, nicht mehr gebraucht zu werden	41	33
das Gefühl, nicht mehr viel wert zu sein	33	42
als Arbeitsloser von anderen nicht mehr voll anerkannt zu sein	23	23
die erzwungene Untätigkeit	18	27
Probleme, die man mit der eigenen Familie hat	12	12
zu ehemaligen Kollegen und Freunden den Kontakt zu verlieren	10	13

Abbildung 6
Die überwältigende Mehrheit der Arbeitslosen wünscht sich einen Arbeitsplatz

Frage an Arbeitslose: »Wären Sie gerne berufstätig, oder sind Sie zufrieden, so wie die Situation jetzt ist?«

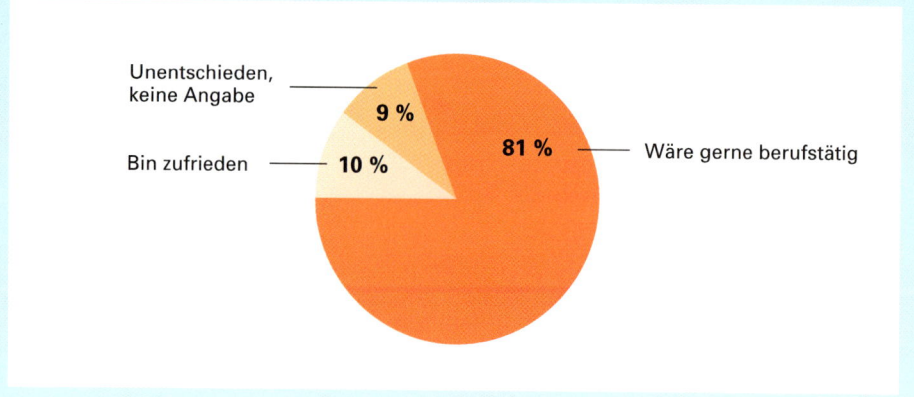

Unentschieden, keine Angabe 9 %

Bin zufrieden 10 %

81 % Wäre gerne berufstätig

Quelle: Allensbacher Archiv, IfD-Umfrage 10072. **Basis:** Bundesrepublik Deutschland, Bevölkerung ab 16 Jahre.

keit Probleme mit der eigenen Familie, 13 Prozent der Arbeitslosen den Verlust von Kontakten zu ehemaligen Kollegen und Freunden (vgl. Abbildung 5).

Die Nachteile des Arbeitsplatzverlustes sind aus der Sicht der überwältigenden Mehrheit der Arbeitslosen gravierend. Entsprechend mag sich auch nur eine kleine Minderheit mit dieser Situation abfinden. Die überwältigende Mehrheit der Arbeitslosen, 81 Prozent, wäre gerne wieder berufstätig (vgl. Abbildung 6).

Langzeitanalysen belegen, dass die Opferbereitschaft von Arbeitslosen zugunsten eines neuen Arbeitsplatzes seit den 90er Jahren deutlich angestiegen ist. Das gilt insbesondere für die Bereitschaft, eine Tätigkeit unterhalb des eigenen Qualifikationsniveaus zu akzeptieren wie auch schlechtere Arbeitsbedingungen, Wochenendarbeit und eine besonders anstrengende Tätigkeit anzunehmen.

Mitte der 90er Jahre waren 45 Prozent der Arbeitslosen bereit, auch eine Tätigkeit mit Wochenendarbeit zu akzeptieren, heute 59 Prozent. Der Anteil, der bereit ist, eine Tätigkeit unterhalb der eigenen Qualifikationsstufe anzunehmen, hat sich im selben Zeitraum von 49 auf 67 Prozent erhöht, die Bereitschaft, eine sehr anstrengende Arbeit zu akzeptieren, von 38 auf 52 Prozent. Lediglich die Bereitschaft, einen zeitlich befristeten Arbeitsvertrag zu akzeptieren, ist seit der Mitte der 90er Jahre von 82 auf 70 Prozent abgesunken. Auch die große und deutlich gewachsene Opferbereitschaft der meisten Arbeitslosen zeigt den Wert der Arbeit und die geringe Attraktivität einer unfreiwilligen Erwerbslosigkeit.*

---

* Quelle: Allensbacher Archiv, IfD-Umfragen 5094 und 10062

2. Wie hängen Lebens- und Arbeitszufriedenheit zusammen?

Nicht nur der Besitz eines Arbeitsplatzes beeinflusst die Lebens-zufriedenheit, sondern auch die Arbeitsbedingungen, die mit der Arbeit verbundenen Belastungen, das Betriebsklima und die mate-riellen und immateriellen Gratifikationen einer Tätigkeit. Berufstätige, die mit ihrer Arbeit ausgesprochen zufrieden sind, weisen eine überdurch-schnittliche Lebenszufriedenheit auf, Berufstätige mit geringer Arbeitszu-friedenheit eine weit unterdurchschnittliche (vgl. Abbildung 7).

Wie die Arbeit beschaffen ist, beeinflusst Arbeits- und Lebenszufrieden-heit. Aber welche Facetten, welche Merkmale einer beruflichen Tätigkeit entscheiden darüber, ob sie als befriedigend oder unbefriedigend empfun-den wird?

Einen ersten Anhaltspunkt liefern die Prioritäten der Berufstätigen, also das, was ihnen an einer Arbeit und einem Arbeitsplatz besonders wichtig ist. Dieses Anforderungsprofil ist außerordentlich facettenreich und keines-wegs primär an materiellen Gratifikationen ausgerichtet. Vielmehr stehen an der Spitze Merkmale, die die Qualität der Arbeit betreffen, und ihre Übereinstimmung mit den eigenen Fähigkeiten und Bedürfnissen. Berufs-tätige wünschen sich vor allem eine Arbeit, die Spaß macht, die abwechs-lungsreich ist und den eigenen Fähigkeiten und Neigungen entspricht, teil-weise auch eine Tätigkeit, die persönlich voll und ganz erfüllt.

Daneben spielen vor allem Sicherheitsaspekte eine Rolle - die Sicherheit des Arbeitsplatzes und eine Alterssicherung - sowie eine gute Beziehung zu Kollegen und die Anerkennung der eigenen Leistung. 89 Prozent der Berufstätigen legen besonderen Wert auf einen sicheren Arbeitsplatz, 67 auf eine gute Altersversorgung; 86 Prozent ist die Zusammenarbeit mit an-genehmen Kollegen und Mitarbeitern besonders wichtig, 83 Prozent die Anerkennung der eigenen Leistung.

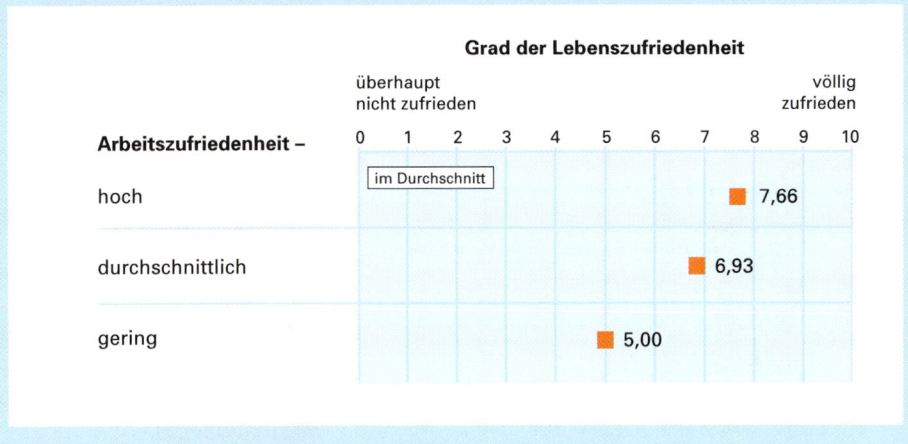

Abbildung 7
Enger Zusammenhang zwischen Lebens- und Arbeitszufriedenheit

»Wenn Sie einmal alles in allem nehmen, wie zufrieden sind Sie insgesamt zurzeit mit Ihrem Leben? Sagen Sie es mir doch bitte nach dieser Skala hier. Null bedeutet ›überhaupt nicht zufrieden‹ und zehn ›völlig zufrieden‹.«

Grad der Lebenszufriedenheit

überhaupt nicht zufrieden · völlig zufrieden

Arbeitszufriedenheit – 0 1 2 3 4 5 6 7 8 9 10

Arbeitszufriedenheit –	im Durchschnitt
hoch	7,66
durchschnittlich	6,93
gering	5,00

Quelle: Allensbacher Archiv, IfD-Umfrage 10072. **Basis:** Bundesrepublik Deutschland, Bevölkerung ab 16 Jahre.

Insgesamt haben die Anforderungen an den Arbeitsplatz in den vergangenen 40 Jahren zugenommen, vor allem der Wunsch nach einem sicheren Arbeitsplatz und nach Anerkennung im Beruf (vgl. Tabelle 2).

Tabelle 2

Es halten an einem Beruf persönlich für ganz besonders wichtig:	westdeutsche Berufstätige		
	1973	1991	2011
nette Kollegen, Mitarbeiter	83 %	80 %	87 %
sicheren Arbeitsplatz	76 %	87 %	90 %
Anerkennung der eigenen Leistung	69 %	77 %	83 %

Auch die Vereinbarkeit von Familie und Beruf gehört für die überwältigende Mehrheit zu den besonders wichtigen Punkten. 65 Prozent aller Berufstätigen ist es besonders wichtig, dass sich die eigene berufliche Tätigkeit besonders gut mit der Familie und den privaten Interessen vereinbaren lässt. Alle diese Punkte werden häufiger genannt als ein hohes Einkommen

Abbildung 8
Der ideale Arbeitsplatz

Es halten für besonders wichtig –

Berufstätige

eine Arbeit, die mir Spaß macht	90 %
sicherer Arbeitsplatz	89 %
nette Arbeitskollegen, Mitarbeiter	86 %
Anerkennung der eigenen Leistung	83 %
ein Beruf, der den eigenen Fähigkeiten und Neigungen entspricht	77 %
abwechslungsreiche Tätigkeit	74 %
eine gute Altersversorgung bekommen, im Alter gesichert sein	67 %
Arbeit, die sich gut mit Privatleben und Familie vereinbaren lässt	65 %
eine Arbeit, die mich ganz erfüllt	58 %
dass man neben dem Beruf seinen Freizeitinteressen nachgehen kann	58 %
Bezahlung, die sich an der Leistung orientiert	57 %
hohes Einkommen	57 %
eine Arbeit, die mich herausfordert, bei der ich beweisen muss, was ich kann	57 %
kein langer Weg zur Arbeit	56 %
ein Beruf, bei dem ich mich weiterentwickeln kann	56 %
seine Arbeit weitgehend selbst einteilen können	55 %
viel Kontakt zu anderen Menschen	53 %
geregelte Arbeitszeit, wenig Überstunden	53 %
flexible Arbeitszeiten	50 %
ein Beruf, der Zukunft hat, Erfolg verspricht	50 %
gute Aufstiegsmöglichkeiten	48 %
große Entscheidungsfreiheit	47 %
ein Beruf, bei dem es darauf ankommt, eigene Ideen zu haben	46 %
Aufgaben, die viel Verantwortungsbewusstsein erfordern	44 %
ein Berufsumfeld, für das ich ausgebildet wurde	42 %
wenig Stress	40 %
viel Teamarbeit	39 %
ein Beruf, der angesehen und geachtet ist	37 %
Förderung durch Vorgesetzte	36 %
ein Beruf, bei dem man etwas Nützliches für die Allgemeinheit tun kann	34 %
dass man für Entscheidungen immer genügend Zeit hat, sie nie unter Zeitdruck treffen muss	31 %
viel Urlaub	30 %
ein Beruf, bei dem man anderen helfen kann	29 %
Möglichkeiten, andere Menschen zu führen	24 %

Quelle: Allensbacher Archiv, IfD-Umfrage 10072. **Basis:** Bundesrepublik Deutschland, Bevölkerung ab 16 Jahre.

und eine leistungsbezogene Entlohnung, die jeweils 57 Prozent der Berufstätigen besonders wichtig sind.

Darüber hinaus legt die Mehrheit auch auf eine geregelte Arbeitszeit und wenig Überstunden Wert, auf einen möglichst kurzen Weg zur Arbeit, die Möglichkeit, sich seine Arbeit weitgehend selbst einteilen zu können und sich persönlich im und durch den Beruf weiterentwickeln zu können (vgl. Abbildung 8).

Während die Mehrheit Wert auf geregelte Arbeitszeiten und wenig Überstunden legt, ist ein großes Urlaubskontingent nur das Anliegen einer Minderheit. 53 Prozent legen Wert auf geregelte Arbeitszeiten und wenig Überstunden, nur 30 Prozent auf viele Urlaubstage. Auch wenig Stress und ausreichend Zeit für Entscheidungen wird nur von einer Minderheit der Berufstätigen als wichtige Anforderung an einen Beruf formuliert.

Bemerkenswert gering ist auch der Wunsch, mit der eigenen beruflichen Tätigkeit etwas Nützliches für die Allgemeinheit zu tun und anderen zu helfen: 34 Prozent wünschen sich einen Beruf, der einen Dienst an der Gemeinschaft bedeutet, 29 Prozent einen Beruf, bei dem man anderen Menschen helfen kann.

Nur ein Aspekt rangiert noch niedriger: der Wunsch, andere Menschen führen zu können. 24 Prozent aller Berufstätigen ist dies bei einer beruflichen Tätigkeit besonders wichtig. Dieser Aspekt ist Männern signifikant wichtiger als Frauen; dies gilt auch für die Wünsche nach großer Entscheidungsfreiheit, guten Zukunfts- und Erfolgschancen, einem hohen Einkommen und einer herausfordernden Tätigkeit. Umgekehrt legen Frauen überdurchschnittlich Wert auf einen Beruf, bei dem sie anderen Menschen helfen können, eine Tätigkeit, von der die Allgemeinheit profitiert, viele Kontakte zu anderen Menschen und geregelte Arbeitszeiten.

Mithilfe einer Faktorenanalyse kristallisieren sich aus den 34 verschiedenen Facetten acht verschiedene Erwartungsdimensionen heraus. Diese sind keine Typologien von Berufstätigen, sondern strukturieren die vielen Einzelaspekte in acht Schwerpunkte, die für alle Berufstätigen eine Rolle spielen. Diese sind:

Wie hängen Lebens- und Arbeitszufriedenheit zusammen?

Wer mit seiner Arbeit ausgesprochen zufrieden ist, weist auch eine überdurchschnittliche Lebenszufriedenheit auf. Zufriedene Berufstätige legen Wert auf Erfolg und Selbstverwirklichung, unzufriedene wollen durch den Job nicht allzu stark belastet werden. Berufstätige wünschen sich vor allem eine Arbeit, die Spaß macht, die abwechslungsreich ist und den eigenen Fähigkeiten entspricht. Der Arbeitsplatz soll sicher, die Arbeit gut entlohnt sein. 65 Prozent ist die Vereinbarkeit von Familie und Beruf wichtig, 57 Prozent ein gutes Einkommen.

1. Erfolgsorientierung:

   - hohes Einkommen,
   - die Möglichkeit, andere Menschen zu führen,
   - eine herausfordernde Arbeit, bei der man das eigene Potenzial unter Beweis stellen kann,
   - Aufgaben, die viel Verantwortungsbewusstsein erfordern,
   - gute Aufstiegsmöglichkeiten und
   - große Entscheidungsfreiheit.

2. Minimierung von Belastungen:

   - wenig Stress,
   - viel Urlaub,
   - geregelte Arbeitszeiten und wenig Überstunden,
   - keine langen Wege zur Arbeit,
   - genügend Zeit für Entscheidungen und
   - genügend Zeit für Freizeitinteressen.

3. Soziale Kontakte und altruistische Motive:

   - ein Beruf, bei dem man anderen helfen kann,
   - der Wunsch, beruflich etwas Nützliches für die Allgemeinheit zu tun,
   - viele Kontakte zu anderen Menschen und
   - Aufgaben, die Verantwortungsbewusstsein erfordern.

4. Freiheit und Flexibilität:

   - die Möglichkeit, sich die Arbeit selbst einteilen zu können,
   - große Entscheidungsfreiheit,
   - flexible Arbeitszeiten und
   - eine abwechslungsreiche Tätigkeit.

5. Sicherheit und materielle Gratifikationen:

   - einen sicheren Arbeitsplatz,
   - Bezahlung, die sich an der Leistung orientiert,
   - Anerkennung der eigenen Leistung und
   - eine gute Altersversorgung.

6. Angenehmes Betriebsklima:

- nette Kollegen und Mitarbeiter,
- viele Kontakte zu anderen Menschen,
- viel Teamarbeit und
- eine Tätigkeit, die persönlich Freude macht.

7. Persönliche Entwicklungschancen:

- Förderung durch Vorgesetzte,
- die Möglichkeit, sich persönlich weiterzuentwickeln,
- ein Beruf, der Zukunft hat und Erfolg verspricht.

8. Kongruenz mit den eigenen Fähigkeiten und Neigungen:

- ein Berufsumfeld, für das man qualifiziert und ausgebildet wurde,
- ein Beruf, der voll und ganz den eigenen Fähigkeiten und Neigungen entspricht,
- eine Arbeit, die Spaß macht und
- ganz erfüllt.

Zufriedene und unzufriedene Berufstätige unterscheiden sich teilweise schon erheblich in ihren Erwartungen an den Beruf. Sie unterscheiden sich besonders in Bezug auf die erste und zweite Erwartungsdimension, ihre Erfolgsorientierung und auf der anderen Seite den Wunsch, durch den Beruf nicht zu stark belastet zu werden.

So legen Berufstätige mit hoher Arbeitszufriedenheit weit überdurchschnittlich Wert auf gute Aufstiegsmöglichkeiten, große Entscheidungsspielräume, eine fordernde Tätigkeit und Aufgaben, die viel Verantwortungsbewusstsein erfordern. Auch eine Tätigkeit, die sie persönlich ganz erfüllt, sowie persönliche Entwicklungsmöglichkeiten, eine leistungsorientierte Honorierung und viele Kontakte zu anderen Menschen sind Berufstätigen mit hoher Arbeitszufriedenheit überdurchschnittlich wichtig. Umgekehrt legen Berufstätige mit mittlerer und geringer Arbeitszufriedenheit überdurchschnittlich Wert auf geregelte Arbeitszeiten, wenig Stress, viel Urlaub und möglichst kurze Wegezeiten zur Arbeit (vgl. Abbildung 9).

Abbildung 9
Zufriedene und unzufriedene Berufstätige unterscheiden sich schon bei ihren Erwartungen an den Beruf

Es halten für besonders wichtig –

	Arbeitszufriedenheit		
	hoch %	mittel %	niedrig %
eine Arbeit, die mich ganz erfüllt	67	53	39
eine Arbeit, die mich herausfordert, bei der ich beweisen muss, was ich kann	66	50	39
ein Beruf, bei dem ich mich weiterentwickeln kann	61	53	44
Bezahlung, die sich an der Leistung orientiert	60	58	42
viel Kontakt zu anderen Menschen	60	46	46
Aufgaben, die viel Verantwortungsbewusstsein fordern	59	31	27
große Entscheidungsfreiheit	56	41	39
gute Aufstiegsmöglichkeiten	53	46	34
ein Beruf, bei dem es darauf ankommt, eigene Ideen zu haben	53	41	36
kein langer Weg zur Arbeit	50	61	66
geregelte Arbeitszeit, wenig Überstunden	43	62	66
wenig Stress	33	43	63
viel Urlaub	24	32	49

Quelle: Allensbacher Archiv, IfD-Umfrage 10072. **Basis:** Bundesrepublik Deutschland, Bevölkerung ab 16 Jahre.

3. Die Zufriedenheit am Arbeitsplatz

Angesichts der hohen und sehr heterogenen Erwartungen an eine befriedigende Tätigkeit ist die Arbeitszufriedenheit der meisten bemerkenswert groß. Gebeten, die eigene Arbeitszufriedenheit anhand einer Skala von 0 (überhaupt nicht zufrieden) bis 10 (völlig zufrieden) zu beschreiben, wählen 48 Prozent aller Berufstätigen die höchsten Skalenstufen 8 bis 10, 41 Prozent die mittleren Skalenstufen 5 bis 7 und lediglich acht Prozent die niedrigen Skalenstufen 0 bis 4. Im Durchschnitt beschreiben die Berufstätigen auf dieser elfstufigen Skala ihre Arbeitszufriedenheit mit der hohen Skalenstufe 7,1.

Westdeutsche Berufstätige sind tendenziell zufriedener als ostdeutsche, Männer tendenziell mehr als Frauen; besonders groß ist die Arbeitszufriedenheit von Führungskräften, besonders gering die von Berufstätigen, die sich um die Sicherheit ihres Arbeitsplatzes Sorgen machen (vgl. Abbildung 10).

Die Mehrzahl sieht das meiste, was sie von ihrer beruflichen Tätigkeit erwartet, als erfüllt an. Dies gilt insbesondere für die Möglichkeit, im Beruf soziale Kontakte zu knüpfen, für das Betriebsklima, die Qualität der Tätigkeit und ihre Übereinstimmung mit den eigenen Fähigkeiten und Neigungen sowie die Möglichkeit, sich zu beweisen und die eigenen Talente zu entfalten.

86 Prozent derjenigen, die es für besonders wichtig halten, dass ihr Beruf ihnen viele Kontakte zu anderen Menschen verschafft, sehen dies in ihrem Beruf als erfüllt an. 76 Prozent macht ihre Arbeit Spaß, 70 Prozent empfinden sie als abwechslungsreich und fordernd, 68 Prozent haben den Beruf, der ihren eigenen Fähigkeiten und Neigungen entspricht.

Auch die Aspekte, die nur einer Minderheit der Berufstätigen bei ihrem Beruf wichtig sind, weisen einen hohen Erfüllungsgrad auf. Das gilt für die Möglichkeit, andere Menschen zu führen, wie für das Bedürfnis, mit der eigenen beruflichen Tätigkeit anderen zu helfen und etwas Nützliches für die Allgemeinheit zu tun. Die Minderheit der Berufstätigen, die auf diese Aspekte Wert legt, sieht diese in der Regel im eigenen Beruf als erfüllt an.

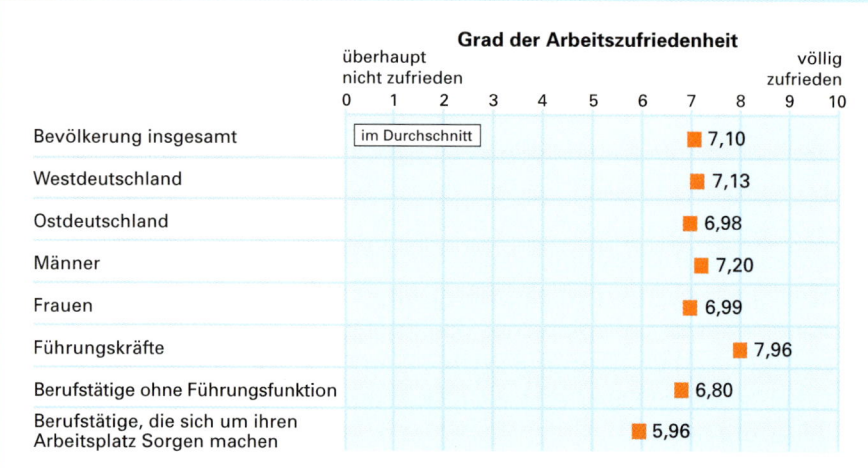

Abbildung 10
Große Arbeitszufriedenheit

»Wie zufrieden sind Sie alles in allem genommen mit Ihrer Arbeit? Wenn Sie es mir nach dieser
Skala hier sagen: Null würde bedeuten, ›überhaupt nicht zufrieden‹, zehn ›völlig zufrieden‹.«

Grad der Arbeitszufriedenheit

überhaupt nicht zufrieden — völlig zufrieden

0 1 2 3 4 5 6 7 8 9 10

	im Durchschnitt	
Bevölkerung insgesamt		7,10
Westdeutschland		7,13
Ostdeutschland		6,98
Männer		7,20
Frauen		6,99
Führungskräfte		7,96
Berufstätige ohne Führungsfunktion		6,80
Berufstätige, die sich um ihren Arbeitsplatz Sorgen machen		5,96

Quelle: Allensbacher Archiv, IfD-Umfrage 10072. **Basis:** Bundesrepublik Deutschland, Bevölkerung ab 16 Jahre.

So haben zwei Drittel derjenigen, die sich eine Führungsposition wünschen, im Beruf tatsächlich die Möglichkeit, eine Führungsfunktion wahr-
zunehmen. 69 Prozent derjenigen, die beruflich anderen helfen möchten,
können dies in ihrem Beruf tun, genauso 62 Prozent derjenigen, die den
Wunsch haben, mit ihrer beruflichen Tätigkeit etwas Nützliches für
die Allgemeinheit zu tun (vgl. Abbildung 11). Damit werden insbesondere
die Erwartungsdimensionen »Soziale Kontakte und altruistische Motive«
sowie »Angenehmes Betriebsklima« in der Realität in hohem Maße erfüllt;
teilweise auch die erste Erwartungsdimension, die auf Herausforderungen,
eine verantwortungsvolle Tätigkeit und Führungsposition ausgerichtet ist.

Auch die zeitlichen Belastungen und die zeitliche Organisation der beruflichen Tätigkeit werden von der Mehrheit derjenigen, denen diese
Aspekte besonders wichtig sind, als zufriedenstellend bewertet. Das gilt
insbesondere für die Wünsche, eine geregelte Arbeitszeit und wenig Überstunden zu haben, eine Tätigkeit, die sich gut mit Familie und Privatleben
vereinbaren lässt, die Möglichkeit, seine Arbeit weitgehend selbst einteilen
zu können, und den Wunsch nach flexiblen Arbeitszeiten.

Abbildung 11
Wunsch und Wirklichkeit

Berufstätige, denen der jeweilige Aspekt besonders wichtig ist, sehen als erfüllt an –

Viel Kontakt zu anderen Menschen	86 %
Nette Arbeitskollegen, Mitarbeiter	79 %
Aufgaben, die viel Verantwortungsbewusstsein erfordern	78 %
Ein Berufsumfeld, für das ich ausgebildet wurde	76 %
Eine Arbeit, die mir Spaß macht	76 %
Viel Teamarbeit	71 %
Abwechslungsreiche Tätigkeit	70 %
Eine Arbeit, die mich herausfordert, bei der ich beweisen muss, was ich kann	70 %
Kein langer Weg zur Arbeit	70 %
Ein Beruf, bei dem man anderen helfen kann	69 %
Ein Beruf, der den eigenen Fähigkeiten und Neigungen entspricht	68 %
Ein Beruf, bei dem es darauf ankommt, eigene Ideen zu haben	64 %
Möglichkeiten, andere Menschen zu führen	64 %
Dass man neben dem Beruf seinen Freizeitinteressen nachgehen kann	63 %
Ein Beruf, bei dem man etwas Nützliches für die Allgemeinheit tun kann	62 %
Geregelte Arbeitszeit, wenig Überstunden	58 %
Eine Arbeit, die mich ganz erfüllt	57 %
Sicherer Arbeitsplatz	57 %
Ein Beruf, der angesehen und geachtet ist	57 %
Arbeit, die sich gut mit Familie und Privatleben vereinbaren lässt	56 %
Seine Arbeit weitgehend selbst einteilen können	55 %
Flexible Arbeitszeiten	53 %
Anerkennung der eigenen Leistung	53 %
Ein Beruf, der Zukunft hat, Erfolg verspricht	50 %
Ein Beruf, in dem ich mich weiterentwickeln kann	49 %
Große Entscheidungsfreiheit	48 %

Quelle: Allensbacher Archiv, IfD-Umfrage 10072. **Basis:** Bundesrepublik Deutschland, Bevölkerung ab 16 Jahre.

58 Prozent derjenigen, die Wert auf eine geregelte Arbeitszeit und wenig Überstunden legen, sehen dies in ihrem Beruf als erfüllt an, 56 Prozent können Familie und Privatleben ohne Weiteres gut mit ihrem Beruf vereinbaren. Allerdings belegen die Daten auch, dass ein erheblicher Teil der Berufstätigen sich mehr zeitliche Freiräume wünscht. Wenn nur gut die Hälfte derjenigen, denen flexible Arbeitszeiten besonders wichtig sind, in ihrem Beruf auch tatsächlich von dieser Möglichkeit Gebrauch machen kann, zeigt dies erhebliche Optimierungsmöglichkeiten bei der Regelung von Arbeitszeiten.

Viele Berufstätige wünschen sich auch generell größere Freiheits- und Entscheidungsspielräume: So können zwar 55 Prozent derjenigen, die sich gerne ihre Arbeit weitgehend selbst einteilen möchten, auch tatsächlich ihren Arbeitstag selbst organisieren; dies bedeutet jedoch, dass 45 Prozent derjenigen, die auf diesen Aspekt besonders Wert legen, ihn beruflich nicht umsetzen können. Von denjenigen, die sich generell große Entscheidungs-

Die Zufriedenheit am Arbeitsplatz

Die Menschen suchen in ihrer Arbeit Freude und Sinn und haben hohe Erwartungen an ihren Beruf. Gemessen daran ist die Arbeitszufriedenheit bemerkenswert groß. Führungskräfte haben die höchste Arbeitszufriedenheit, wer sich um seinen Arbeitsplatz sorgt, die niedrigste.

Die Mehrzahl sieht das meiste, was sie von ihrem Beruf erwartet, in der Praxis als erfüllt an. 86 Prozent derjenigen, die es für besonders wichtig halten, dass ihr Beruf ihnen viele Kontakte zu anderen Menschen verschafft, sehen dies in ihrem Beruf als erfüllt an. 76 Prozent macht ihre Arbeit Spaß, 70 Prozent empfinden sie als abwechslungsreich und fordernd.

Allerdings können nur 56 Prozent Familie und Beruf gut vereinbaren. Nur die Hälfte derjenigen, denen flexible Arbeitszeiten besonders wichtig sind, finden sie in ihrem Beruf auch tatsächlich vor. 55 Prozent derjenigen, die sich gerne ihre Arbeit weitgehend selbst einteilen möchten, können das im Beruf auch umsetzen.

Nur knapp jeder Zweite findet den Entscheidungsspielraum vor, den er sich wünscht.

Die Wunscharbeitszeit und die faktische Arbeitszeit fallen erheblich auseinander. 90 Prozent wollen nicht länger als 40 Stunden arbeiten, doch beziffern 44 Prozent ihre faktische Arbeitszeit auf mehr als 41 Stunden.

Besonders unzufrieden sind die Berufstätigen mit der Entlohnung, den Aufstiegsmöglichkeiten und dem wachsenden Arbeitsdruck. Immerhin 28 Prozent aller Berufstätigen fühlen sich beruflich überfordert.

Ob jemand mit seiner Arbeit zufrieden oder unzufrieden ist, hängt keineswegs in erster Linie von der Zufriedenheit mit der Honorierung, guten Aufstiegsmöglichkeiten oder weniger Stress ab. Ausschlaggebend sind vielmehr die Anerkennung der eigenen Leistung, dass die Arbeit Spaß macht und den eigenen Fähigkeiten entspricht, große Entscheidungsfreiheit, nette Kollegen und Mitarbeiter und ein sicherer Arbeitsplatz.

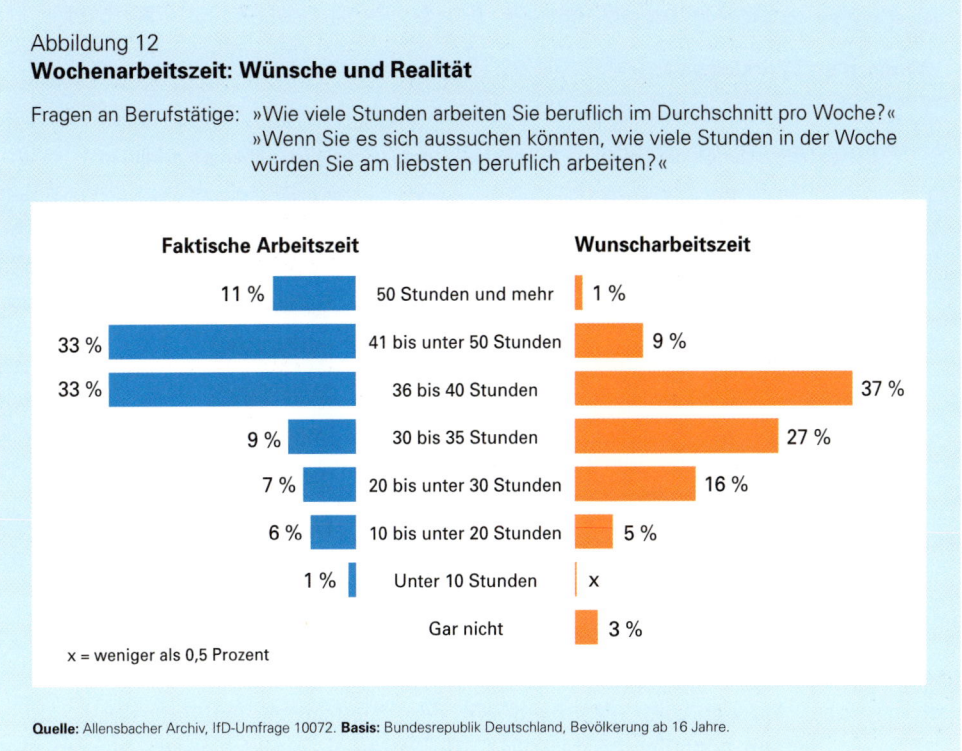

Abbildung 12
Wochenarbeitszeit: Wünsche und Realität

Fragen an Berufstätige: »Wie viele Stunden arbeiten Sie beruflich im Durchschnitt pro Woche?«
»Wenn Sie es sich aussuchen könnten, wie viele Stunden in der Woche
würden Sie am liebsten beruflich arbeiten?«

Faktische Arbeitszeit   **Wunscharbeitszeit**

Faktische Arbeitszeit		Wunscharbeitszeit
11 %	50 Stunden und mehr	1 %
33 %	41 bis unter 50 Stunden	9 %
33 %	36 bis 40 Stunden	37 %
9 %	30 bis 35 Stunden	27 %
7 %	20 bis unter 30 Stunden	16 %
6 %	10 bis unter 20 Stunden	5 %
1 %	Unter 10 Stunden	x
	Gar nicht	3 %

x = weniger als 0,5 Prozent

Quelle: Allensbacher Archiv, IfD-Umfrage 10072. **Basis:** Bundesrepublik Deutschland, Bevölkerung ab 16 Jahre.

freiheiten wünschen, sieht dies knapp jeder Zweite in der eigenen beruflichen Tätigkeit als erfüllt an.

Viele Berufstätige wünschen sich nicht nur flexiblere Arbeitszeiten und mehr Freiheitsspielräume, sondern auch eine Reduzierung ihrer Arbeitszeit. Die Wunscharbeitszeit und die faktische Arbeitszeit fallen teilweise erheblich auseinander. Die kritische Grenze liegt bei 40 Stunden: Nur zehn Prozent aller Berufstätigen halten eine Arbeitszeit von mehr als 40 Stunden für optimal, 44 Prozent beziffern jedoch ihre faktische Arbeitszeit auf mehr als 41 Stunden, elf Prozent sogar auf 50 Stunden und mehr.

Umgekehrt wünschen sich 27 Prozent eine Arbeitszeit zwischen 30 und 35 Stunden; neun Prozent arbeiten faktisch dieses Stundenkontingent. Auch wöchentliche Arbeitszeiten von 20 bis unter 30 Stunden entsprechen weitaus stärker den Präferenzen, als sie faktisch wahrgenommen werden. 16 Prozent wünschen sich eine Arbeitszeit zwischen 20 und 30 Stunden, sieben Prozent arbeiten im Durchschnitt diese Stundenzahl in der Woche (vgl. Abbildung 12).

Abbildung 13
Wunsch und Wirklichkeit

Berufstätige, denen der jeweilige Aspekt besonders wichtig ist, sehen als erfüllt an –

Bezahlung, die sich an der Leistung orientiert	41 %
Förderung durch Vorgesetzte	39 %
Eine gute Altersversorgung bekommen, im Alter gesichert sein	36 %
Gute Aufstiegsmöglichkeiten	32 %
Viel Urlaub	32 %
Hohes Einkommen	27 %
Dass man für Entscheidungen immer genügend Zeit hat, sie nie unter Zeitdruck treffen muss	26 %
Wenig Stress	23 %

Quelle: Allensbacher Archiv, IfD-Umfrage 10072. **Basis:** Bundesrepublik Deutschland, Bevölkerung ab 16 Jahre.

Zu den Anforderungen mit dem niedrigsten Erfüllungsgrad zählen jedoch vor allem materielle Gratifikationen, Aufstiegsmöglichkeiten und Wünsche, durch den Beruf nicht stark belastet und unter Druck gesetzt zu werden. Nur 41 Prozent derjenigen, die Wert auf eine leistungsgerechte Entlohnung legen, attestieren dies ihrem Arbeitgeber; noch wesentlich niedriger ist der Erfüllungsgrad bei den Wünschen nach einem hohen Einkommen und einer soliden Alterssicherung.

Nur 27 Prozent derjenigen, die besonderen Wert auf ein hohes Einkommen legen, sehen dies als erfüllt an; 36 Prozent derjenigen, denen eine gute Alterssicherung besonders wichtig ist, sind überzeugt, dass ihre berufliche Tätigkeit dies sicherstellt. Auch gute Aufstiegsmöglichkeiten sieht für sich nur jeder Dritte derjenigen, die besonderen Wert auf berufliches Vorwärtskommen legen.

Besonders gering ist der Erfüllungsgrad bei dem Bedürfnis, durch den Beruf nicht stark belastet und unter Stress gesetzt zu werden. Nur 26 Prozent derjenigen, die sich im Beruf für Entscheidungen immer genügend Zeit wünschen und sie nicht unter Zeitdruck treffen wollen, sehen dies als erfüllt an. Noch geringer ist der Anteil derjenigen, deren Bedürfnis nach wenig Stress im Beruf auch faktisch erfüllt ist (vgl. Abbildung 13).

Das Empfinden, im Beruf Belastungen und Stress ausgesetzt zu sein, ist nur teilweise mit einer beruflichen Überforderung gleichzusetzen. Immerhin 28 Prozent aller Berufstätigen fühlen sich jedoch beruflich überfordert, allerdings nur drei Prozent stark überfordert. Gefühle von Überforderung treten doppelt so häufig auf wie das Empfinden, beruflich unterfordert zu sein: 15 Prozent fühlen sich beruflich unterfordert, ein Prozent stark unterfordert. Rund die Hälfte aller Berufstätigen zieht die Bilanz, dass die fachlichen, physischen und psychischen Belastungen ihres Berufs ihren Fähigkeiten und Kräften genau entsprechen (vgl. Abbildung 14).

Zwar haben 43 Prozent aller Berufstätigen den Eindruck, dass die Arbeitsbelastung in ihrem Beruf in den letzten Jahren größer geworden ist; je älter die Berufstätigen sind, desto ausgeprägter ist dieses Empfinden. Nur bei einer kleinen Minderheit mündet dieses Gefühl jedoch in ein Empfinden völliger Überanstrengung: Sieben Prozent der Berufstätigen ist »oft alles zu viel«, sodass sie oft nicht wissen, wie sie überhaupt ihre Arbeit schaffen sollen.

Abbildung 14
Mehr Über- als Unterforderung

Frage an Berufstätige: »Es gibt ja Menschen, denen ihre Arbeit über den Kopf wächst, andere fühlen sich bei der Arbeit unterfordert. Wie geht es Ihnen, wie stark fühlen Sie sich gefordert? Würden Sie sagen ...«

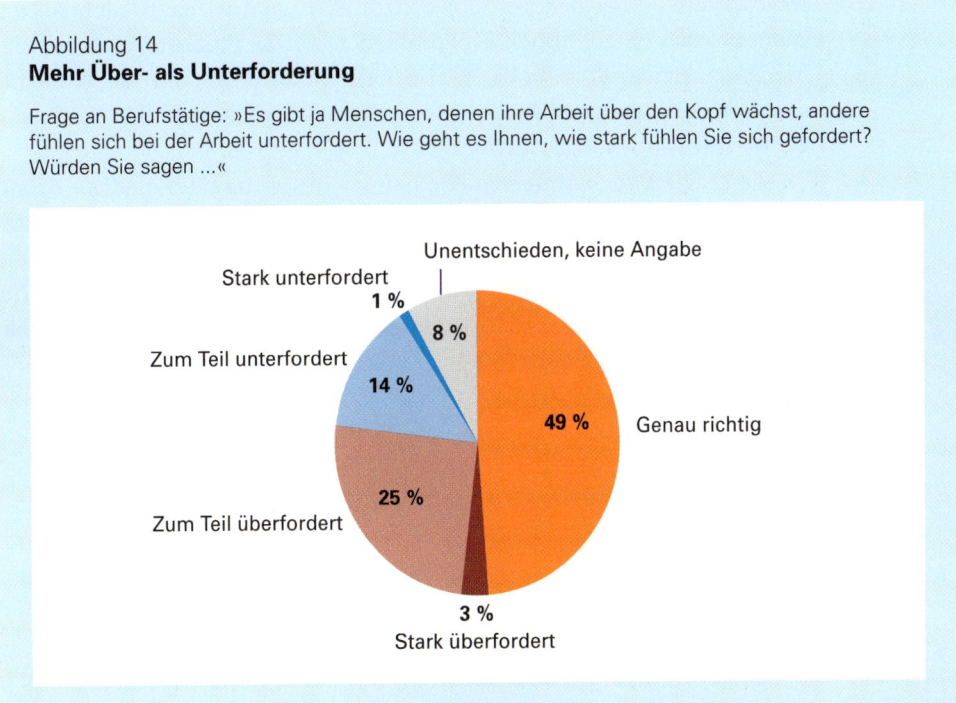

Quelle: Allensbacher Archiv, IfD-Umfrage 10072. **Basis:** Bundesrepublik Deutschland, Bevölkerung ab 16 Jahre.

Es ist naheliegend zu vermuten, dass die Aspekte, bei denen Wunsch und Wirklichkeit der Berufstätigen besonders weit auseinanderklaffen, die Arbeitszufriedenheit in besonderem Maße beeinträchtigen. Dies ist jedoch interessanterweise nicht der Fall.

Ob jemand mit seiner Arbeit zufrieden oder unzufrieden ist, hängt keineswegs in erster Linie von der Zufriedenheit mit der Honorierung, einer guten betrieblichen Altersversorgung, den Aufstiegsmöglichkeiten, Urlaubszeiten und wenig Belastungen durch den Beruf ab. Auch von den Berufstätigen mit hoher Arbeitszufriedenheit attestiert nur eine Minderheit ihrem Beruf, dass sie weitgehend von Stress verschont werden, ausreichend Zeit für Entscheidungen haben, viel Urlaub, ein hohes Einkommen, gute Aufstiegsmöglichkeiten oder auch eine leistungsorientierte Entlohnung.

Immerhin äußern sich Berufstätige mit hoher Arbeitszufriedenheit über all diese Aspekte positiver als Berufstätige mit mittlerer oder geringer Arbeitszufriedenheit. So attestieren 33 Prozent der Arbeitszufriedenen ihrem Arbeitgeber eine leistungsorientierte Entlohnung, 23 Prozent der eingeschränkt Zufriedenen und nur zwölf Prozent der Unzufriedenen. Den Wunsch nach einem hohen Einkommen sehen 22 Prozent der Arbeitszufriedenen, sieben Prozent der Unzufriedenen als erfüllt an, das Bedürfnis nach wenig Stress zwölf Prozent der Arbeitszufriedenen und zehn Prozent der Unzufriedenen (vgl. Abbildung 15).

Die gravierenden Unterschiede bei der Bewertung der eigenen Arbeit treten bei anderen Aspekten auf. Das Urteil Arbeitszufriedener unterscheidet sich von dem Urteil anderer Berufstätiger vor allem in Bezug auf die Qualität der Arbeit und die Anerkennung der eigenen Leistung. Nichts trennt das Urteil Arbeitszufriedener und Unzufriedener mehr als die Erfahrung, eine Arbeit zu haben,

- die Freude macht,
- die ganz erfüllt,
- bei der die eigene Leistung anerkannt wird,
- die abwechslungsreich ist,
- die die Entfaltung der eigenen Neigungen und Fähigkeiten ermöglicht,
- die Möglichkeiten bietet, sich weiterzuentwickeln sowie
- Herausforderungen meistern zu müssen,
- Aufgaben zu haben, die Verantwortungsbewusstsein erfordern, und
- einen Beruf zu haben, der Zukunft hat und viel Erfolg verspricht.

Abbildung 15
Die Bewertung der eigenen Arbeit durch zufriedene und unzufriedene Berufstätige

»Hier sind noch einmal die Karten mit verschiedenen Aussagen zum Beruf. Wenn Sie diese Karten bitte einmal durchsehen und jetzt alles heraussuchen, was auf Ihren jetzigen Beruf, Ihre jetzige Tätigkeit zutrifft?«

	Berufstätige, deren Arbeits-zufriedenheit ist –		
	hoch %	mittel %	niedrig %
Eine gute Altersversorgung bekommen, im Alter gesichert sein	37	19	11
Bezahlung, die sich an der Leistung orientiert	33	23	12
Förderung durch Vorgesetzte	27	14	6
Gute Aufstiegsmöglichkeiten	25	10	5
Hohes Einkommen	22	13	7
Viel Urlaub	17	12	8
Dass man für Entscheidungen immer genügend Zeit hat, sie nie unter Zeitdruck treffen muss	16	11	9
Wenig Stress	12	13	10
Eine Arbeit, die mir Spaß macht	88	62	27
Ein Beruf, der den eigenen Fähigkeiten und Neigungen entspricht	70	48	34
Abwechslungsreiche Tätigkeit	66	54	30
Sicherer Arbeitsplatz	62	49	27
Aufgaben, die viel Verantwortungsbewusstsein erfordern	62	39	32
Eine Arbeit, die mich herausfordert, bei der ich beweisen muss, was ich kann	64	38	27
Anerkennung der eigenen Leistung	61	39	10
Eine Arbeit, die mich ganz erfüllt	61	24	10
Ein Beruf, bei dem es darauf ankommt, eigene Ideen zu haben	46	30	13
Ein Beruf, der Zukunft hat, Erfolg verspricht	43	24	6
Ein Beruf, in dem ich mich weiterentwickeln kann	42	25	8

Quelle: Allensbacher Archiv, IfD-Umfrage 10072. **Basis:** Bundesrepublik Deutschland, Bevölkerung ab 16 Jahre.

Abbildung 16
Multiple Regression: Einflussfaktoren auf die Arbeitszufriedenheit

Abhängige Variable: Zufriedenheit mit der eigenen Arbeit
(Skala von 0 – überhaupt nicht zufrieden bis 10 – völlig zufrieden)
(Erklärte Varianz: $R_2 = 0{,}22$; nur Berufstätige; N = 999)

	Beta-Werte
Anerkennung der eigenen Leistung	0,142 ***
Eine Arbeit, die mir Spaß macht	0,092 **
Ein Beruf, der den eigenen Fähigkeiten und Neigungen entspricht	0,082 *
Große Entscheidungsfreiheit	0,075 *
Nette Arbeitskollegen, Mitarbeiter	0,072 *
Aufgaben, die viel Verantwortungsbewusstsein erfordern	0,071 *
Eine Arbeit, die mich herausfordert, bei der ich beweisen muss, was ich kann	0,07 *
Ein Beruf, der Zukunft hat, Erfolg verspricht	0,068 *
Sicherer Arbeitsplatz	0,063
Gute Aufstiegsmöglichkeiten	0,062
Ein Beruf, der geachtet und angesehen ist	0,054
Hohes Einkommen	0,051
Ein Beruf, in dem ich mich weiterentwickeln kann	0,051
Viel Urlaub	0,047
Wenig Stress	0,046
Möglichkeiten, andere Menschen zu führen	0,023
Seine Arbeit weitgehend selbst einteilen können	0,018
Förderung durch Vorgesetzte	0,013
Flexible Arbeitszeiten	0,006
Ein Beruf, bei dem man anderen helfen kann	0,001
Viel Teamarbeit	−0,001
Bezahlung, die sich an der Leistung orientiert	−0,008
Ein Beruf, bei dem es darauf ankommt, eigene Ideen zu haben	−0,018
Kein langer Weg zur Arbeit	−0,021
Ein Berufsumfeld, für das ich ausgebildet wurde	−0,024
Ein Beruf, bei dem man etwas Nützliches für die Allgemeinheit tun kann	−0,028
Geregelte Arbeitszeiten, wenig Überstunden	−0,034
Viel Kontakt zu anderen Menschen	−0,036
Dass man neben dem Beruf seinen Freizeitinteressen nachgehen kann	−0,069

*** p<0,1 Prozent, ** p<1 Prozent, * p<5 Prozent

Quelle: Allensbacher Archiv, IfD-Umfrage 10072. **Basis:** Bundesrepublik Deutschland, Bevölkerung ab 16 Jahre.

Auch die Sicherheit des eigenen Arbeitsplatzes steht in enger Wechselbeziehung mit der subjektiven Arbeitszufriedenheit.

Prüft man, welche Faktoren die Arbeitszufriedenheit besonders stark und welche sie relativ schwach beeinflussen, so ergibt sich eine klare Rangfolge. An der Spitze stehen

- die Anerkennung der eigenen Leistung,
- eine Arbeit, die Spaß macht,
- ein Beruf, der den eigenen Fähigkeiten und Neigungen entspricht,
- große Entscheidungsfreiheit,
- nette Kollegen und Mitarbeiter,
- Aufgaben, die viel Verantwortungsbewusstsein erfordern,
- gefordert werden und die eigenen Fähigkeiten beweisen können,
- ein Beruf mit Zukunft,
- ein sicherer Arbeitsplatz und
- gute Aufstiegsmöglichkeiten.

Am wenigsten wird die Arbeitszufriedenheit davon beeinflusst, ob man

- neben dem Beruf seinen Freizeitinteressen nachgehen kann,
- viele Kontakte zu anderen Menschen hat,
- geregelte Arbeitszeiten und wenig Überstunden hat,
- keine langen Wegezeiten hat,
- einen Beruf ausübt, für den man ausgebildet wurde und in dem man etwas Nützliches für die Allgemeinheit tun kann.

Im Mittelfeld der Einflussfaktoren liegen das Prestige des Berufs, das Empfinden, gut zu verdienen, die persönlichen Entwicklungsmöglichkeiten, großzügige Urlaubszeiten und wenig Stress (vgl. Abbildung 16).

Die Zufriedenheit mit der eigenen Tätigkeit wird damit vor allem von der Qualität der Arbeit, ihrer Übereinstimmung mit den eigenen Fähigkeiten und Neigungen, der Möglichkeit, die eigenen Fähigkeiten zu beweisen und dafür auch Anerkennung zu finden, sowie den Freiheitsspielräumen und intakten Beziehungen zu Kollegen und Mitarbeitern beeinflusst. Damit haben das Tätigkeitsfeld und die subjektiven, immateriellen Gratifikationen einer Tätigkeit deutlich größere Bedeutung als vieles, was gemeinhin unter besonders guten Arbeitsbedingungen verstanden und als förderlich für die Arbeitszufriedenheit angesehen wird.

Anhang

Wie lässt sich Zufriedenheit messen?

Ob es draußen kalt ist oder warm, das Thermometer misst die Außentemperatur exakt in Grad Celsius. Auch der Mensch wird regelmäßig vermessen: Körpergröße, Alter oder Geschlecht sind ohne Weiteres objektiv bestimmbar. Woran aber lässt sich die Zufriedenheit eines Menschen ablesen? Können Gefühle, Wertvorstellungen oder Präferenzen, die dem Einzelnen oft nicht einmal richtig bewusst sind, überhaupt wissenschaftlich »erhoben« werden?

Auf einer naturwissenschaftlichen Basis versucht man die Lebenszufriedenheit objektiv anhand der Gehirnaktivität zu messen. Dem liegt die Idee zugrunde, dass sich Gefühle wie Wut oder Trauer unterschiedlich in der Aktivität des Gehirns oder bestimmter Gehirnregionen widerspiegeln. Aus Schwankungen der Gehirnaktivität lassen sich dann Rückschlüsse auf die Emotionen der Versuchsperson ziehen.[1] Die Komplexität dessen, was das Glück oder die Lebenszufriedenheit ausmacht, wird mit diesen Momentaufnahmen allerdings nicht erfasst. Und selbst eine regelmäßige Untersuchung würde inhaltlich nicht das widerspiegeln, was gemeinhin unter Lebenszufriedenheit verstanden wird. Objektive Messungen besitzen damit zwar einen hohen Grad an wissenschaftlicher Zuverlässigkeit (die sogenannte Reliabilität), sie sind jedoch nicht valide (belastbar) hinsichtlich dessen, was beobachtet werden soll.

Zielführender als physiologische Messungen sind die Aussagen der Personen selbst, deren Lebenszufriedenheit festgestellt werden soll. So ist sich die internationale Glücksforschung inzwischen einig, dass man Menschen schlicht nach ihrer Lebenszufriedenheit fragen kann, um durchaus valide Ergebnisse zu erhalten. In zahlreichen Umfragen und Studien werden auf diesem Weg bereits seit Jahrzehnten Daten über die Lebenszufriedenheit erhoben.[2] Die Messung kann dabei nicht so exakt sein wie bei einem Thermometer, das man in ein Glas Wasser hält, um dessen Temperatur zu ermitteln. Denn jeder versteht unter Lebenszufriedenheit subjektiv zunächst etwas anderes.[3] Hinzu kommt, dass in die Antworten auch Assoziationen einfließen, etwa indem man vom schönen Wetter oder vom Streit mit dem Partner beeinflusst wird. Ein Vergleich der subjektiven Lebenszufriedenheit zweier unterschiedlicher Personen oder eine Aussage nach dem Muster »A ist zufriedener als B« ist somit zunächst einmal schwierig. Verschiedene Untersuchungen haben jedoch gezeigt, dass Vergleiche auf Grundlage subjektiver Einschätzungen zur Lebenszufriedenheit insbesondere im gleichen Sprach- und Kulturraum durchaus einen validen Charakter besitzen. Ein Beispiel dafür ist, dass Außenstehende, wie etwa Freunde, die Lebenszufriedenheit einer Befragungsperson ähnlich einschätzen wie der Befragte selbst.[4]

Auch das sozio-oekonomische Panel (SOEP), das dem Glücksatlas überwiegend als Datengrundlage dient, beruht auf Befragungen: In den Fragerunden seit 2000 werden jeweils über 12.000 Haushalte befragt. Deshalb ist es zweifellos die umfangreichste und detaillierteste Datenquelle zur Lebenszufriedenheit in Deutschland. Als Panel erlaubt es das SOEP, dass sich einzelne Individuen über eine längere Zeit »verfolgen« lassen und dadurch valide Aussagen über kausale Zusammenhänge möglich sind.

Anmerkungen

1 Vgl. den Überblick von Birbaumer und Schmidt (2006).
2 In Deutschland wird die subjektive Lebenszufriedenheit u. a. durch den Eurobarometer und das Sozio-oekonomische Panel regelmäßig erfasst.

3 Zur Frage nach der Erfassung von Lebenszufriedenheit siehe auch Frey und Stutzer (2002).
4 Vgl. Diener und Lucas (1999), Clark et al. (2008) sowie Schneider und Schimmack (2009). Hinsichtlich der Reliabilität Krueger et al. (2008).

Literaturverzeichnis

Alesina, Alberto, Rafael Di Tella und Robert MacCulloch (2004). Inequality and Happiness: Are Europeans and Americans Different? *Journal of Public Economics* 88, S. 2009-2042.

Andrews, Frank M. und Stephen B. Withey (1976). *Social Indicators of Well-Being: Americans' perceptions of life Quality*, New York: Plenum.

Beck, D. und U. Lenhardt (2009). Arbeitsbedingungen, Arbeitszufriedenheit und Beschäftigtengesundheit - Welche Rolle spielt die Betriebsgröße? *Prävention und Gesundheitsförderung* 4, S. 288-300.

Birbaumer, Nils und Robert F. Schmidt (2006). *Biologische Psychologie*, Heidelberg: Springer Verlag.

Bischof, Norbert (2008). *Psychologie*, Stuttgart: W. Kohlhammer Verlag.

Bjornskov, Christian (2003). The Happy Few: Cross-Country Evidence on Social Capital and Life Satisfaction, *Kyklos* 56, S. 3-16.

BKK Bundesverband (2010). *BKK Gesundheitsreport 2010*, Essen.

Blanchflower, David G. (2000). Self-Employment in OECD Countries, *Labour Economics* 7, S. 471-505.

Blanchflower, David G. und Andrew J. Oswald (1998). What Makes an Entrepreneur? *Journal of Labor Economics* 16, S. 26-60.

Blanchflower, David G. und Andrew J. Oswald (2004). Well-Being over Time in Britain and the USA, *Journal of Public Economics* 88, S. 1359-1386.

Blanchflower, David G., Andrew J. Oswald und Alois Stutzer (2001). Latent Entrepreneurship Across Nations, *European Economic Review* 45, S. 680-691.

Brickman, Philip und Donald T. Campbell (1971). Hedonic Relativism and the Good Society. In: Appley, Mortimer H. (Hrsg.): *Adaptation-Level Theory: A Symposium,* New York: Academic Press.

Brickman, Philip, Dan Coates und Ronnie Janoff-Bulman (1978). Lottery Winners and Accident Victims: Is Happiness Relative?, *Journal of Personality and Social Psychology* 36, S. 917-927.

Bundesministerium für Bildung und Forschung (2008). *25 Jahre Leben in Deutschland - 25 Jahre Sozio-oekonomisches Panel*, Bonn.

Campbell, Angus, Philip E. Converse und Willard L. Rogers (1976). *The Quality of American Life: Perceptions, Evaluations, and Satisfactions*, New York: Russell Sage Foundation.

Carstensen, Laura, L. (1995). Evidence for a Life-Span Theory of Socioemotional Selectivity, *Current Directions in Psychological Science* 4, S. 151-155.

Chadi, Adrian (2011). Employed But Still Unhappy? On the Relevance of the Social Work Norm, *SOEPpapers* Nr. 353, DIW Berlin.

Clark, Andrew E. und Andrew J. Oswald (1994). Unhappiness and Unemployment, *The Economic Journal* 104, S. 648-659.

Clark, Andrew E. und Andrew J. Oswald (1996). Satisfaction and Comparison Income, *Journal of Public Economics* 61, S. 359-381.

Clark, Andrew E. (2001). What Really Matters in a Job? Hedonic Measurement Using Quit Data, *Labour Economics* 8, S. 223-242.

Clark, Andrew E., Ed Diener, Yannies Georgellis und Richard E. Lucas (2003). Reexamining Adaption and the Set Point Model of Happiness: Reactions to Changes on Marital Status, *Journal of Personality and Social Psychology* 84, S. 527-539.

Clark, Andrew E., Andreas Knabe und Steffen Rätzel (2010). Boon or Bane? Others' Unemployment, Well-Being and Job Insecurity, *Labour Economics* 17, S. 52-61.

Clark, Andrew E., Paul Frijters und Michael A. Shields (2008). Relative Income, Happiness, and Utility: An Explanation for the Easterlin Paradox and Other Puzzles, *Journal of Economic Literature* 46, S. 95-144.

De Neve, Jan-Emmanuel, Nicholas Christakis, James H. Fowler und Bruno S. Frey (2010). Genes, Economics, and Happiness, *CESifo Working Paper Series* No. 2946.

Duesenberry, James (1949). *Income, Saving and the Theory of Consumer Behavior*, Cambridge: Harvard University Press.

Diener, Ed (1984). Subjective Well-Being, *Psychological Bulletin* 95, S. 542-575.

Diener, Ed und Richard E. Lucas (1999). Personality and Subjective Well-Being. In: Kahneman, Daniel, Ed Diener und Norbert Schwarz (Hrsg.): *Well-Being: The Foundations of Hedonic Psychology*, New York: Russell Sage Foundation, S. 213-229.

Diener, Ed und Frank Fujita (1997). Social Comparisons and Subjective Well-Being. In: Buunk, Bram P. und Frederick X. Gibbons (Hrsg.): *Health, Coping, and Well-Being: Perspectives from Social Comparison Theory*. Mahwah: Lawrence Erlbaum, S. 329-357.

Diener, Ed und Eunkook M. Suh (Hrsg.) (2000). *Culture and subjective well-being*, Cambridge, MIT Press.

Diener, Ed, Carol L. Gohm, Eunkook M. Suh und Shigehiro Oishi (2000). Similarity of the Relations Between Marital Status and Subjective Well-Being Across Cultures, *Journal of Cross-Cultural Psychology* 31, S. 419-436.

Di Tella, Rafael, Robert J. MacCulloch und Andrew J. Oswald (2003). The Macroeconomics of Happiness, *Review of Economics and Statistics* 85, S. 809-827.

Easterlin, Richard A. (1974). Does Economic Growth Improve the Human a Lot? Some Empirical Evidence. In: David, Paul A. und Melvin W. Reder (Hrsg.): *Nations and Households in Economic Growth: Essays in Honor of Moses Abramowitz*, New York: Academic Press, S. 89-125.

Easterlin, Richard A. (1995). Will Raising the Incomes of All Increase the Happiness of All? *Journal of Economic Behavior and Organization* 27, S. 35-47.

Easterlin, Richard A. und Anke C. Zimmermann (2006). Happier Ever After? Cohabitation, Marriage, Divorce, and Happiness in Germany, *Population and Development Review* 32, S. 511-528.

Easterlin, Richard A. und Anke C. Plagnol (2008). Life Satisfaction and Economic Conditions in East and West Germany in Pre- and Post-Unification, *Journal of Economic Behavior and Organization* 68, S. 433-444.

Ferrer-i-Carbonell, Ada (2005). Income and Well-Being: An Empirical Analysis of the Comparison Income Effect, *Journal of Public Economics* 89, S. 997-1019.

Frederick, Shane und George Loewenstein (1999). Hedonic Adaption. In: Kahneman, Daniel, Ed Diener und Norbert Schwarz (Hrsg.): *Well-Being: The Foundations of Hedonic Psychology*.

New York: Russell Sage Foundation, S. 302-329.

Frey, Bruno S. (2008). *Happiness: A Revolution in Economics*, Cambridge und London: MIT Press.

Frey, Bruno S. und Claudia Frey Marti (2010). *Kompaktwissen: Glück - Die Sicht der Ökonomie*, 2. Aufl., Zürich/Chur: Rüegger Verlag.

Frey, Bruno S. und Alois Stutzer (2002). *Happiness and Economics: How the Economy and Institutions Affect Human Well-Being*, Princeton: Princeton University Press.

Frey, Bruno S. und Alois Stutzer (2006). Does Marriage Make People Happy, Or Do Happy People Get Married?, *Journal of Socio-Economics* 35, S. 326-347.

Frijters, Paul (2000). Do Individuals Try to Maximize General Satisfaction? *Journal of Economic Psychology* 21, S. 281-304.

Frijters, Paul, John Haisken-DeNew und Micheal A. Shields (2004). Money Does Matter! Evidence from Increasing Real Income and Life Satisfaction in East Germany Following Reunification, *American Economic Review* 94, S. 730-740.

Gardner, Jonathan und Andrew J. Oswald (2006). Do Divorcing Couples Become Happier by Breaking Up?, *Journal of the Royal Statistical Society* 169, S. 319-336.

Gardner, Jonathan und Andrew J. Oswald (2007). Money and Mental Wellbeing: A Longitudinal Study of Medium-Sized Lottery Wins, *Journal of Health Economics* 26, S. 49-60.

Gerdtham, Ulf-G. und Magnus Johannesson (2001). The Relationship Between Happiness, Health, and Socio-economic Factors: Results Based on Swedish Microdata, *Journal of Socio-Economics* 30, S. 553-557.

Gerlach, Knut und Gesine Stephan (1996). A Paper on Unhappiness and Unemployment in Germany, *Economic Letters* 52, S. 325-330.

Glenn, Norval und Sara McLanahan (1981). The Effects of Offspring on the Psychological Well-being of Older Adults, *Journal of Marriage and the Family* 43, S. 409-421.

Glenn, Norval D. und Charles N. Weaver (1981). The Contribution of Marital Happiness to Global Happiness, *Journal of Marriage and Family* 43, S. 161-168.

Graham, Carol und Stefano Pettinato (2002). *Happiness and Hardship: Opportunity and Insecurity in New Market Economies*, Washington: Brookings Institution Press.

Hayek, André (2011). Lebenszufriedenheit und Einkommensreichtum: Eine empirische Analyse mit dem SOEP, *SOEPpapers* Nr. 362, DIW Berlin.

Headey, Bruce, Ruud Muffels und Mark Wooden (2005). Money and Happiness: The Combined Effects of Wealth, Income and Consumption, *Schmollers Jahrbuch* 125, S. 131-144.

Headey, Bruce W., Ruud Muffels und Mark Wooden (2005). Money Doesn't Buy Happiness ... Or Does It? A Reconsideration Based on the Combined Effects of Wealth, Income and Consumption, *Social Indicators Research* 87, S. 65-82.

Headey, Bruce, Ruud Muffels und Gert G. Wagner (2010). Long-Running German Panel Survey Shows That Personal and Economic Choices, Not Just Genes, Matter for Happiness, *Proceedings of the National Academy of Sciences of the United States of America* 107, S. 17922-17926.

Headey, Bruce und Mark Wooden (2005). The Importance of Wealth for Subjective Well-Being, *Journal of Financial Transformation* 15, S. 59-67.

Helliwell, John F. (2003). How's Life? Combining Individual and National Variables to Explain Subjective Well-Being, *Economic Modelling* 20, S. 331-360.

Helliwell, John F. und Robert Putnam (2005). The Social Context of Well-

Being, *Philos Trans R Soc Lond B Biol Sci* 359, S. 1435-1446.

Humpert, Stephan (2010). Machen Kinder doch glücklich?, *SOEPpapers* Nr. 301, DIW Berlin.

Inglehart, Ronald (1990). *Culture Shift in Advanced Industrial Society*, Princeton: Princeton University Press.

Junowitz, David J. (2000). *Effects of Health and Personality on Subjective Well-Being in Older Adults*, ETD Collection for Fordham University, paper AAI9955965.

Kahneman, Daniel, Alan B. Krueger, David A. Schkade, Norbert Schwarz und Arthur A. Stone (2004). A Survey Method for Characterizing Daily Life Experience: The Day Reconstruction Method, *Science* 306, S. 1776-1780.

Kiecolt-Glaser, Janice K., Lynanne McGuire, Theodore F. Robles und Ronald Glaser (2002). Emotions, Morbidity, and Mortality: New Perspectives fromPsychoneuroimmunology, *Annual Review of Psychology* 53, S. 83-107.

Knabe, Andreas und Steffen Rätzel (2008). Wie zufrieden macht die Arbeit? Eine neue Quantifizierung der nicht-pekuniären Kosten der Arbeitslosigkeit. In: Deutscher Studienpreis (Hrsg.): *Mittelpunkt Mensch: Leitbilder, Modelle und Ideen für die Vereinbarkeit von Arbeit und Leben*, Wiesbaden: VS Verlag für Sozialwissenschaften, S. 95-115.

Knabe, Andreas, Steffen Rätzel, Ronnie Schöb und Joachim Weimann (2009). *Economics of Happiness - ein neues Paradigma für die Finanzpolitik?* Gutachten für das Bundesministerium der Finanzen.

Krueger, Alan B. und Davin A. Schkade (2008). The Reliability of Subjective Well-Being Measures, *Journal of Public Economics* 92, S. 1833-1845.

Larsen, Randy J. (1992). Neuroticism and Selective Encoding and Recall of Symptoms: Evidence from a Combined Concurrent-Retrospective Study,

Journal of Personality and Social Psychology 62 (3), S. 489-488.

Lawton, Mortimer P. (1996). Quality of Life and Affect in Later Life. In: Magai, Carol und Susan H. McFadden (Hrsg.): *Handbook of Emotions, Adult Development and Aging*, San Diego: Academic Press, S. 327-348.

Layard, Richard (2005). *Happiness - Lessons from a New Science*, London: Penguin Press.

Layard, Richard, Guy Mayraz und Stephen John Nickell (2008). The Marginal Utility of Income, *Journal of Public Economics* 92, S. 1846-1857.

Loewenstein, George und David A. Schkade (1999). Wouldn't it be nice? Predicting Future Feelings. In: Daniel Kahneman, Ed Diener und Norbert Schwarz (Hrsg.): *Well-Being: the Foundations of Hedonic Psychology*, New York: Russell Sage Foundation, S. 85-108.

Luechinger, Simon, Stephan Meier und Alois Stutzer (2010). Why Does Unemployment Hurt the Employed?, *Journal of Human Resources* 45, S. 998-1045.

Lucas, Richard E. (2007) Adaption and the Set-Point Model of Subjective Well-Being. Does Happiness Change After Major Life Events?, *Current Directions on Psychological Science* 16, S. 75-79.

Lykken, David T. (1999). *Happiness: What Studies on Twins Show Us about Nature, Nurture, and the Happiness Set Point*, New York: Golden Books.

Lykken, David T. und Auke Tellegen (1996). Happiness Is a Stochastic Phenomenon, *Psychological Science* 7, S. 186-189.

Lyubomirsky, Sonja, Laura King und Ed Diener (2005). The Benefits of Frequent Positive Affect: Does Happiness Lead to Success?, *Psychological Bulletin* 131, S. 803-855.

Maddison, David und Katrin Rehdanz (2007). Are Regional Differences in Utility Eliminated over Time? Evidence from Germany, *Discussion Papers of DIW* 422, DIW Berlin.

Manz, Rolf, Wilhelm Kirch und Birgit Weinkauf (1999). Determinanten subjektiver Beeinträchtigung und Lebenszufriedenheit: Konsequenzen für die Prävention und Gesundheitsförderung, *Journal of Public Health* 7, S. 179-192.

Meier, Stephan und Alois Stutzer (2008). Is Volunteering Rewarding in Itself?, *Economica* 75, S. 39-59.

Miegel, Meinhard (2010). *Exit - Wohlstand ohne Wachstum*, 3. Aufl., Berlin: Ullstein.

Nolen-Hoeksema, Susan und Cheryl L. Rusting (1999). Gender Differences in Well-Being. In: Kahneman, Daniel, Edward Diener und Norbert Schwarz (Hrsg.): *Foundations of Hedonic Psychology: Scientific Perspectives on Enjoyment and Suffering*, New York: Russell Sage Foundation, S. 330-352.

Oerter, Rolf und Leo Montada (2002). Entwicklungspsychologie, Weinheim: Beltz, Kapitel 26: »Verlust der Eltern durch Trennung, Scheidung oder Tod«.

Oswald, Andrew J. (1997). Happiness and Economic Performance, *The Economic Journal* 107, S. 1815-1831.

Oswald, Andrew J. und Chris M. Wilson (2005). How Does Marriage Affect Physical and Psychological Health? A Survey of the Longitudinal Evidence, *IZA Diskussionspapier* 1619.

Plomin, Robert, John C. DeFries, Gerald E. McClearn und Peter McGuffin (2001). *Behavioral Genetics*, 4. Aufl., New York: Freeman.

Pugno, Maurizio (2009). The Easterlin Paradox and the Decline of Social Capital: An Integrated Explanation, *The Journal of Socio-Economics* 38, S. 590-600.

Putnam, Robert D. (1995). Bowling Alone: America's Declining Social Capital, *Journal of Democracy* 6, S. 65-78.

Putnam, Robert D. (2000). *Bowling Alone: The Collapse and Revival of American Community*, New York: Simon and Schuster.

Rätzel, Steffen (2009). Revisiting the Neoclassical Theory of Labour Supply - Disutility of Labour, Working Hours, and Happiness, *FEMM Working Papers* Nr. 9005.

Riis, Jason, George Loewenstein, Jonathan Baron, Christopher Jepson, Angela Fagerlin und Peter A. Ubel (2005). Ignorance of Hedonic Adaptation to Hemodialysis: A Study Using Ecological Momentary Assessment, *Journal of Experimental Psychology: General* 134, S. 3-9.

Saunders, Peter (1996). Income, Health and Happiness, *Australian Economic Review* 29, S. 353-366.

Scheier, Michael F. und Charles S. Carver (1985). Optimism, Coping, and Health: Assessment and Implications of Generalized Outcome Expectancies, *Health Psychology* 4, S. 219-247.

Schimmack, Ulrich (2009). Well-Being: Measuring Well-Being in the SOEP. *Schmollers Jahrbuch* 129 (3), 1-9.

Schmid, Wilhelm (2007). *Glück: Alles, was Sie darüber wissen müssen, und warum es nicht das Wichtigste im Leben ist*, Frankfurt am Main und Leipzig: Insel Verlag.

Schneider, Leann und Ulrich Schimmack (2009). Self-Informant Agreement in Well-Being Ratings: A Meta-Analysis, *Social Indicator Research* 94, S. 363-376.

Schwarz, Norbert und Fritz Strack (1999). Reports on Well-Being: Judgemental Processes and Their Methodological Implications. In: Kahneman, Daniel, Ed Diener und Norbert Schwarz (Hrsg.): *Well-Being: The Foundations of Hedonic Psychology*, New York: Russell Sage Foundation, S. 61-84.

Shields, Mike und Mark Wooden (2003). Investigating the Role of Neighbourhood Characteristics in Determining

Life Satisfaction, *Working Paper 24/03*, Melbourne Institute of Applied Economic and Social Research.

Solnick, Sara J. und David Hemenway (1998). Is More Always Better? A Survey on Positional Concerns, *Journal of Economic Behavior & Organization* 37, S. 373-383.

Stutzer, Alois (2003). *Eine ökonomische Analyse menschlichen Wohlbefindens*, Dissertation Universität Zürich, Aachen: Shaker Verlag.

Stutzer, Alois und Bruno S. Frey (2008). Stress that Doesn't Pay: The Commuting Paradox, *Scandinavian Journal of Economics* 110, S. 339-366.

Theodossiou, I. (1998). The Effects of Low-Pay and Unemployment on Psychological Well-Being: A Logistic Regression Approach, *Journal of Health Economics* 17, S. 85-104.

Trzcinski, Eileen und Elke Holst (2005). Geburt eines Kindes erhöht die Lebenszufriedenheit der Mütter nur kurzfristig: geringe Lebenszufriedenheit insbesondere bei türkischen Müttern, *DIW Wochenbericht* 72, S. 69-76.

Van Landgehem, Bert G. M. (2009). The Course of Subjective Well-Being over the Life Cycle, *Schmollers Jahrbuch* 129, S. 261-267.

Van Suntum, Ulrich und Nicole Uhde (2009). *Lebenszufriedenheit und Wohlbefinden in Deutschland: Studie zur Konstruktion eines Lebenszufriedenheitsindikators*, Initiative Neue Soziale Marktwirtschaft, Berlin.

Verme, Paolo (2009). Happiness, Freedom and Control, *Journal of Economic Behavior and Organization* 71, S. 146-161.

Wagner, Gert G., Joachim R. Frick und Jürgen Schupp (2007). The German Socio-Economic Panel Study (SOEP) - Scope, Evolution and Enhancements, *Schmollers Jahrbuch* 127, S. 139-170.

Waite, Linda J. (1995). Does Marriage Matter? *Demography* 32, S. 483-507.

Winkelmann, Liliana und Rainer Winkelmann (1995). Happiness and Unemployment: A Panel Data Analysis for Germany, *Konjunkturpolitik* 41, S. 293-307.

Winkelmann, Liliana und Rainer Winkelmann (1998). Why Are the Unemployed So Unhappy? Evidence from Panel Data, *Economica* 65, S. 1-15.

Witter, Robert A., Morris A. Okun, William A. Stock und Marilyn J. Haring (1984). Education and Subjective Well-Being: A Meta-Analysis, *Educational Evaluation and Policy Analysis* 6 (2), S. 165-173.

Wulfgramm, Melike (2011). Can Activating Labour Market Policy Offset the Detrimental Life Satisfaction Effect of Unemployment? *Socio-Economic Review* 9, S. 1-25.

Wunder, Christoph, Andrea Wiencierz, Johannes Schwarze, Helmut Küchenhoff, Sara Kleyer und Philipp Bleninger (2009). Well-Being over the Life Span: Semiparametric Evidence from British and German Longitudinal Data, *IZA Diskussionspapier* Nr. 4155, Institute for the Study of Labor (IZA).

Autoren

Renate Köcher (*1952) studierte
Volkswirtschaftslehre, Soziologie und
Publizistik in Mainz und München.
1977 begann sie als wissenschaftliche
Mitarbeiterin am Allensbacher Institut
für Demoskopie. Seit 1988 leitet sie,
zunächst gemeinsam mit Elisabeth
Noelle-Neumann, das Institut für
Demoskopie Allensbach als Geschäfts-
führerin. Professor Renate Köcher
ist Mitglied des Universitätsrats der
Universität Mannheim.

Stefan Moog (*1973) studierte in
Freiburg Volkswirtschaftslehre und
absolvierte das Doktorandenprogramm
der Schweizerischen Nationalbank.
Er ist Diplomvolkswirt und seit 2001
wissenschaftlicher Mitarbeiter am
Institut für Finanzwissenschaft und am
Forschungszentrum Generationenver-
träge an der Albert-Ludwigs-Universität
Freiburg.

Andrew J. Oswald (*1953) promovierte
in Ökonomie an der Universität Oxford
und forschte unter anderem als Professor an der Princeton University, an der
Universität Stockholm, an der London
School of Economics, am Dartmouth
College, für das National Bureau of Economic Research und an der Universität
Harvard. Seit 1996 ist er Professor an
der University of Warwick. Zurzeit ist
er Fellow am Institut zur Zukunft der
Arbeit (IZA) in Bonn.

Bernd Raffelhüschen (*1957) ist
Professor für Finanzwissenschaft und
Direktor des Forschungszentrums
Generationenverträge an der Albert-
Ludwigs-Universität Freiburg. Sein
Forschungsschwerpunkt ist der demo-
graphische Wandel. Er arbeitete als
Mitglied der Rürup Kommission zur
Rentenreform und erstellt für die
Stiftung Marktwirtschaft regelmäßig
die Generationenbilanz für Deutsch-
land.

Johannes Vatter (*1983) hat in
Freiburg und Warschau Ökonomie
studiert und ist Diplomvolkswirt.
Seit 2008 ist er wissenschaftlicher
Mitarbeiter des Forschungszentrums
Generationenverträge der Universität
Freiburg. Er beschäftigt sich schwer-
punktmäßig mit den Konsequenzen
der Glücksökonomie für das Steuer-
wesen und die Sozialversicherung.